制度演化与南北经济高质量协调发展

付金存 著

Institutional Evolution
and High-Quality Coordinated
Development between
North and South Sector of China

中国社会科学出版社

图书在版编目（CIP）数据

制度演化与南北经济高质量协调发展/付金存著.—北京：中国社会科学出版社，2024.2
ISBN 978-7-5227-2768-4

Ⅰ.①制… Ⅱ.①付… Ⅲ.①区域经济发展—研究—中国 Ⅳ.①F127

中国国家版本馆 CIP 数据核字（2023）第 234560 号

出 版 人	赵剑英	
责任编辑	侯苗苗	
责任校对	夏慧萍	
责任印制	王　超	
出　　版	中国社会科学出版社	
社　　址	北京鼓楼西大街甲 158 号	
邮　　编	100720	
网　　址	http://www.csspw.cn	
发 行 部	010-84083685	
门 市 部	010-84029450	
经　　销	新华书店及其他书店	
印　　刷	北京君升印刷有限公司	
装　　订	廊坊市广阳区广增装订厂	
版　　次	2024 年 2 月第 1 版	
印　　次	2024 年 2 月第 1 次印刷	
开　　本	710×1000　1/16	
印　　张	17.5	
字　　数	261 千字	
定　　价	89.00 元	

凡购买中国社会科学出版社图书，如有质量问题请与本社营销中心联系调换
电话：010-84083683
版权所有　侵权必究

前　言

新中国成立以来70多年的历史，是一部生产力不断解放和发展的历史。尤其是1978年改革开放以来，中国经济增长速度之快、持续时间之长、影响之深远为世界历史所罕见，创造了举世瞩目的"中国奇迹"。然而，由于各地基础条件差异较大，区域经济差异问题也客观存在。作为经济发展过程中的客观现象，区域经济差异具有典型的双重属性：一方面，一定范围内的差异具有经济学意义上的激励效应，即刺激后发地区向先进地区学习，形成良性竞争的局面；另一方面，区域经济差异一旦超过某一临界值，则演变为显著的区域经济差距，甚至可能形成"强者恒强、弱者越弱"的马太效应，引发诸多负面结果。

中国特色社会主义进入新时代，经济发展的质量和规模跃升至新的发展阶段。随着全球影响力的不断扩大，中国模式也被越来越多的国家和地区认可，中国为全球经济复苏和可持续发展提供了新的智慧和路径选择。与此同时，习近平总书记亲自谋划、亲自部署的京津冀协同发展、长江经济带发展、粤港澳大湾区建设、长三角区域一体化发展、黄河流域生态保护和高质量发展、海南全面深化改革开放六大区域重大战略同步推进，新时代我国区域协调发展新格局和区域高质量发展正在逐步实现。然而近年来，我国南北经济分化逐步演化为明显的南北经济差距，突出变现为经济增速"南快北慢"、经济比重"南升北降"、经济活力"南强北弱"等现实特征。这些表象的背后，凸显的是南北地区在增长模式、发展动力、区域合作等方面的深层次问题。更进一步，是南北地区在市场化发展进程中，在政商关系、要素流动、市场环境等制度层面的差异。

针对上述问题，本书以哈佛学派"市场结构—市场行为—市场绩效"（SCP）框架为指导，重点分析"制度因素"在地区经济发展中的决定作用。在全面分析南北经济差距的基础上，试图从理论上解密南北差距背后的制度密码，提出南北经济高质量协调发展的政策建议。与以往研究相比，本书可能的边际贡献包括：

第一，在研究尺度上拓展了区域经济差距和区域协调发展的相关研究。目前学界对于区域经济差距的研究已经形成较为完备的理论体系，主要集中在区域经济协调发展的内涵辨析、驱动因素、协调路径以及对策等方面，但在研究的地理尺度上多聚焦于东、中、西三大地带。相比之下，对南北区域间经济差异的研究尚未深入。在我国全面开启中国式现代化新征程的历史背景下，基于"南方和北方"这一相对崭新的地理尺度对我国区域经济差距展开研究，是对现有研究的丰富与拓展。

第二，基于制度创新视角探索南北经济差距的成因与对策。在人类社会发展中，经济增长始终是经济学中的核心议题。然而在标准经济增长理论中，制度常常被视为已知的、既定的外生变量而被排除在外，这就导致新古典经济学在解释发展中国家特别是制度转轨国家经济实践时难以自洽。从近年来我国南北经济差距持续扩大的现实背景来看，沿用标准经济增长理论的分析范式难以窥探南北经济分化的根源。本书选择以制度创新为视角，在分析南北经济差距演化的基础上，重点探寻其背后的制度因素，寻找新时代南北经济高质量协调发展的制度因素，在一定程度上拓展了南北经济差距的相关研究。

第三，将历史分析法引入传统经济学的研究范畴。目前国内区域经济学研究主要借鉴西方主流经济学的研究范式和方法，多基于传统经济增长理论的"要素贡献说"，集中于某一具体或多个对象时空序列绩效特征的描述，而对于南北区域尺度上空间横向研究较少，尤其缺乏历史视角的纵深研究。对此，本书将采用历史分析方法，系统梳理新中国成立以来南北经济演化的历程，探索不同时期南北经济差距的阶段特征与驱动因素，将制度要素引入到现代经济增长模型中，为推动南北区域高质量协调发展提供理论参考。

第四，为解决南北区域发展不平衡问题与协调发展提供新的思路指引。当前以"秦岭—淮河"为界的南北区域经济差距持续扩大，南北差距已经成为我国区域经济发展的新问题。在此背景下，对南北地区经济发展变动情况进行全面分析评价，探究其形成的内在机制和制度因素，可以准确定位问题所在，开拓对南北区域经济分化问题的认知视野。再者，以制度创新为切入点，有利于厘清制度因素对南北经济协调发展的影响及其路径，进而为解决南北区域发展不平衡问题与协调发展提供思路指引。

第五，为新时代区域经济协调发展战略和政策体系完善提供决策依据。党的二十大报告提出，"高质量发展是全面建设社会主义现代化国家的首要任务"，促进区域协调发展是高质量发展的内在要求。在党的二十大报告精神指引下，从历史纵深的角度对南北经济差距进行客观评价，可以更为直观精准地分析南北经济差距形成的历史过程，也有利于党和政府更加全面地了解并掌握南北经济协调发展状况，制定更具针对性和差异化的发展战略及政策措施。

第六，对北方地区经济转型发展具有一定的借鉴意义和实践价值。近年来，经济增速下滑、经济内生动力不足、发展要素持续流出等问题已经成为北方绝大部分省份的整体共性问题。从制度演化与产业转型角度看，2008年国际金融危机对全球经济造成巨大冲击，带有显著资源型特征的北方经济随之陷入困境。而南方省份纷纷"腾笼换鸟"，快速推动经济转型升级。南方省区近年来的发展犹如一面镜子，既映射出北方地区的不足与短板，也为北方省区增长动力换挡和发展方式转型提供了制度借鉴，有利于北方地区寻求经济转型发展新动能，为北方地区扭转经济发展失速状况、参与全国尺度的劳动地域分工提供政策建议和科学参考。

本书的研究内容共分为七章，在逻辑框架上由三个相对独立而又密切相关的部分构成。其中第一部分由第一、二章构成，在核心概念辨析的基础上进行理论分析，并提出本书的研究框架。第二部分涵盖第三章至第四章，在对新中国成立以来南北经济差距进行测度的基础上，重点分析南北经济差距演变的特征及动因，并从三次产业和空间结构两个视角对南北经济差距的来源进行分解，以对南北经济差距进行全景展示。第三部分包括第五章至第七章，在构建制度因素作用于区域经济发展的"社会主流价值观—制度因素—经济绩效"框架的基础上，用规范的计量经济分析方法，对南北经济差距背后的制度因素特别是市场化进程进行实证分析，以有机整合和协调推进的思维构筑了中国南北高质量协调发展政策体系。

本书出版得到北方民族大学商学院重点建设经费支持和国家民委"西部地区特色农产品营销创新团队"支持，同时本书也是北方民族大学科研启动项目（2020KYQD51）、北方民族大学2021年校级一般科研项目（2021XYSSY01）的阶段性成果之一。两项课题或关注北方经济发展困境背后的制度因素，或从制度演化视角审视南北经济差距，均为本书研究提供了理论素材。需要特别指出的是本书课题组成员精诚合作、集思广益的结果。按照任务分工，付金存博士负责拟定本书的基本提纲和写作框架，撰写书稿全部模块和章节，并负责最终的统稿定稿工作。曹凯乐偲同学统筹数据收集与整理、书稿校对工作，并参与了全书从拟定提纲到统稿定稿全过程的研讨工作，同时撰写第一章内容。任昕齐同学负责数据核验、实证设计和书稿研讨工作，并撰写第六章内容。此外，硕士研究生李皓月、赵明炜、李毓、袁润泽、张博志、刘玉君、吕蕊、李宇忻在数据收集、书稿制图和思路研讨等方面也给予了帮助和支持。参与本书数据收集整理和图表制作的还包括我2023年春季学期研究生班的全体同学，特别是单雨笑、段朝宇两位同学，不仅出色完成了分配任务，还额外承担了许多原本不属于她们分配范畴的制图工作。对所有同学的帮助和支持一并表示感谢。

尽管本书作者和相关成员做了大量的工作，但无论从理论还是实践角度看，南北经济差距仍有大量问题需要进一步认真研究和探索，本书的研究内容只是"冰山一角"，有许多问题还有待进一步深入研究。囿于能力，尽管本书作者和相关成员尽了最大努力，书中仍难免存在不足之处，敬请各位专家学者批评指正。

目 录

第一章 导论 ……………………………………………………… 1

第一节 研究背景和研究意义 ……………………………… 2
　一 研究背景 ………………………………………… 2
　二 研究意义 ………………………………………… 4

第二节 研究设计与思路方法 ……………………………… 8
　一 相关概念界定 …………………………………… 8
　二 研究时段选取 …………………………………… 12
　三 研究思路与技术路线 …………………………… 14
　四 主要研究内容 …………………………………… 15
　五 主要研究方法 …………………………………… 17

第三节 南北经济分化的制度因素 ………………………… 20
　一 制度在经济增长中的重要性 …………………… 21
　二 制度变迁与新"国富论" ………………………… 23
　三 南北经济分化的制度解读 ……………………… 24

第四节 可能创新与研究空间 ……………………………… 26
　一 本书可能的创新 ………………………………… 26
　二 进一步研究空间 ………………………………… 27

第二章 中国南北经济发展格局的历史演进与阶段特征 ……… 29

第一节 计划调控下的"南北均衡"（1952—1978年） ……… 30
　一 改革开放前南北经济差距的演变 ……………… 30
　二 改革开放前南北经济差距演变的动因 ………… 36

三　改革开放前南北经济差距的特征 …………………… 39
第二节　效率优先下重心南移（1979—1991 年）……………… 43
　　一　改革开放初期南北经济差距的演变 …………………… 43
　　二　改革开放初期南北经济差距演变的动因 ……………… 49
　　三　改革开放初期南北经济差距的特征 …………………… 52
第三节　区域协调发展下南北差距趋缓（1992—2011 年）…… 56
　　一　区域协调发展格局下南北经济差距的演变 …………… 56
　　二　区域协调发展格局下南北差距演变的动因 …………… 63
　　三　区域协调发展格局下南北经济差距的特征 …………… 68
第四节　经济"新常态"背景下南北差距扩大（2012—
　　　　 2022 年）……………………………………………… 71
　　一　经济"新常态"背景下南北经济差距的演变 ………… 71
　　二　经济"新常态"背景下南北经济差距演变的
　　　　动因 ………………………………………………………… 77
　　三　经济"新常态"背景下南北经济差距演变的
　　　　特征 ………………………………………………………… 82
第五节　新时代推动南北经济高质量协调发展的
　　　　重大意义 …………………………………………………… 87
　　一　构建新发展格局的关键节点 …………………………… 87
　　二　促进全体人民共同富裕的迫切需要 …………………… 88
　　三　统筹发展与安全的题中应有之义 ……………………… 89
　　四　实现高质量发展的战略要求 …………………………… 91

第三章　三次产业视角下南北经济差距的分解 ……………………… 93
第一节　南北地区三次产业演进趋势及差距分析 ……………… 93
　　一　南北地区三次产业规模演进趋势 ……………………… 94
　　二　南北地区三次产业产值差距 …………………………… 97
　　三　三次产业差距对南北差距的贡献度 …………………… 99
第二节　南北地区三次产业结构及演进趋势 …………………… 100
　　一　南北地区三次产业结构演进趋势 ……………………… 101

二　南北地区三次产业结构的绝对差距 …………… 103
　　三　南北地区三次产业结构的相对差距 …………… 106
第三节　南北地区三次产业分行业差距分析：粤鲁对比 …… 107
　　一　粤鲁两省第一产业分行业差距分析 …………… 107
　　二　粤鲁两省工业分行业差距分析 ………………… 114
　　三　粤鲁两省第三产业分行业差距分析 …………… 121
第四节　基于变异系数的三次产业分解 ………………… 126
　　一　测算公式及其变量含义 ………………………… 126
　　二　南北地区三次产业变异系数演进趋势 ………… 127
　　三　南北地区三次产业变异系数的贡献度 ………… 132
第五节　基于泰尔指数的三次产业分解 ………………… 134
　　一　测算公式及其变量含义 ………………………… 134
　　二　南北地区三次产业间泰尔指数演进趋势 ……… 135
　　三　三次产业泰尔指数贡献度分析 ………………… 140

第四章　空间板块视角下南北经济差距的分解 …………… 142
第一节　南北地区次级板块经济规模及增速分析 ……… 143
　　一　南北地区次级板块经济规模及演进趋势 ……… 143
　　二　南北地区次级板块经济增速及演进趋势 ……… 149
　　三　南北地区次级板块人均GDP及演进趋势 ……… 153
第二节　基于变异系数的南北差距空间板块分解 ……… 161
　　一　南北地区变异系数及演进趋势 ………………… 162
　　二　南方地区次级板块变异系数及演进趋势 ……… 163
　　三　北方地区次级板块变异系数及演进趋势 ……… 165
第三节　基于泰尔指数的南北差距空间板块分解 ……… 167
　　一　南北地区泰尔指数一阶分解结果及分析 ……… 168
　　二　南北地区泰尔指数二阶分解结果及分析 ……… 170
　　三　南北地区次级板块泰尔指数二阶分解结果及
　　　　分析 ………………………………………………… 172

第五章 南北经济差距背后的制度因素 ………………… 175

第一节 历史视角下南北经济分化的成因探析 ……………… 176
一 公元元年后世界范围内的经济增长状况 ……………… 176
二 中国经济增长的比较历史分析 ………………………… 180
三 中国古代经济重心南移的主要原因 …………………… 183

第二节 制度因素驱动经济增长的理论框架 ………………… 188
一 制度驱动经济增长的 VIP 分析框架 …………………… 189
二 制度驱动经济增长的作用机理与路径 ………………… 192
三 制度驱动与中国经济增长的现实考察 ………………… 194

第三节 中国经济南北分化的制度动力 ……………………… 198
一 南北地区市场化指数差距 ……………………………… 198
二 南北地区政府与市场的关系 …………………………… 200
三 南北地区非国有经济的发展 …………………………… 201
四 南北地区产品市场的发育程度 ………………………… 203
五 南北地区要素市场发育程度 …………………………… 205
六 南北地区市场中介组织的发育和法律制度环境 …… 206

第六章 南北经济差距中制度因素的实证分析 ……………… 209

第一节 研究设计 ………………………………………………… 209
一 制度变量的选择 ………………………………………… 209
二 模型设定与变量说明 …………………………………… 210
三 数据来源与处理说明 …………………………………… 212

第二节 计量检验与基准结果 ………………………………… 213
一 描述性统计 ……………………………………………… 213
二 相关性分析 ……………………………………………… 214
三 基准回归结果 …………………………………………… 214

第三节 制度因素对南北区域经济的影响 …………………… 219
一 基于南北区域的分组回归结果 ………………………… 219
二 稳健性检验 ……………………………………………… 222

三　基于产业结构的调节效应 …………………………… 224
　第四节　本章小结 ……………………………………………… 226

第七章　"中国模式"的世界价值与南北经济高质量协调发展的制度路径 …………………………………………………… 227
　第一节　全球危机与中国模式的价值确认 …………………… 227
　　一　穿透"次贷危机"：一场系统性的制度危机 …………… 228
　　二　聚焦中国经济："中国奇迹"的价值确认 ……………… 229
　第二节　南北分化的深层问题 ………………………………… 233
　　一　市场化差异是南北经济分化主因 ……………………… 233
　　二　新旧动能转换差异强化南北差距 ……………………… 234
　　三　区域开放合作和一体化进程缓慢 ……………………… 235
　第三节　推动南北经济高质量协调发展的制度路径 ………… 236
　　一　坚持制度自信，深化包容理念 ………………………… 237
　　二　充分利用"五个战略性有利条件"，加快制度
　　　　变革 ………………………………………………… 238
　　三　遵循经济发展规律，合理定位政府与市场的
　　　　职能分工 …………………………………………… 239
　　四　依据主体功能区划，优化南北国土空间开发
　　　　格局 ………………………………………………… 240
　　五　依据比较优势原则，优化南北产业分工体系 ………… 241
　　六　尊重客观规律，引导产业和人口的空间集聚 ………… 242
　　七　北方加大市场化改革，统筹推进南北区域
　　　　协调发展 …………………………………………… 243
　　八　推进服务型政府建设 …………………………………… 244

参考文献 ………………………………………………………… 247

后　记 …………………………………………………………… 257

图 目 录

图 1-1　本书技术路线图 ································· 16
图 2-1　1952—1978 年南北地区 GDP 占比变化 ················· 31
图 2-2　1952—1978 年南北地区 GDP 绝对差距和相对差距
　　　　变化 ··· 32
图 2-3　1952—1978 年南北地区 GDP 及增长率 ················ 33
图 2-4　1952—1978 年南北地区人均 GDP 及增长率 ············ 35
图 2-5　1952—1978 年南北地区人均 GDP 绝对差距和相对
　　　　差距变化 ··· 36
图 2-6　1979—1991 年南北地区 GDP 占比变化 ················ 44
图 2-7　1979—1991 年南北地区 GDP 绝对差距和相对
　　　　差距变化 ··· 45
图 2-8　1979—1991 年南北地区 GDP 及增长率 ················ 46
图 2-9　1979—1991 年南北地区人均 GDP 及增长率 ············ 47
图 2-10　1979—1991 年南北地区人均 GDP 绝对差距和
　　　　　相对差距变化 ··································· 48
图 2-11　1992—2011 年南北地区 GDP 占比变化 ··············· 57
图 2-12　1992—2011 年南北地区 GDP 绝对差距和相对
　　　　　差距变化 ······································· 58
图 2-13　1992—2011 年南北地区 GDP 及增长率 ··············· 59
图 2-14　1992—2011 年南北地区人均 GDP 及增长率 ··········· 61
图 2-15　1992—2011 年南北地区人均 GDP 绝对差距和
　　　　　相对差距变化 ··································· 63
图 2-16　中国主要能源矿产储量地区分布 ····················· 67

图 2-17	2012—2022 年南北地区 GDP 占比变化	72
图 2-18	2012—2022 年南北地区 GDP 绝对差距和相对差距变化	73
图 2-19	2012—2022 年南北地区 GDP 及增长率	74
图 2-20	2012—2022 年南北地区人均 GDP 及增长率	75
图 2-21	2012—2022 年南北地区人均 GDP 绝对差距和相对差距变化	76
图 2-22	2021 年全国各省区人口净流入状况	82
图 3-1	1952—2022 年南北地区三次产业产值演化趋势	95
图 3-2	1952—2022 年南北地区三次产业产值差距	98
图 3-3	1980—2022 年南北地区三次产业产值差距贡献度	99
图 3-4	1952—2022 年南北地区三次产业结构	102
图 3-5	1952—2022 年南北地区三次产业结构绝对差距指数	104
图 3-6	1952—2022 年南北地区三次产业结构相对差距指数	106
图 3-7	1978—2021 年粤鲁两省农林牧渔产值变化	108
图 3-8	1978—2021 年粤鲁两省农林牧渔产值差距	111
图 3-9	1978—2021 年粤鲁两省农林牧渔结构对比	113
图 3-10	2021 年以广东为基准粤鲁工业分行业增加值及占比	117
图 3-11	2021 年以广东为基准粤鲁工业分行业增加值差距	118
图 3-12	2021 年以山东为基准粤鲁工业分行业增加值及占比	120
图 3-13	2021 年以山东为基准粤鲁工业分行业增加值差距	120
图 3-14	2021 年粤鲁两省规模以上服务业企业分布状况	122
图 3-15	1952—2022 年南北地区三次产业间变异系数演进趋势	128
图 3-16	1952—2022 年南北地区三次产业变异系数演进趋势	129
图 3-17	1952—2022 年南北地区三次产业变异系数贡献度	133
图 3-18	1952—2022 年南北地区三次产业间泰尔指数	135

图目录 | 3

图 3-19　1952—2022 年南北地区三次产业泰尔指数 …………… 137
图 3-20　1952—2022 年南北地区三次产业泰尔指数贡献度 …… 140
图 4-1　新中国成立以来北方地区内部次级板块 GDP 演进
趋势 ……………………………………………………… 143
图 4-2　新中国成立以来南方地区内部次级板块 GDP 演进
趋势 ……………………………………………………… 144
图 4-3　新中国成立以来南北地区次级板块 GDP 占比………… 147
图 4-4　新中国成立以来北方地区内部次级板块 GDP 增速…… 149
图 4-5　新中国成立以来南方地区内部次级板块 GDP 增速…… 150
图 4-6　新中国成立以来南北方地区次级板块人均 GDP 演进
趋势 ……………………………………………………… 154
图 4-7　新中国成立以来北方地区次级板块人均 GDP 增长
情况 ……………………………………………………… 158
图 4-8　新中国成立以来南方地区次级板块人均 GDP 增长
情况 ……………………………………………………… 159
图 4-9　新中国成立以来南北地区 GDP 变异系数……………… 162
图 4-10　新中国成立以来南北地区人均 GDP 变异系数 ……… 163
图 4-11　新中国成立以来南方地区次级板块 GDP 变异系数 … 164
图 4-12　新中国成立以来南方地区次级板块人均 GDP 变异
系数 ……………………………………………………… 165
图 4-13　新中国成立以来北方地区次级板块 GDP 变异系数 … 166
图 4-14　新中国成立以来北方地区次级板块人均 GDP 变异
系数 ……………………………………………………… 167
图 4-15　新中国成立以来南北地区一阶泰尔指数分解结果 …… 168
图 4-16　新中国成立以来南北地区泰尔指数贡献度…………… 169
图 4-17　新中国成立以来南北地区次级板块二阶泰尔指数 …… 171
图 4-18　新中国成立以来南北地区二阶泰尔指数分解结果 …… 171
图 4-19　新中国成立以来南北地区次级板块二阶泰尔指数
分解 ……………………………………………………… 172

图 4-20　新中国成立以来南北地区次级板块二阶泰尔指数
　　　　　贡献度 ·· 173
图 5-1　公元 1—2001 年世界主要国家和地区人均 GDP 增速······ 179
图 5-2　公元 1000—2020 年中国和其他主要地区经济占比 ······ 181
图 5-3　文化资本对于经济增长的 VIP 分析框架推演················· 192
图 5-4　社会主流价值观与经济增长作用机理的传导路径········ 193
图 5-5　2003—2021 年南北地区市场化总指数 ···························· 198
图 5-6　2021 年各省区市市场化总指数排序 ································ 199
图 5-7　2009—2021 年南北地区政府与市场关系指数 ················ 200
图 5-8　2021 年各省区市政府与市场关系得分排序 ···················· 201
图 5-9　2009—2021 年南北地区非国有经济发展指数 ················ 202
图 5-10　2021 年各省区市非国有经济发展得分排序 ·················· 203
图 5-11　2009—2021 年南北地区产品市场发育程度 ·················· 204
图 5-12　2021 年各省区市产品市场发育程度得分排序 ············· 204
图 5-13　2009—2021 年南北地区要素市场发育程度 ·················· 205
图 5-14　2021 年各省区市产品要素发育程度得分排序 ············· 206
图 5-15　2009—2021 年南北地区中介组织的发育和
　　　　　法律制度环境 ·· 207
图 5-16　2021 年各省区市中介组织发育和法律制度环境
　　　　　得分排序 ·· 207
图 7-1　1980 年以来中美两国占全球经济比重······················· 230
图 7-2　1980 年以来中国、美国和世界经济增速 ······················· 231
图 7-3　1980 年以来中美对全球经济增量的贡献······················· 232

表 目 录

表 1-1	中国南方地区和北方地区划分	9
表 1-2	本书研究方法概览	17
表 2-1	1991年、2000年、2011年南北地区主要经济指标占全国的比重	69
表 2-2	2013—2022年全国各省区经济增速倒数后五位省区	80
表 3-1	1952—2022年不同时期南北地区三次产业产值平均增速	96
表 3-2	1978—2021年不同时期粤鲁农林牧渔业产值平均增速	110
表 3-3	2021年粤鲁规模以上工业分行业增加值及占比	115
表 3-4	2021年以广东为基准粤鲁规模以上工业分行业增加值及占比	116
表 3-5	2021年以山东为基准粤鲁规模以上工业分行业增加值及占比	119
表 3-6	2021年以粤鲁规模以上服务业分行业企业数量分布	121
表 3-7	2021年粤鲁两省规模以上服务业分行主要财务指标	123
表 3-8	2021年粤鲁两省规模以上服务业分行业单家企业主要财务指标	124
表 4-1	1952年和2022年南北地区八个板块GDP排序	148
表 4-2	不同时期南北地区八个板块GDP增速	153
表 4-3	不同时期南北地区八个板块人均GDP增速	161
表 5-1	公元1000—2022年中国和其他主要地区GDP	177
表 5-2	公元1—2001年世界主要国家和地区人均GDP增速	178
表 5-3	公元1000—2022年中国和其他主要地区经济占比	180

表 5-4　公元 1000—2020 年中国和其他主要地区人均 GDP
　　　　（1990 年不变价国际元）…………………………………… 182
表 5-5　VIP 分析框架的史实说明 ……………………………………… 191
表 6-1　变量定义表 ……………………………………………………… 211
表 6-2　变量的描述性统计结果 ………………………………………… 213
表 6-3　主要变量的相关性分析结果 …………………………………… 215
表 6-4　基于全样本的市场化指数与地区人均 GDP 基准
　　　　回归结果 ……………………………………………………… 216
表 6-5　市场化进程对中国南北板块经济发展的差异性检验 ………… 218
表 6-6　基于北方地区的市场化指数与地区人均 GDP 的
　　　　回归结果 ……………………………………………………… 220
表 6-7　基于南方地区的市场化指数与地区人均 GDP 的
　　　　回归结果 ……………………………………………………… 221
表 6-8　基于市场化指数的一阶滞后项检验 …………………………… 222
表 6-9　以地方财政税收收入为替代变量的稳健性检验结果 ………… 223
表 6-10　基于产业结构的调节效应检验 ………………………………… 225

第一章　导论

发展是人类社会进步的永恒命题。改革开放以来，为了实现国民经济的发展和国家竞争力的提升，中国政府遵循梯度开放的渐进模式，以期通过沿海地区的率先开放，带动内陆地区的发展，最终实现共同富裕的社会主义本质和目的。改革开放以来，我国经济取得举世瞩目的成就，但地区经济差距也不断凸显。作为经济发展过程中的客观现象，区域经济差异具有双重属性：一定范围内的差异具有激励效应，形成地区间良性竞争；然而，当差异超过某一临界值，则会演变为显著的区域经济差距，形成"强者恒强、弱者越弱"的马太效应，造成区域经济差距过大，引发诸多负面结果。为此，必须实施科学有效的区域经济发展战略与政策，引导区域经济高质量协调发展。

在不同的历史背景和区域发展战略的推动下，我国区域经济在不同历史时期经历了"均衡—非均衡—协调"等几次重大调整，原本较为明显的"三大地带"和"四大板块"差距逐渐缩小；但自2012年经济迈入新常态以来，我国相对均衡的南北区域差异开始显现，并逐步发展成为较为显著的南北经济差距。南北差距开始成为我国区域经济发展的新特征。对此，有必要在梳理新中国成立以来南北差距演变的基础上，探寻差距演变的动力特别是制度因素，进而提出新时代南北经济高质量协调发展的对策建议。作为本书的先导图，本章将从研究背景和研究意义、研究设计与思路方法、南北经济分化的制度因素、可能的创新与研究空间四个方面来勾勒本书研究的整体架构。

第一节 研究背景和研究意义

一 研究背景

我国幅员辽阔、历史悠久、人口众多。从地理条件看,长江、黄河横贯东西,秦岭、淮河分异南北,各地区基础条件差别之大世界少有。从历史维度看,因农耕技术进步、社会稳定状况、自然气候条件等存在差异,各地经济社会发展存在明显的"路径依赖"特征。从人口分布看,北方地区长期占据中心地位,但处于农耕文明与游牧文明冲突的前沿地带,从东汉末年开始北方人口大量移居南方,南方地区逐渐开发并得到快速发展。可见,我国区域经济差距的形成既是各地区基础条件差异的客观结果,又有复杂而深刻的历史背景。

新中国成立以来,为改变区域经济差距过大的面貌,党和国家实施了一系列的政策措施,我国区域经济差距虽偶有波动,但总体呈缩小趋势。特别是党的十八大以来,我国城乡区域协调发展取得了历史性的成就。截至2022年年底,东部与中西部人均地区生产总值比分别从2012年的1.93、2.36下降至2022年的1.7、2.13,西部、东北、中部、东部"四大板块"持续优化发展,东西差距持续缩小,区域发展的协调性逐步增强。与此同时,京津冀协同发展、长江经济带发展、粤港澳大湾区建设、长三角区域一体化发展、黄河流域生态保护和高质量发展、海南全面深化改革开放"六大战略"深入推进,区域协调发展体制机制不断建立健全,优势互补、高质量发展的区域经济布局正在形成。

然而,自2007年美国次贷危机爆发以来,世界政治经济形势发生深刻变化,国际经济周期性转折与国内经济结构性调整相互叠加。受此影响,我国经济也开始步入增速下行、动力转换的新常态。对此,党的十九大作出了"我国经济已由高速增长阶段转向高质量发展阶段,正处在转变发展方式、优化经济结构、转换增长动力的攻关期"的科学论断。党的二十大进一步指出:"提出并贯彻新发展理念,着力推进高质量发展,推动构建新发展格局,实施供给侧结构性改革,制定一系列具有全局性意义的区域重大战略。"在上述背景下,我国区域经济发展格局出现了新的变化,以往较为明显的东、中、西"三大地带"的经济差距有所缩小,但在经历了"沿海—内陆"经济发展不平衡后,以秦岭—淮河为界,南北方经济差距开始凸显。

数据显示,2010—2022年北方经济占全国总量从42.9%快速下降至35.6%,南北经济总量差距从14.1个百分点迅速扩大至28.8个百分点,人均GDP差距从1.08扩大为1.12,引发社会各界关注。2018年11月18日,中央出台《关于建立更加有效的区域协调发展新机制的意见》,强调"协调国内东中西和南北方的区域发展新格局",正式提出区域协调发展、重视南北差距。可见,区域发展"南北"不均衡、南方地区与北方地区经济发展差距扩大,现成为我国区域发展不平衡、不充分问题的突出表现。当前,我国南北方经济发展的不均衡主要体现为以下三个方面。

一是经济增长速度"南快北慢",从地区生产总值增速,第二、三产业产值增速等指标来看,近年来北方显著慢于南方;从次级板块对比看,北方地区的东北、西北地区相比于南方的东南、西南板块,差距更为明显。二是在经济规模上"重心南移",北方河北、辽宁等省区先后被福建、湖南、湖北等省区超越,跌出全国各省区地区生产总值排名前十。目前北方在全国各省区经济10强中仅剩山东、河南两省,排名第三的山东省与排名第二的江苏省差距从2007年的242亿元持续扩大到2022年的3.54万亿元;从国内城市20强看,1978—2022年,北方城市从11个降至5个,其中10强城市从6个降至仅剩北京1个。三是经济活力"南强北弱",无论是人口迁移还是要素流动,都呈现北方持续流失、南方持续流入的局面,显示南北经济活力存在巨大差异。

特别是当前及今后一段时间,"南北差距"有持续扩大的趋势:在南方发达地区先后进入高质量、高水平发展阶段的同时,北方地区国内生产总值占比持续下降,尤其东北地区在全国的经济排名持续走低,地区经济增速逐年回落,外部资源要素流入意愿不强、数量减少，民间投资纷纷抽离，长期计划经济管理下的体制机制等深层矛盾凸显，经济发展内生动力不足，人才、资金、技术等要素加快流出，经济社会发展支撑要素"入不敷出"，面临较大的经济下行压力，必将对地区经济发展乃至社会稳定产生深刻影响。

党的二十大报告指出："中国式现代化是全体人民共同富裕的现代化。"为此，必须深入实施区域协调发展战略、区域重大战略、主体功能区战略、新型城镇化战略，优化重大生产力布局，构建优势互补、高质量发展的区域经济布局和国土空间体系。而南北经济差距扩大不仅与高质量发展相悖，也不符合全体人民共同富裕的中国式现代化要求。为此，需要站在历史和未来发展的高度，厘清以下问题：一是新中国成立以来区域经济差异的变化趋势如何，南北经济差距是何时出现的，未来演化趋势如何？二是南北经济差距背后的驱动因素有哪些？在创新驱动和高质量发展背景下，南北经济差距持续扩大的主要因素是什么？三是应当采取何种措施，有效缓解南北经济持续扩大的趋势，实现两者高质量协调发展？对上述问题的回答不仅是新时代、新形势下必须思考的现实问题，而且需要进行理论层面的深刻剖析。

不同于传统西方经济学强调土地、资本、技术等"要素贡献"的研究范式，本书借鉴产业经济学中哈佛学派"市场结构—市场行为—市场绩效"（SCP）的分析框架，分析"制度因素"在地区经济发展中的先决条件和决定作用，提出基于"制度创新"的"制度要素—市场结构—市场行为—市场绩效"（ISCP）研究思路，并进一步演化为"社会主流价值观—制度要素—市场绩效"（VIP）分析框架，试图从制度演化视角解密南北差距，进而提出南北经济高质量协调发展的政策建议。

二 研究意义

改革开放以来，我国经济快速发展，取得了世界经济史上难得一见的"中国奇迹"。但与此同时，受自然地理、历史进程、发展基础等要素影响，区域经济发展差距一直是我国国民经济发展中存在的重大问题之一。当前，在一系列区域开发战略和区域经济发展政策的作用下，我国传统的东部、中部、西部"三大地带"差距已经趋于缓解，但区域经济发展的南北分异却逐步显现，现已成为我国区域经济发展的新特征。在新的历史方位下，南北经济分化和失衡格局不仅与共同富裕的社会主义本质相悖，也成为我国经济社会高质量发展的掣肘。为此，必须站在历史和未来发展角度，系统剖析南北经济差距演化的历史进程及其阶段特征，探寻南北经济发展及其分化的驱动因素，进而提出切实可行的对策建议。综上分析，本研究具有较强的理论意义和现实意义。

(一) 理论意义

第一，在研究尺度上拓展了区域经济差距和区域协调发展的相关研究。

由于中国地势西高东低，由青藏高原到东部沿海大陆架呈现明显的三级阶梯分布，因自然地理带来的东部、中部、西部"三大地带"区域经济差异自古有之。加之各地历史发展进程和发展基础的差异，三大地带差距一直是我国区域经济研究的主流，目前学界对区域经济差距的内涵、驱动因素、协调发展路径等诸多领域已经进行了大量且深入的研究，几乎不存在尚未开垦的新领域。

相比之下，南北经济差距则是近年来我国区域经济发展逐步形成的新格局，尽管已经有少量研究开始触及，但总体上尚未形成相对统一的研究框架，相关研究内容也亟待深入。因此，在我国全面开启中国式现代化新征程的历史背景下，基于"南方和北方"这一相对崭新的地理尺度对我国区域经济差距展开研究，是对现有研究的丰富与拓展。

第二，基于制度创新视角探索南北经济差距的成因与对策。

窥源方能知流。在人类社会发展中，经济增长与发展始终占据重要地位，以至于自亚当·斯密（Adam Smith）以来，经济增长问题就成为整个经济学的核心议题。特别是自第二次世界大战结束以来，滥觞于哈罗德-多马模型，探索经济增长的要素就成为包括区域经济学在内各经济学科探索的重点。然而，在标准经济增长理论中，基于产权明晰、信息完全对称和交易费用为零的假设，制度被视为已知的、既定的外生变量而被排除在外，由此导致新古典经济学在解释发展中国家特别是制度转轨国家经济实践时难以自洽。然而，从我国经济发展实践看，尽管技术、资本、人力资源等要素在经济发展中发挥了重要作用，但是如果没有以改革开放为核心的一系列制度变革，上述要素就如同无源之水。

需要注意的是，当前南北经济差距持续扩大的现实背景，恰好与近年来我国经济步入新常态高度吻合。在经济增速放缓、增长动力换挡的新常态下，北方赖以发展的煤炭、天然气、石油和铁矿等自然资源不仅产生了较为突出的"资源诅咒"问题，甚至阻碍了创新要素聚集和发展方式转变。而南方地区通过先行先试的制度创新，以产业结构升级助推经济转型，大力发展高新技术产业和新经济，逐步释放经济增长新动能。这种差异进一步印证了制度要素在南北方区域经济差距中的关键作用。可见，本书选择以制度创新为研究视角，在一定程度上也是对现有有关南北经济差距影响因素的扩展与深化。

第三，将历史分析法引入传统经济学的研究范畴。

"创新理论"的鼻祖、美籍奥地利裔经济学家约瑟夫·熊彼特（Joseph Schumpeter）将经济学家从事研究的技巧归纳为历史、经济和理论三个方面，而其中，经济史无疑是最为重要的。无独有偶，英国经济学家、宏观经济学创始人约翰·梅纳德·凯恩斯（John Maynard Keynes）也指出：一个优秀的经济学家，在某种程度上，必须是数学家、历史学家、政治家和哲学家。经济学家对历史的推崇说明，历史分析在经济研究中具有重要意义。

遗憾的是，自20世纪30年代"边际革命"以来，经济增长理论和模型越来越成为一个看不见的"黑箱"，在所谓边际原则的指引下，经济系统可以自动实现瓦尔拉斯一般均衡，从而达到帕累托最优的资源配置状态。除了专门的经济史研究，包括区域经济学在内的其他经济学分支或多或少对历史分析有所忽略。国内区域经济学整体借鉴了西方主流的研究范式和方法，多基于传统经济增长理论的"要素贡献说"，侧重对某一具体或多个对象时空序列绩效特征的描述，而对于南北区域尺度上空间横向研究较少，尤其缺乏历史视角的纵深研究。

对此，本书将采用历史分析方法，系统梳理新中国成立以来南北经济演化的历程，探索不同时期南北经济差距的阶段特征与驱动因素，将制度要素引入到现代经济增长模型中，为下一步推进南北区域高质量协调发展提供理论参考。

(二) 现实意义

第一，为解决南北区域发展不平衡问题与协调发展提供思路指引。近年来，我国南北经济差距持续扩大，以"秦岭—淮河"为界，北方地区人才、资金等发展要素持续流出，经济下行压力不断增大，南北差距已经成为我国区域经济发展的新问题。对此，必须引起高度重视，对南北经济差距变动情况进行全面的分析评价，探究其形成的内在机制和制度因素，准确定位问题所在，开拓对南北区域分化问题的认知视野。可见，选择制度创新为切入点，对南北经济差距开展系统研究，有利于厘清制度因素对南北经济协调发展的影响及其路径，进而为解决南北区域发展不平衡问题与协调发展提供思路指引。

第二，为新时代区域经济协调发展战略和政策体系的完善提供决策依据。党的二十大报告指出，"高质量发展是全面建设社会主义现代化国家的首要任务。"而促进区域协调发展是高质量发展的内在要求。在党的二十大报告精神指引下，对南北经济差距进行历史纵深分析和客观评价，不仅可以更为直观和精准地观察到南北经济差距形成的历史过程，而且有利于党和政府从时间和空间两个维度上全面了解、掌握南北经济协调发展状况，完善区域经济协调发展战略，制定更具针对性和差异化的发展战略及政策措施。

第三，对北方地区经济转型发展具有一定的借鉴意义和实践价值。相关数据表明，近年来北方省份遇到的经济增速下滑、经济内生动力不足、发展要素持续流出等问题并非一省一域的区域问题，而是北方绝大部分省份的整体共性问题。从制度演化与产业转型角度看，2008 年国际金融危机后，全球经济长期低迷，国际大宗商品和能源价格一度进入漫长熊市，带有显著资源型特征的北方经济随之陷入困境。在南方，东南地区凭借良好的市场环境和畅通的市场机制快速出清过剩产能，纷纷实施"腾笼换鸟"战术，推动经济转型升级，而西南内陆省份如重庆、四川等省区加大改革力度，通过创设"地票"、率先开通中欧班列，承接沿海和海外产业转移，贵州、云南、西藏、江西等南方省份经济增速持续领跑全国。南方省区近年来的发展犹如一面镜子，既映射出北方地区的不足与短板，也为北方省区增长动力换挡和发展方式转型提供了制度借鉴。对此，本书在分析南北经济差距形成机制和影响因素的基础上，着重探寻南北经济差距背后的制度密码，有利于北方省区结合自身经济发展实践，寻求经济转型发展的制度动能，为北方地区扭转经济发展失速，与南方省区共同参与全国尺度的劳动地域分工，构建优势互补、高质量发展的南北经济布局和国土空间体系提供政策建议和科学参考。

第二节　研究设计与思路方法

一　相关概念界定

（一）南北区域范畴

与国际关系中的"南北问题"不同，本书所称的"南北区域"是与东部地区、中部地区、西部地区（即三大地带）相对应的地理单元。根据中国政府网《区域地理》的介绍，由于各地地理位置、自然条件、人文经济方面各有特点，全国可分为东部季风区、西北干旱半干旱区、青藏高寒区三个自然区。其中东部季风区由于南北纬度差别较大，以秦岭—淮河为界，又分为北方地区和南方地区。[①] 秦岭—淮河一线作为中国最为重要的地理分界线，南北分界是接受度最广泛，也是学术研究最常见的划分方式。本书对南北区域的划分，也参照这一方法，并以省级行政单元为基本划分单元。

---

① 参见中国政府网，2023 年 3 月 23 日，http：//www.gov.cn/guoqing/2005 - 07/27/content_2582640.htm。

需要说明的是,西藏自治区的地理区位相对独立。如果从秦岭—淮河的延长线看,西藏自治区大部分位于秦岭—淮河一线南侧。然而从自然条件、人文经济等地理因素看,西藏自治区更接近北方。在学术研究中,对这一问题有两种处理方式,要么以西藏自治区经济占比太小为由,从研究对象中剔除(张战仁等,2022);要么按照秦岭—淮河的延长线将其划入南方省区(芦惠等,2013)。

对于上述差异,本书认为,在当前复杂的国际经济政治形势下,无论是从维护祖国领土主权完整的角度出发,还是基于学术严谨性,都不宜将西藏排除在中国区域经济研究之外。关于西藏自治区到底是属于南方地区还是北方地区这一问题,也不能简单地以秦岭—淮河延长线进行划分,而是找到切实可行的依据。对此,本书借鉴国家统计局有关"八大经济区"的划分,将西藏自治区划入大西北地区。[①] 如此一来,北方地区下辖东北地区、北部沿海、黄河中游、大西北地区四个次级板块,包含辽宁省、吉林省、黑龙江省等16个省区,南方地区则由东部沿海、南部沿海、西南地区、长江中游四个次级板块,囊括上海市、浙江省、江苏省等15个省区(详见表1-1)。从地理角度看,香港特别行政区、澳门特别行政区和台湾地区也属于南方地区,但由于经济社会制度存在较大差异,按学术界通行惯例并未将其包含在本研究范围内。

表1-1　　　　　　　　中国南方地区和北方地区划分

整体划分	次级板块	省(区、市)名称	数量(个)
南方地区 (15)	东部沿海	上海市、浙江省、江苏省	3
	南部沿海	福建省、广东省、海南省	3
	长江中游	安徽省、江西省、湖南省、湖北省	4
	西南地区	云南省、贵州省、重庆市、四川省、广西壮族自治区	5

---

① 参见国家统计局官网,2023年3月23日,https://data.stats.gov.cn/easyquery.htm?cn=E0102。

续表

整体划分	次级板块	省（区、市）名称	数量（个）
北方地区 （16）	东北地区	黑龙江省、吉林省、辽宁省	3
	北部沿海	北京市、天津市、河北省、山东省	4
	黄河中游	陕西省、山西省、河南省、内蒙古自治区	4
	大西北地区	新疆维吾尔自治区、西藏自治区、宁夏回族自治区、甘肃省、青海省	5

资料来源：根据国家统计局官网整理得到。

（二）区域经济差距

正确理解区域经济差距的概念及内涵不仅是开展学术研究的起点，也是相关政策实践的基础。然而检索发现，当前有关区域经济差距的研究几乎陷入"概念丛林"："区域经济差异""区域经济差距""区域发展不平衡""区域协调发展"等概念几乎同时并用，甚至在同一研究成果中也存在混用。即使在英文文献中，也有类似"Regional Economic Disparity"（区域经济不均等）"Regional Economic Development Gap"（区域经济发展差距）"Regional Economic Differences"（区域经济差异）等不同表达。尽管上述概念均可用于描述区域经济发展过程中出现的分化现象，但在具体内涵和适用情景上存在较大差异，需要逐一厘清，避免混淆和混用。

在现代汉语中，"差异"几乎是"不同"的代名词，正所谓"求同存异"，现实当中的差异几乎是普遍存在的。从某种程度上而言，正是因为有了差异，才有了丰富多彩的现实世界。可见，"差异"只是一种客观中性的表达，更侧重对事物"质"的属性表达；同样地，区域经济差异也并非贬义，差异极可能弥合，也可能扩大，并非所有的区域经济差异都需要人为干预。与区域经济差异类似，区域经济不平衡、不均等也是经济活动和经济结果在不同尺度地理空间的客观反映，本质上体现的是经济活动的聚集与分散，除非这种分化达到一定程度，对经济社会产生负面影响，否则会通过经济系统内在的涓滴效应（Trickle-down effect）自动实现动态均衡。然而，如果区域经济差异已经扩大到了一定程度并可精准化测量，说明"质"的属性差异已经引起"量"的变化，此时则需要以合理的方式进行干预。现实中可用地区增长总量、增长速度、经济结构乃至经济发展条件各方面所存在的差距进行衡量。

从研究对象和研究目的看，本书在整体上更适用于"区域经济差距"：（1）一方面，量化的南北区域经济差异直接表现为区域经济差距；另一方面，只有对区域经济差异进行量化分析，才能更精准地把握南北区域经济差异的演变趋势和特征，才能准确判断是否需要对这种差异进行人为干预。（2）从南北经济分异的成因看，类似自然地理、历史发展乃至文化因素等非经济因素也会造成区域经济差距，如自然地理条件会通过生产成本、运输成本等作用于区域经济发展，使客观的区域经济差异演变为区域经济差距。而上述非经济因素并不属于区域经济差异，却是区域经济差距的部分原因，因此采用"区域经济差距"更适合。（3）从政策含义看，本书试图通过量化分析，说明南北区域经济差距已达到相当程度，必须借助经济系统之外的政策体系加以矫正，旨在"缩小南北经济发展差距"，实现"南北区域经济高质量协调发展"。其本质是减少经济发展中因为"质"的属性引起的"量"的问题，而不是"质"本身。毕竟地区发展差异属于客观世界，不可能完全消除。但是"量"的差距则可以通过人为干预，使其回归合理区间。

此外，在具体行文中，本书将根据具体情景，相继使用"区域经济差异""区域经济差距"甚至"区域经济分异""区域经济分化"等表达，这种差别主要取决于对于具体事务的描述是更侧重于"质"的属性表达，还是"量"的差距分析。涉及前者时，将使用更为客观和中性的"区域经济差异""区域经济分异"或"区域经济分化"等概念；涉及后者时，将用"区域经济差距"的称谓。

（三）区域经济协调

区域经济协调的概念源于区域经济差距扩大的现实背景，缩小区域差距自然是区域经济协调的重要内容，也是南北区域经济高质量协调发展的核心所在。从实际运用看，区域经济协调通常被赋予以下几种含义：一是指区域间发展差距的缩小，即空间比例或者地区结构的协调；二是指地区间分工协作关系的发展，即地区间产业结构的协调；三是指国家投资在地区间的分配合理化，即区域间生产力布局的协调；四是指区域间贸易封锁、市场分割的消除，生产要素的自由流动，即区域贸易关系（区域市场）的协调；五是指区域间不平等竞争环境的消除，即区域间利益关系的协调（蒋清海，1995）。可见，现有研究的共同之处在于对区域协调发展外在表征的分析，均从区际深化联系、区域差距缩小和区域经济增长等方面进行阐释。这是缩小区域经济差距的题中应有之义。

需要指出的是，区域经济协调并非单纯取决于经济系统本身，经济系统只是区域系统的一个组成部分。除此之外，社会系统、自然生态系统等也在区域协调发展中发挥着各自的作用。只有将经济系统以外的其他系统纳入研究范畴，才能在区域内形成区域联系，构成区域协调发展的基础。可见，区域经济差异缩小与区域协调发展是部分与整体的关系，经济系统作为区域系统的组成部分而存在。

从更为一般的经济学意义上看，区域经济差距和区域经济协调的关系类似于效率与公平。效率属于微观层面的问题，受边际效应、要素组合与流动等微观经济规律的支配，公平则是宏观层面的问题，受收入分配等宏观经济规律的支配；从决定机制来看，效率由市场机制决定，属于生产力层面的问题，公平是由政府对国民收入的再分配来解决，属于生产关系层面的问题。作为经济发展过程中不同层面的问题，效率与公平不能放在同一个层面上取此舍彼，提出孰为"优先"的问题，较为正确的理解应该是协调二者关系。

二 研究时段选取

作为一个具有显著地域特征的大国，区域经济发展一直是学界研究的热点。然而在研究时段的选取上，多选取在1978年改革开放之后，主要原因可能有两点：一是改革开放后的相关数据较为健全，有利于保证研究中数据的连续性；二是新中国成立后至改革开放初期我国区域经济差距尚不明显。上述两点考虑有其可取之处，但也不可避免地遗失了一些重要信息。

事实上，在自然地理、历史进程甚至文化等因素作用下，中国南北经济差距长期存在。就南北差异而言，早在两晋南北朝后期，大量的北方人口随着原黄河流域的士族大家"衣冠南渡"，使得南方地区人口大量增加，生产力水平得到极大提升，以至于隋炀帝即位后，下令开通南起余杭（今杭州）、北至涿郡（今北京）的大运河，主要目的就是把江南丰富的物产运抵北方。唐朝"安史之乱"使得北方黄河流域再一次兵戎相见、生灵涂炭，引发中国历史上第二次北方人口南迁的高潮，南方人口和经济地位开始超过北方，从根本上改变了中国的人口地理格局。至靖康之变和宋室南迁，宋金开启了长达100余年的对峙局面，在不断的南下与北伐中，北方黄河流域再一次成为主战场，导致这一区域的人口再次迁徙南方，且规模和时间均超过前两次。到南宋时期，随着岭南地区的快速开发，南方取代北方成为中国经济和人口的重心；由于西北陆上丝绸之路被阻断，东南海上丝绸之路开始崛起，南方领先格局基本延续至今。如果用"黑河—腾冲"一线（"胡焕庸"线）将中国国土划分为东南半壁和西北半壁，那么自隋唐以来，"稳住西北，经略东南"始终是历代大一统王朝治国理政的基本方略。

新中国成立后至改革开放初期，为了平衡各地经济发展差距，党和国家主动实施了一系列的区域平衡发展战略，在政治、经济、文化上尽可能减少南北差别，加强工农联盟，推动区域平衡发展。自第一个五年计划实施以来，中央有步骤、有重点、分批次地增加西南、西北等内陆省区建设资金，拉动内地工业发展，并在生产力空间布局上向东北、西南等地区倾斜，缩小了地区之间的差距。

基于上述分析，本书将南北经济差距的研究时段定为1952—2022年，主要依据如下：

首先，选择以1952年为起点，有助于还原新中国南北经济差距演变的全貌，探寻更多有利于南北区域高质量协调发展的信息。1949年新中国成立后，国民经济百废待兴，同时还要投入巨大的人力、物力和财力支撑抗美援朝。在这种背景下，党和国家并未忽视区域经济协调发展，从1953年开始执行发展国民经济的第一个五年计划，简称"一五"计划（1953—1957年）。至1957年，形成了以鞍山钢铁公司为中心的东北工业基地,沿海地区原有的工业基地得到加强,并在华北、西北建立了一批新工业基地,我国初步建立起独立的工业体系。此后至改革开放前,我国又陆续实施了五个五年计划,在编制与实施理念上,均强调通过完全的政府计划指令性方式优先发展重工业,建立独立完整的工业体系与国民经济体系。总体来看,尽管这种基于区域均衡发展战略的调控指导存在不足之处,但仍可作为历史参照,为新时代南北经济高质量协调发展提供有益借鉴。

其次,选择以2022年为截止点,既考虑了最新数据可得性的要求,也响应了新时代区域经济协调发展的新要求。鉴于近年来南北经济差距已演变为我国区域经济格局的新特征,党的十九大报告首次将区域协调发展上升为国家战略,形成了京津冀协同发展、长江经济带发展、粤港澳大湾区建设、长三角区域一体化发展、黄河流域生态保护和高质量发展、海南全面深化改革开放"六大战略"协同推进的区域发展战略。党的二十大报告再次强调,"深入实施区域协调发展战略、区域重大战略、主体功能区战略、新型城镇化战略,优化重大生产力布局,构建优势互补、高质量发展的区域经济布局和国土空间体系。"可见,选择以2022年为截止点,不仅有助于在新的历史背景下对南北经济差距进行深刻剖析,更有助于在新的历史方位下为南北经济高质量协调发展举旗定向。

最后,选择以1952—2022年为研究时间段,刚好以1978年改革开放为中点进行对比分析,总结新中国成立至今我国区域协调发展战略的得失,有助于更加全面系统地把握南北经济协调发展的历史脉络,为后续政策设计提供基于改革开放前后分野的思路启示。此外,因1952年距离新中国成立后仅三年,根据约定俗成的表达,后续行文中如不单独说明,本书将沿用"新中国成立"这一称谓。

三 研究思路与技术路线

本书以新中国成立以来南北经济差距为研究对象,主要研究内容包括1952年以来南北经济格局的历史演进及产业分解,南北经济差距背后的制度动因,以及新时代南北经济高质量协调发展的制度创新及建议。特别是党的二十大之后,"构建优势互补、高质量发展的区域经济布局和国土空间体系"要如何实施？在新的历史条件下，如何通过制度创新系统解决北方地区经济增长失速、产业结构失衡、经济动力不足等问题，从而将南北经济差距置于可控范围之内，实现新时代南北经济高质量协调发展？这些将是本书重点研究并力图突破的问题。

在上述问题指导下，本书遵循"理论分析→差距分解→制度探寻→政策设计"的研究思路，在文献研究与理论分析的基础上，首先对新中国成立以来南北经济差距的历史脉络与阶段特征进行分析，并对南北经济差距进行三次产业和次级空间板块分解；其次，解析南北经济差距背后的制度因素，构建基于"制度创新"的"制度要素—市场结构—市场行为—市场绩效"（即 ISCP）研究思路，并进一步演化为"社会主流价值观—制度要素—市场绩效"（即 VIP）分析框架，并对制度演化视角下南北经济差距进行实证检验；最后，根据前述研究结果与启示，提出制度演化视角下南北经济高质量协调发展的政策建议。

具体技术路线图如图 1-1 所示。

四 主要研究内容

根据前述研究思路，除导论外，本书主要研究内容包括以下六章：

第二章为中国南北经济发展格局的历史演进与阶段特征。本章重点对南北经济发展格局的历史演进进行全方位、纵深式剖析。同时，选择改革开放（1978 年）、社会主义市场经济制度初步建立（1992 年）、经济新常态（2012 年）等重要时间节点为分界点，考察各个历史时期南北经济差距的演变趋势、阶段特征与变化动因，提出新时代南北经济高质量协调发展的重大意义。

第三章为三次产业视角下南北经济差距的分解。三次产业差距是南北经济差距直接的外在表现与显化特征。本章从南北地区三次产业产值规模差距、三次产业结构及演进趋势、三次产业内部差距三个方面，对南北地区三次产业差距进行了深度剖析，明确了产业视角下缩小南北经济差距的方向。

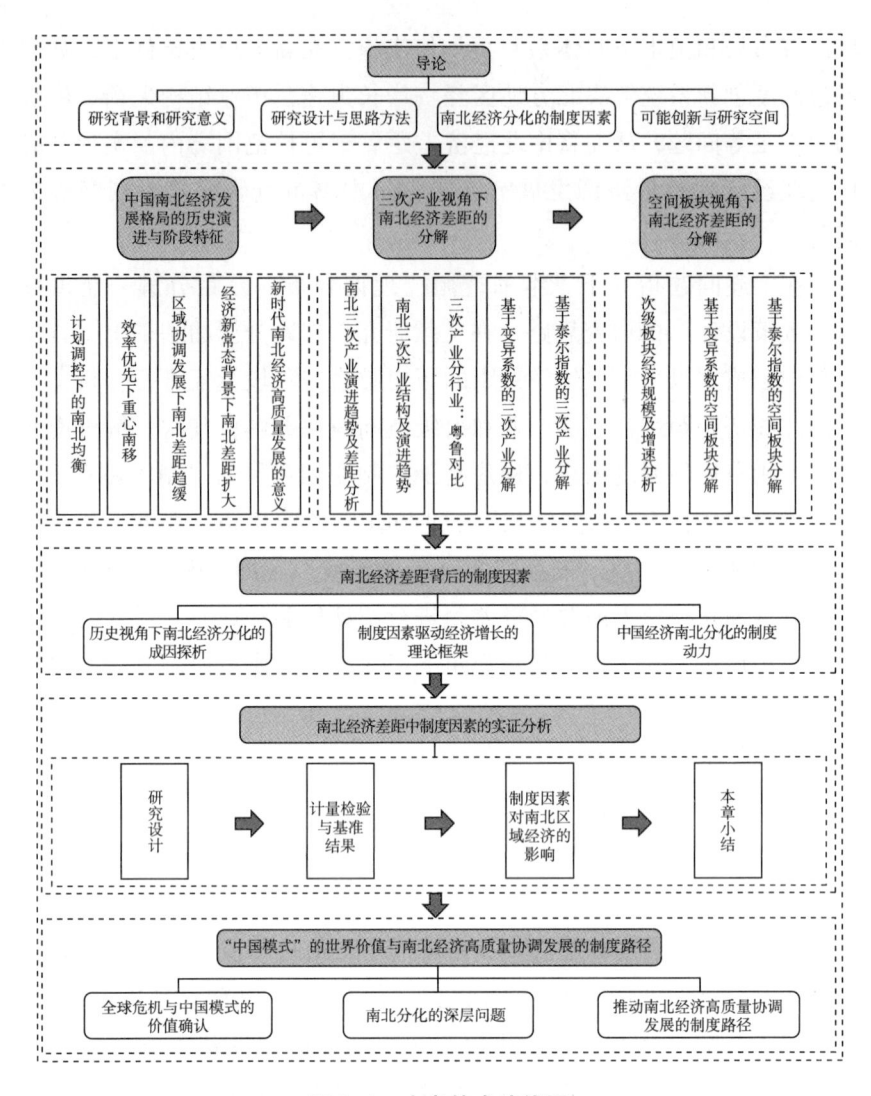

图 1-1　本书技术路线图

第四章为空间板块视角下南北经济差距的分解。基于国家统计局八大经济区的划分,从次级经济板块视角,运用变异系数和泰尔指数,从空间板块角度对南北经济差距进行分解,探寻南北经济差距的来源,探明南北地区高质量协调发展的关键节点。

第五章为南北经济差距背后的制度因素。将首先分析中国古代南北经济分化的成因,特别注重制度因素对经济重心南移的影响。而后论述制度之于区域经济发展的重要作用，将制度因素纳入"结构—行为—绩效"（即 SCP）分析框架，提出基于社会主流价值观和制度因素的"社会主流价值观—制度变量—经济绩效"（VIP）分析框架，试图从崭新的理论视角阐释制度因素驱动经济增长的动因。

第六章为南北经济差距中制度因素的实证分析。本章首先提出制度变迁与经济增长存在内在关联，市场化程度的差距是南北经济差距的主要原因。在此基础上，以市场化指数作为制度变量的替代指标，应用计量经济模型检验了制度因素对南北经济差距的影响，为后续政策设计提供更为精准的理论依据。

第七章为"中国模式"的世界价值与南北经济高质量协调发展的制度路径。本章首先提出，2007 年美国次贷危机本质上是一场系统性的制度危机。在这场危机中，"中国模式"的价值得到彰显。南北经济差距的深层问题在很大程度上是两者市场化发育的结果。为此，必须坚持制度自信，深化包容理念；加快制度变革，遵循经济规律；优化南北国土空间开发体系和产业分工体系；加大北方地区市场化改革，统筹推进南北区域高质量协调发展。

五 主要研究方法

本书将综合运用归纳与演绎、文献研究、比较研究、统计与计量分析、制度分析等研究方法，对南北区域经济差距问题展开系统研究。其中，归纳与演绎主要用于南北经济发展差距的历史演进及不同历史时期南北经济发展差距动因的分析；文献研究主要用于对现有文献的梳理、总结和归纳；比较研究是为了交叉比对，从多个角度进行科学论证；统计与计量经济分析是为了获得制度支撑经济增长、导致南北经济差距分化的证据；制度分析主要体现在制度对经济增长的作用路径和政策设计等方面。具体参见表 1-2：

表 1-2　　　　　　　　　　本书研究方法概览

研究方法	主要运用章节	主要内容或作用
文献研究法	第一章 文献回顾	原创性英文文献阅读、梳理与总结
	第一章 理论阐述	提炼多学科整合性研究思路与框架
	第七章 政策设计	整理与总结多模态、多形式文献

续表

研究方法	主要运用章节	主要内容或作用
归纳与演绎法	第二章 差距演进	归纳不同阶段演进特征与动因分析
	第三、四章 差距分解	推理三次产业和空间板块或是南北差异的外在表现
	第五章 制度框架	提炼"社会主流价值观—制度变量—经济绩效"(VIP)分析框架
比较研究法	本书研究主题思路	"南北区域经济差距"研究主题蕴含对比分析
	第二章 差距演进	不同历史时期南北差距特征纵向对比
	第六章 实证分析	统一分析框架下制度因素对南北经济的横向对比
统计与计量分析	第二章 差距演进	南北经济演进的描述性统计与分析
	第六章 实证分析	建立因果关系识别、探明制度因素作用机制与路径
制度分析	第二章 差距演进	探索南北区经济差距何以产生及其背后的制度因素
	第六章 实证分析	分析制度因素作用几何
	第七章 政策设计	探求未来南北经济高质量协调发展的制度创新
历史分析	第二章 差距演进	系统梳理新中国成立以来南北经济演化的历程

资料来源：笔者整理得到。

一是文献研究法。作为一部学术论著，文献研究法贯穿于本书写作的始终，主要工作内容包括：（1）大量英文文献的阅读与梳理，特别是有关新古典经济增长理论、区域非均衡经济增长理论、区域增长极理论、倒"U"形假说、"中心—外围"理论、新经济增长理论的原创性文献阅读，以保证在源头上对上述理论精准把握；（2）区域经济差距问题不仅是经济学研究的领域，因其关联自然地理、历史发展、社会进步乃至文化文明等诸多要素，还需结合这些领域的相关论著，提炼有关区域经济差距分析的完整框架；（3）围绕研究主题，广泛涉猎有关南北区域经济差距的评论性报道、政策性文件、回顾性史料等，以保障完整呈现和准确分析南北区域经济差距的全貌、特征。

二是归纳与演绎法。主要运用于以下三点的分析：一是基于南北区域经济经济演进历史的分析，归纳得到1952—2021年南北区域经济经济演进的阶段特征，将长达69年的历史高度凝练总结（详见第二章）。二是根据已有文献和逻辑推演，演绎推理出南北区域经济差距的外在表现,是三次产业贡献度和次级空间板块贡献度的不同,进而形成第三、四章的写作逻辑。三是从制度经济学和比较制度学的理论出发,演绎推理出制度作用于经济增长的"社会主流价值观—制度变量—经济绩效"(VIP)分析框架,并得出内涵制度因素的C-D生产函数(详见第五章)。

三是比较研究法。比较研究法的优势在于通过多个侧面的分析、论证,建立有关研究主题的参照系,从而通过交叉比对得出更为真实可信的结论。本书对比较研究法的运用集中体现在以下三点:首先,"南北区域经济差距"这一研究主题本身就内含了对比分析的蕴意,只有通过对比分析,才能发现导致南北区域经济差异的成因,才能够对症下药;其次,在分析南北区域经济经济演进历史时(详见第二章),充分进行了历史纵向对比,即通过比较分析不同历史时期南北区域经济差距演化的趋势与特征,提炼助推南北区域经济协调发展的消极与积极因素;最后,比较研究法还用于制度因素之于南北区域经济发展不同路径的分析(详见第六章)。

四是统计与计量分析。严谨科学的结论不仅需要对南北区域经济经济演进的历史进行描述性统计与分析,更有赖于以现代计量经济分析技术建立因果关系识别机制,探明制度因素作用于区域经济政治及南北区域经济差距的具体方式和内在机制,从而为相关政策制定提供更为科学与精准的思路指引、决策依据以及政策参考。

五是制度分析。作为本书明显区别于同类研究的关键,制度分析法可谓本书研究的亮点之一。我们已经并正在经历的历史巨变、社会变迁,也自然成为应用制度分析方法的丰富领域。特别是"南北区经济差距何以产生""制度因素作用几何"这两大谜题,让笔者对现有制度的成效、理想制度建构产生了浓厚兴趣与迫切的研究需求。中国区域经济发展战略及其制度体系完善的探索历程,更是凸显出制度分析对本书研究的意义。本书将制度变迁与演化为逻辑,在新的历史背景下,探求未来南北区域经济高质量协调发展的可能对策与制度创新。

第三节　南北经济分化的制度因素

"美美与共，天下大同"是人类社会一直追求的美好愿望和最高社会目标。然而，从经济增长的角度而言，实现上述目标却是一个极其艰难的过程。在同一个时代，有的国家经济增长迅速，人民享受安康幸福的生活；有的国家却长期陷入经济停滞的局面，广大民众始终处在温饱线的边缘。即便是同一个国家，其不同历史时期的经济增长也呈现出巨大的差异。比如，古代中国经济长期在世界格局中占有重要地位，但是到了近代以来却陷入"落后挨打"的局面。面对历史发展的谜题，无论是专家学者还是普通民众，抑或是政府官员都不约而同地思考如下问题：（1）在同一个世界，为什么有的国家（地区）富有而有的国家（地区）贫穷？（2）为什么有的国家（地区）经济增长快，有的却是负增长？（3）经济增长可以一直持续吗？究竟是什么因素决定了经济增长？

经济增长是如此重要，以至于自亚当·斯密以来，经济学家就一直没有停止过对它的关注和探索。著名经济学家卢卡斯（1988）说道，一旦一个人开始思考经济增长问题，他就不会再去考虑其他任何问题。可见对于经济增长因素的探索始终是经济学研究的终极命题。20世纪四五十年代以来，先后出现了古典增长模型、内生经济增长模型和新经济理论等经济理论。有关经济增长的因素也从资本积累、技术进步向人力资本、经济组织不断延伸。然而，当制度在经济增长中的重要性已经被许多国家政策制定者所认知的时候，主流经济增长理论却视其为既定的、合适的和自然的变量，因此也就无法解释制度在经济增长中的作用。幸运的是，自20世纪90年代以来，以诺斯、科斯等为代表的新制度经济学派将制度作为解释经济增长的原因，提出了一系列令人激动的研究观点和结论，显示了制度在经济研究和政策实践中强大的解释力和生命力。

作为人类社会近40年来经济增长最为迅速、对世界影响最为深远的发展中大国,中国一直被视为经济制度改革的成功典范。换言之,中国改革开放以来取得的伟大成就,正是以"改革"和"开放"为核心的制度创新的结果。"以史为鉴,可以知兴替。"当前中国经济遇到的包括南北区域经济差距扩大等在内的问题,自然也应该回到制度的视野当中去寻找答案。

一 制度在经济增长中的重要性

作为人类社会运行的基本规则,诺斯在《经济史的结构与变迁》中将制度定义为"提供人类相互影响的框架,或者说社会中经济秩序的合作与竞争关系"。在《制度、制度变迁与经济绩效》一书中,诺斯进一步指出,"制度是一个社会的游戏规则,更规范地说,它是决定人们相互关系的一系列正式非正式的约束。"前者由产权法令、宪法等正式的法规构成,后者则包括习惯、禁忌、传统和道德的约束。根据这一定义,制度通常会被分为正式制度和非正式制度两类。在现实经济世界,制度通过制定一系列规则界定人们的选择空间,约束社会个体之间的相互关系,从而降低交易环境中的不确定性,减少交易费用,保护产权,促进生产性活动。新制度经济学理论指出,制度是经济增长的根本原因。制度激励差异将导致个体行为和效率差异,从而决定经济增长的差异。

第二次世界大战结束后,德国被分裂为联邦德国和民主德国两个国家。在分裂之前,它们具有相似的地理条件、文化、资源禀赋乃至宗教信仰,但是它们的制度安排具有很大差别。民主德国实行的是计划经济体制,而联邦德国是市场经济体制。在1950—1990年,联邦德国和民主德国经济增长出现了巨大的差异。至1990年德国统一时,联邦德国的人均产出约为民主德国的2.5倍。在剔除相同的初始条件和因素后,制度安排在经济增长的作用被凸显出来。

更为神奇的是,在美国和墨西哥的交界地带,存在一个相互毗邻却分属两国的诺加利斯(Nogales)。两地具有相同的地理位置、人口和文化,但前者的一般家庭收入高达3万美元,是后者的3倍。美国、墨西哥两个诺加利斯的贫富差异凸显出不同殖民制度遗产的巨大影响。墨西哥的诺加利斯原本属于西班牙的殖民地,殖民者设计出诸如委托监护人制度、赐封制度、重负制度等一系列剥削性制度，导致该地区长期缺乏有效的内生发展能力。而美国的诺加利斯原属于英国殖民地，英国殖民者在当地引入了民主制度，比如让每个成年男子都有发言权、引入大众议会制度，同时还给移民提供住房，免除契约，设计了一系列鼓励移民的激励性制度。

对此，美国麻省理工学院教授德隆·阿西莫格鲁（Daron Acemoglu，2008）将其总结为包容性制度和汲取性制度两类，引发了学界广泛的关注。他发现，凡是那些不适合居住的国家（如非洲的大部分国家），殖民者往往采取剥削性与掠夺性的政策。而那些适宜居住的国家（如美国、加拿大），殖民者则容易将欧洲的民主制度和市场经济制度引入，进而推动当地经济发展。美、墨两个诺加利斯的贫富差异谜题就此揭开。

新制度经济学派认为，从某种意义上说，经济发展的过程就是一个制度变迁的过程。在欧洲大航海时代，世界海洋运输业中并没有出现重大的技术进步，但海洋运输的生产率却有了大幅度提高，用生产要素和技术变化根本无法解释这种现象。诺斯研究后认为，这一时期海洋运输组织和市场经济变得更完善，从而降低了海洋运输成本，促进了远洋贸易的发展。可见，即使在没有发生技术变化的情况下，通过制度创新也能提高生产率，实现经济增长。

此外，一个国家或地区的经济增长往往具有"路径依赖"特征，即一旦其形成某种经济发展模式，那么后期的经济发展将很难摆脱原始制度安排的影响，即形成"依赖"特征。在上述两个诺加利斯的案例中，墨西哥的诺加利斯在殖民地时代就建立起了具有掠夺性的制度安排，时至今日墨西哥依旧保留有殖民时代的色彩，权力更替依靠军队武力，国家政权权威性受到挑战，进而影响到其长期的经济增长绩效。

可见，在"路径依赖"特征下，初始制度安排极其重要。如果初始制度安排中市场是竞争性的、完全的，那么在"路径依赖"下，这种包容性的市场体制就会建立起"自强机制"，引致经济长期增长；反之，初始制度安排中信息是不完全的、市场是非竞争性的，那么经济主体的市场预期将变得不确定，最终交易成本将会增加，对经济增长起到阻碍作用，甚至陷入低水平循环。

二 制度变迁与新"国富论"

当今世界存在一个有趣的经济现象，就是那些历史上曾经辉煌过的国度，大多陷于经济增长的困境。而那些历史上名不见经传的国家，却一跃成为世界经济的"领头羊"。比如地处幼发拉底河和底格里斯河冲积平原的古巴比伦，不仅颁布了历史上第一部法典，而且创造了人类历史上最早的城市和商业文明。如今，继承古巴比伦的伊拉克不仅在世界经济增长国家当中难觅身影，甚至长期陷入社会动荡的局面。与之类似的还有印加帝国、古印度甚至古埃及。反之，如美国、加拿大、新西兰、澳大利亚，历史上长期是殖民地甚至不毛之地，如今却是世界上经济最发达国家的代表。阿西莫格鲁将其称为"财富的逆转"（The Reverse of Fortune）。

对于上述问题，阿西莫格鲁进一步提出"制度逆转"驱动"财富逆转"这一命题。他以欧洲的崛起为例，论述了这一命题。公元1500年以后的地理大发现，极大地促进了欧洲的海外贸易，特别是大西洋航线的贸易。大西洋贸易的发展促进了欧洲财富的快速积累和高速增长。但是，欧洲的兴起并不是单纯依靠对外贸易获得直接利益，而是因为贸易壮大了新兴的商人阶级，使其登上历史舞台，由此改变了政治权力的分配格局，进而以政治权力改变经济制度，使这些国家的总产出发生变化。简言之，大西洋贸易的崛起只是财富崛起的一个诱因，欧洲兴盛的关键是改变了权力的分配结构，而这种改变直接影响了初始制度的安排，由此开启了一个国家的经济增长之路。

可见，大西洋贸易创造的经济利益是欧洲制度变迁的催化剂。那些能将大西洋贸易与自身的制度变革建立良性互动的国家，如英国、荷兰，将引发新的工业革命，促进经济的进一步发展。如果大西洋贸易只是为王权贵族服务，使王权得到扩张和巩固，则会形成汲取性的制度，与工业革命失之交臂，如西班牙和葡萄牙。以英国为例，大西洋贸易的不断发展，为英国民众创造了众多的机会，形成了新的商人阶层。加之英国历史上就有代议制的政治传统，新兴的商人阶层得以在政治上具有较大的发言权，提高了不同阶层的流动性和相互交往，政治权力得以重新分配。对英国而言，大西洋贸易改变了英国原有的等级制度，民众可以通过大型贸易派生利益，为其走向上层社会打开了通道，从而不断掌握政治话语权，形成有利于自身的经济制度并最终演化为制度与经济交互影响的良性循环模式，促成了西方世界的崛起。

而历史同期同处美洲大陆的墨西哥中部山谷、中美地区的文明，原本比北美地区拥有更加先进的技术和生活水平，但现在的经济发展水平却截然相反，其根本原因在于这些地区一开始就建立了汲取性的制度。比如民众要想致富就必须进行投资，但是现实的情况是民众即使用了更好的技术，提高了产量，其结果也只能被少部分精英所征用，所以普通民众缺乏提高生产效率的激励。在一些非洲国家，如塞拉利昂、刚果等，即使在国家独立之后，这种汲取性的政治制度仍未得以改变，导致经济增长陷入恶性循环。更加糟糕的是，由于少数精英害怕自己被替代，不仅不愿意实行，而且阻滞技术进步和制度变革，进一步加剧了国家的衰落和民众的贫困。

三　南北经济分化的制度解读

南北分化的历史原因如今已经发生根本性改变，尽管其中的部分因素如自然地理条件影响无法根除，但是在科技发展特别是交通日益发达的今天，这种差距已经无限"扁平化"，即便是有影响，也不会像历史上那么大。加之近年来南北分化是经济"新常态"背景下的新现象，因此更要从经济理性、价值文化、体制机制等制度维度进行深入分析。

计划经济时期，资源富集等优势奠定北方重化工业优势，因而领先于南方。在计划经济时期，面对帝国主义的经济封锁与围追堵截，中国经济发展基本依靠内循环，北方依托丰富的煤炭、石油、铁矿资源和苏联援助等，逐渐形成了以资源型和重化工业型为主的产业结构，以货运为主的铁路建设更使得北方区位优势凸显，经济发展水平明显超过南方。东北地区作为我国重工业基地，发展水平更是居前，辽宁 GDP 长期位居全国前三，一度位居第一。而南方资源相对匮乏，经济发展较为落后；东南沿海因处海防前线，重工业、大项目的布局较少。改革开放前，北方GDP占比长期在46%—49%之间，1960年更是一度高达49.9%，而南方人均GDP仅相当于北方的80%—90%。

改革开放后，南方依托便利的海运和长江内河航运优势、通过市场化改革大力发展外向型经济而逐渐崛起，而北方在重化工业需求拉动下通过要素和投资驱动仍保持了较长时期辉煌，但也造成市场化改革内生动力不足。1978年后，我国逐渐从计划经济体制向社会主义市场经济体制转型，但南北市场化改革进展差异明显。从自然地理角度，改革开放要求融入全球化体系，东南沿海较北方沿海具有更为便利的海运优势，并通过长江、珠江较易形成广阔市场和腹地；而黄河水量少河道浅，通航能力差，使得北方省份经济联系明显不如南方，在发展外向型经济时面临劣势。

从制度演化角度看，改革开放初期，南方珠三角地区利用毗邻港澳等优势，大力发展加工制造业，广东经济总量在20世纪80年代末开始跃居全国第一；该时期江苏、浙江也快速发展。1990年上海浦东开发开放对长三角和长江流域有明显带动。在北方，尽管东北地区因强大的计划经济惯性、沉重的计划经济包袱和资源逐渐枯竭等在20世纪90年代开始衰落，大量国企倒闭，但大规模铁公基建设对钢铁、水泥、石化、煤炭等重化工业需求巨大，使得北方经济仍保持了较长时间辉煌，特别是山东、天津、河北、山西等地区；山东经济总量在2004年、2006年两次超过江苏位居全国第二，山西煤老板闪亮全国。

南北市场发展差异在2008年年底"四万亿"投资后凸显，南方较快转型升级发展高新产业，而北方逐渐乏力。2008年国际金融危机后，两年"四万亿"投资使得北方经济再延续了短暂辉煌。但之后，全球经济长期低迷，国际大宗商品和能源价格一度进入漫长熊市；中国经济发展进入新常态，依靠要素和投资驱动的老路难以为继，迫切需要转向创新驱动。2015年年底，中央提出大力推进供给侧结构性改革；2020年，中央要求加快形成以国内大循环为主体、国内国际双循环相互促进的新发展格局；2022年，强调加快建设高效规范、公平竞争、充分开放的全国统一大市场，促进商品要素资源在更大范围畅通流动。在南方,东南地区因日益发育的市场机制快速出清过剩产能,大力"腾笼换鸟"推动经济转型升级,南方内陆省份依托长江等承接沿海产业,近年贵州、云南、西藏、江西等省份经济增速持续领跑全国。在北方,因市场机制改革滞后,营商环境相对较差,新经济新动能培育缓慢,产业转型升级艰难。由此可见,经济体制机制改革进程差异、市场化和价值观念系统性偏差以及市场化程度和产业结构的差异,是近年来南北经济差距扩大的重要原因。

第四节 可能创新与研究空间

一 本书可能的创新

作为现代经济学研究的热点之一,区域经济学研究可谓长盛不衰,国内学者围绕区域经济差距的理论、成因、趋势乃至治理对策等都展开了大量丰富的研究。本书试图在区域经济差距这一"红海"研究中,通过扎实的理论分析、翔实的统计数据、严谨的研究设计和一丝不苟的学术精神发现隐藏其中的一点"蓝色"。相比于现有同类研究,本书可能的创新之处在于以下四点。

其一,对南北经济差距进行大跨度、长周期、纵深式研究。相比于较为成熟的"三大地带"与"四大板块"研究,南北经济差距是我国进入经济新常态后才出现的新问题,时间较为有限,因此对南北分异现象进行长时段的研究尚不多见。对此,本书选取1952—2021年为时间段,从经济史的角度对南北经济差距演变进行了长周期、纵深式的研究,有助于更加全面地把握南北经济差距的全貌,系统总结南北经济协调发展的经验教训。

其二,在研究视角上,本书在西方经济学经济增长理论中的"要素贡献说"基础上,尝试将制度因素纳入计量模型,建立基于社会主流价值观和制度因素的"社会主流价值观—制度变量—经济绩效"(VIP)分析框架,从崭新的理论视角阐释了制度因素驱动经济增长的动因,是对现有研究的拓展与丰富,也为后续研究提供了坚实的理论依据。

其三，融合多种方法对"南北经济差距"问题展开立体式研究。在对南北经济差距进行分解时，综合运用了变异系数与泰尔指数，最大限度避免了单一测度方法的局限；在分析制度因素作用于南北经济差距的机制路径时，综合运用面板回归、滞后一阶检验、调节效应等技术方法，确保研究结论的稳健性。

其四，在政策设计上，力图规避泛泛而谈及"放之四海而皆准"的空洞话术，转而以制度创新为主线，结合现实发展中的典型事实，从中国国情和情境出发，结合最新时事，围绕体制机制、政策体系、制度变革、环境创设等，系统提出南北经济高质量协调发展的制度路径，为解决中国"成长的烦恼"问题提供启示和建议，同时以客观扎实的分析讲好中国故事，从而在一定程度上树立中国学者在区域经济研究领域的话语权。

二 进一步研究空间

囿于能力和时间，本书尽管取得了一定进展，但在以下方面尚存在改进之处，从而为后续研究留有一定空间：

第一，本书以省级单位为主要尺度，对南北经济差距进行了研究。事实上，在区域经济研究中，不同地理尺度直接关系到研究结论的精度；在现实中，部分省区内部差距甚至超过了与其他省份之间的差距，如苏南和苏北、鲁东与鲁西；特别是，在现行的行政区划下，省级、地市级甚至县级区域交界地带往往很难享受与中心区域同等的对策，存在大量的"两不管"甚至"三不管"地带。对这些区域如果采用以省级单位为主要尺度的平均化处理，多少会拔高其实际的区域经济水平，从而对研究结论产生一定的扰动。对此，在后续条件相对完备的情况下，还需细化地理尺度展开进一步研究。

第二，本书选择1952—2022年为研究时间段，需要进行大量的数据收集、整理、计算和分析工作，尽管笔者已经尽最大努力兼顾各地基础条件和历史进程的差异，但囿于能力和资料，只能以国家层面的历史资料、重要制度和政策文件对南北经济差距进行"平滑化"处理，因此难免会忽略区域性特色制度对地区经济社会发展的影响。在各个历史时期，在中央政策指导下，各地都积极探索适宜本地的区域发展政策，取得了一定成效。特别是在"创新、协调、绿色、开放、共享"的新发展理念下，诸如长三角和珠三角部分区域已经打破传统行政区划的限制，实施跨省区域联动发展战略。这些区域性的"抱团发展"政策究竟是缓解还是加剧了南北经济差距？这一问题尚需进一步深入研究。

制度是人类社会发展的先决条件，更是一个包罗万象的"万花筒"。区域经济差距的制度成因也是多维的，但如何对制度进行有效量化，一直是学界争论不休的难题。对此，本书从研究需要出发，规避了这些尚未有答案的争论，借鉴目前学界通用的方法，用王小鲁和樊纲（2004）编制的市场化指数近似替代区域制度创新的水平，难免挂一漏万。事实上，基于我国特殊的国情，央地关系、地方政府行为、区域治理和区域合作等因素对区域经济都有重要的影响；特别是制度因素具有显著的"路径依赖"特征，历史上看似微不足道的某个特殊事件，都可能对区域经济发展产生重要影响。这些均需要继续深化研究。

第二章 中国南北经济发展格局的历史演进与阶段特征

习近平总书记在党的十九大上郑重宣示:"经过长期努力,中国特色社会主义进入了新时代,这是我国发展新的历史方位。"[1] 与此同时,我国社会主要矛盾已经转化为人民日益增长的美好生活需要和不平衡不充分的发展之间的矛盾。从区域经济层面看,随着西部大开发等一系列重大区域发展战略的实施,以往较为明显的"三大地带"和"四大板块"差距均有所缓解,但在经济新常态和经济动能新旧转换的背景下,南方地区率先实现高质量发展,北方地区则由于创新基础不强、动能不足等原因导致发展缓慢,此后我国区域经济开始出现南北区域不均衡这一新的格局。特别是近年来,南北经济差距持续扩大,已成为我国区域经济发展不均衡不充分的集中体现。

然而,与南北经济差距持续扩大的现实相比,当前有关南北经济差距的研究存在以下不足:一是研究时段较短,难以展现南北经济差距演变的历史全貌;二是缺乏历史纵深分析,对南北经济差距形成的历史事件关注不足;三是研究尺度局限于南北两大板块,缺乏对南北区域内部次级板块差距演变的对比。对此,本章将在前人研究基础上取长补短,选择以1952年为历史起点,对新中国成立以来主要的区域经济格局(包括三大地带、沿海内陆和南北区域)进行全面梳理;在此基础上,准确还原南北差距演变的全貌,并以改革开放(1978年)、社会主义基本经济制度建立(1992年)和经济新常态(2012

---

[1] 习近平:《决胜全面建成小康社会 夺取新时代中国特色社会主义伟大胜利——在中国共产党第十九次全国代表大会上的报告》,人民出版社2017年版。

年)三大经济社会发展重大历史转折为节点,对南北经济差距演变进行阶段性划分,总结各个阶段差距演变的特点,探寻差距演变背后的动因;最后,总结提出新时代南北经济高质量协调发展的重大意义。

第一节 计划调控下的"南北均衡"
(1952—1978年)

中华人民共和国成立初期,新生政权尚不稳定,一方面国内经济百废待兴,另一方面以美国为首的西方国家对新中国采取敌视态度。为打牢发展基础,保卫国防安全,中央政府在产业布局上选择优先发展重工业,实施区域平衡发展战略,以平衡沿海和内地经济差距。在政府主导、高度集中的计划经济体制下,自1953年开始实施第一个五年计划,截至改革开放总共实施了五个五年计划,有步骤、有重点地将建设资金向内地省区倾斜,拉动内地工业发展。同时,在生产力布局上偏重东北、西南等地区,客观上缩小了地区之间的差距。在优先发展重工业的传统工业化模式下,北方地区凭借良好的重工业基础获得了较大发展,南方沿海地区的经济发展受到一定抑制,区域比较优势未能充分发挥。由于近代以来"南强北弱"的经济格局已形成,这一时期北方经济的快速发展使南北经济差距进一步缩小。

一 改革开放前南北经济差距的演变

为全面分析新中国成立以来南北经济差距的演进趋势,本部分将从总量GDP和人均GDP、GDP增速三个维度,对南北地区的经济地位、经济规模、人均产值和差距指数进行分析。

(一)南北总量GDP差距分析

为了全面厘清南北GDP差距的演变趋势,首先绘制了南北地区GDP占比示意图,在此基础上构造了南北GDP差距指数。具体参见图2-1及图2-2。

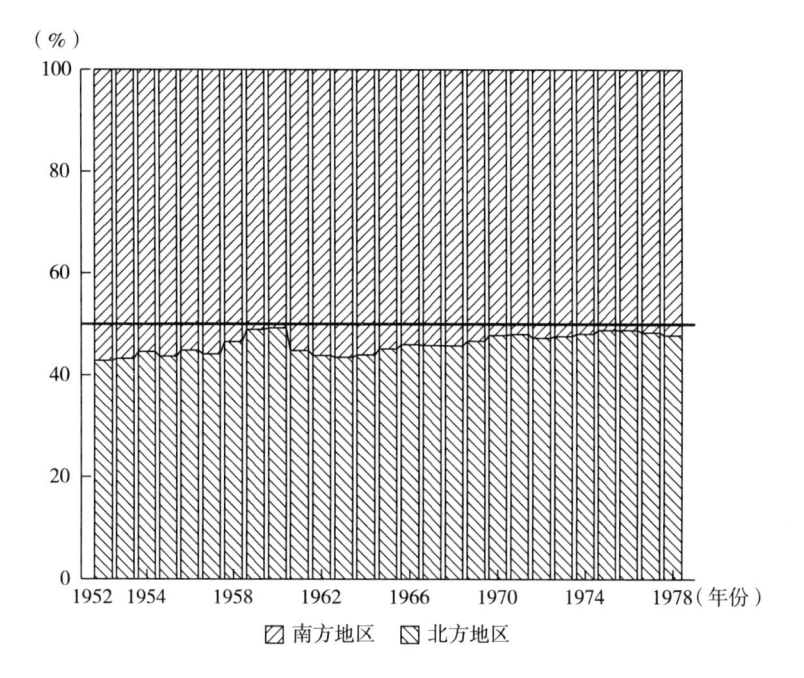

第二章　中国南北经济发展格局的历史演进与阶段特征 | 31

图 2-1　1952—1978 年南北地区 GDP 占比变化

注：数据来源于《中国统计年鉴》《新中国六十年统计资料汇编（1949—2008）》及各省区市历年统计年鉴，以 1978 年为基期将名义 GDP 处理为实际 GDP。

从南北地区 GDP 占比及两者差距看，这一时期南方地区 GDP 高于北方地区，但两者无论是绝对差距还是相对差距都相差不大。

从图 2-1 中可以看出，从演进趋势上看，这一时期南北地区 GDP 差距演变经历了三个阶段：其中，第一阶段为 1952—1957 年，即南北差距快速弥合的时期，表现为北方地区 GDP 占比快速上升，南北 GDP 比重差距不断缩小。数据显示，1952—1957 年，北方地区 GDP 占全国的比重由 42.83% 快速拉升至 44.10%；南北地区 GDP 占全国的比重的差距由 14.34 个百分点降为 11.79 个百分点。第二阶段是 1958—1964 年，南北差距略有扩大，南北地区 GDP 占全国比重差由期初的 6.9% 上升至 12.14%，拉升近 5 个百分点。第三个阶段为 1965—1978 年，南北区域差距逐渐缩小，南北地区 GDP 占全国比重的差异由期初的 9.72 个百分点下降至 4.37 个百分点。总体来看，这一时期的南北差距处于相对均衡的局面。

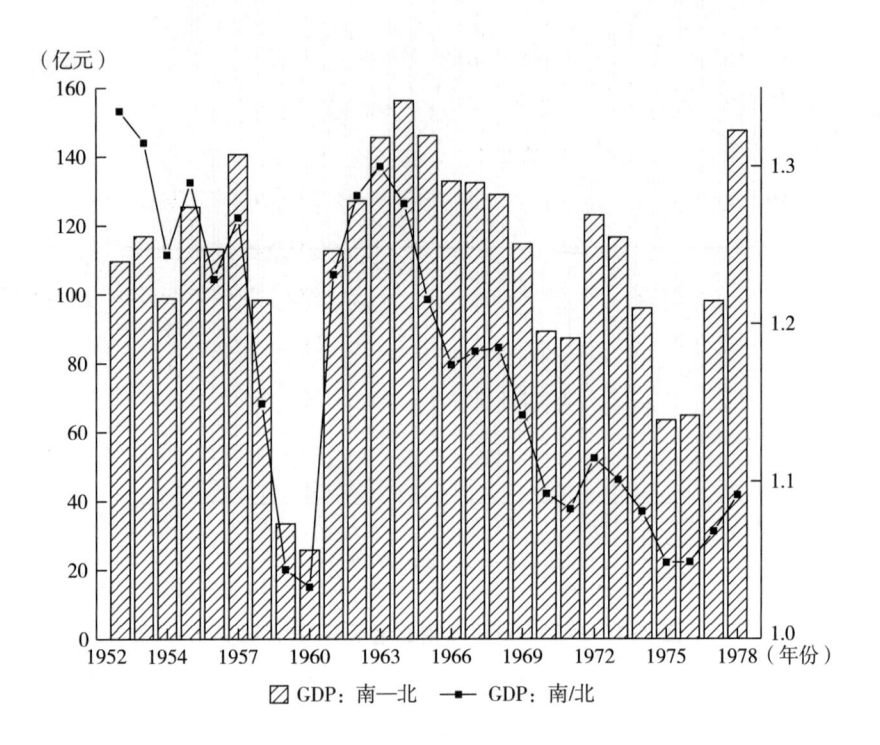

图 2-2　1952—1978 年南北地区 GDP 绝对差距和相对差距变化

注：数据来源于《中国统计年鉴》《新中国六十年统计资料汇编（1949—2008）》及各省区市历年统计年鉴，以 1978 年为基期将名义 GDP 处理为实际 GDP。

从南北地区 GDP 差距的相对指数变化看（见图 2-2），这一时期南北差距演变也经历了三个阶段：第一个阶段是 1952—1960 年，两者相对差距指数从 1.33 快速下降至 1.03，几乎达到绝对均衡的局面。第二个阶段为 1961—1963 年，南北 GDP 相对差距指数略有上升，从 1.23 上升至 1.3。第三个阶段为 1964—1978 年，南北 GDP 差距指数有所波动但整体呈下降趋势，截至 1978 年，南北地区 GDP 相对差距指数仅为 1.09。

（二）南北地区 GDP 增速分析

图 2-3 显示，1952—1978 年南北地区 GDP 相对均衡的局面来自

第二章 中国南北经济发展格局的历史演进与阶段特征 | 33

GDP 增速的"北快南慢"。从图中可见，除 1959—1962 年这一相对特殊的历史时期外，在整个研究区间内，北方地区 GDP 增速大多高于南方。数据显示，在 1952—1978 年长达 27 年的时间里，以 1952 年为基期，北方地区 GDP 增速高于南方地区的年份为 17 个，且多数年份领先优势明显。而南方地区 GDP 增速高于北方的年份为 9 个，且多数年份两者差距不大。正是由于北方地区 GDP 增速快于南方，南北地区 GDP 绝对差距才得以不断缩小。

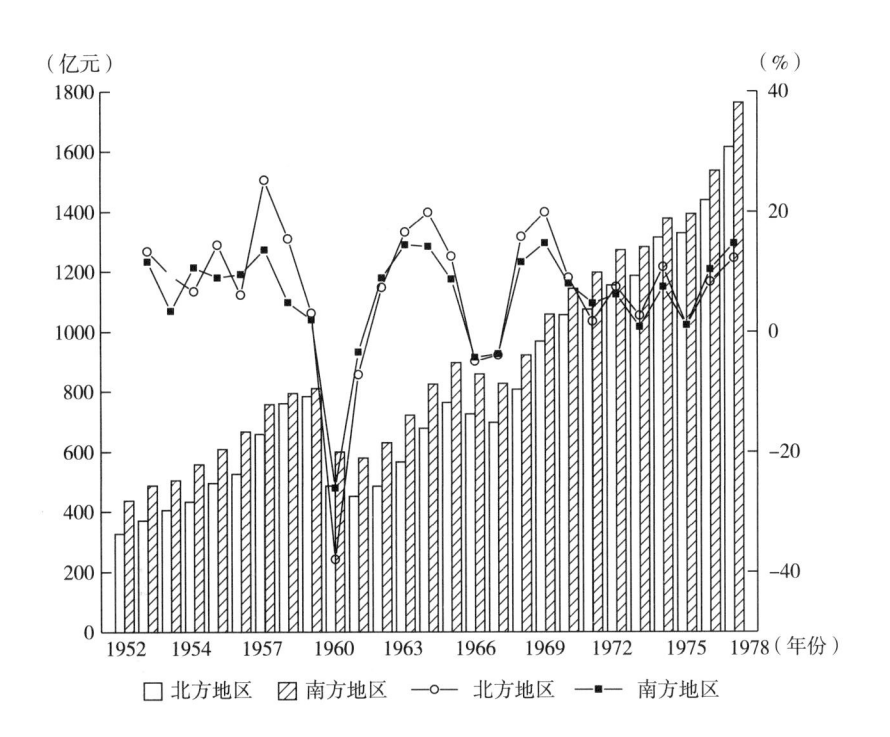

图 2-3 1952—1978 年南北地区 GDP 及增长率

注：数据来源于《中国统计年鉴》《新中国六十年统计资料汇编（1949—2008）》及各省区市历年统计年鉴，以 1978 年为基期将名义 GDP 处理为实际 GDP。

分时段看，"一五"时期（1953—1957 年），北方地区获得国家大量建设资金，极大地带动了北方地区 GDP 的经济增长。与此同时，南方省区所获资金有限，经济增速显著低于北方。受此影响，南方

GDP 领先北方的数额不断降低，南北经济总量占比几乎持平。1958—1964 年，我国国民经济发展遭遇了三年自然灾害的侵袭，经济增速呈现剧烈波动趋势，南北经济增速均大幅跳水。数据显示，1960 年，北方地区经济增速为 3.08%，次年大幅下降至-37.93%，降幅高达 41.01 个百分点；南方地区经济增速由 1960 年的 1.99% 大幅下降至次年的-26.01%，降幅约 28 个百分点。至 1962 年，国民经济有所恢复，但是南北地区 GDP 仍为负增长状态，其中北方地区为-7.18%，南方地区为-3.39%，两者直到 1963 年才转负为正。1965—1979 年间，国民经济逐渐步入正轨，南北地区共同迎来经济快速发展时期，相比之下，北方地区增速更高，南北地区 GDP 总量差距逐步缩小，截至 1978 年年底，南北地区 GDP 相对差距仅为 1.09，为历史最低水平之一。需要指出的是，这一时期无论是南方地区还是北方地区，GDP 增长的稳定性都较差，GDP 增速经常出现剧烈的波动。特别是在 1970 年以前，南北地区 GDP 增速经常走出深"V"形或者倒"U"形的变化，出现纵深极大的"谷底"或高度明显的"山峰"，这从另一个层面也证明这一时期南北 GDP 的均衡发展还是低水平的均衡。

（三）南北人均 GDP 差距分析

与总量 GDP 呈现"南方地区 GDP 总量高于北方，但南北差距不断缩小"的变动趋势不同，这一时期南北地区人均 GDP 差距呈现另一种形式的"南北差距扩大"但"相对均衡"的格局。

由图 2-4 可见，这一时期无论是人均 GDP 还是人均 GDP 增速，北方地区均占据绝对优势。相关数据测算结果显示，这一时期北方地区人均 GDP 平均增速为 4.77%，比南方地区高出 1.18 个百分点；北方地区人均 GDP 比南方地区高出 46.4 元，仅这一差值就相当于南方地区 1978 年人均 GDP（301.71 元）的 15.38%。从图 2-4 的走势看，如果不考虑 1959—1962 年这一相对特殊历史时期造成的趋势逆转，北方地区人均 GDP 甚至在整个研究时段内都将领先于南方地区。即使是从分时段角度看，在 1952—1960 年、1961—1965 年、1969—1978 年三个时段内，北方地区人均 GDP 领先南方地区的幅度都呈逐年递增的态势。

第二章　中国南北经济发展格局的历史演进与阶段特征 | 35

从南北地区人均 GDP 差距指数看（见图 2-5），这一时期南北差距的变化大致可以分为三个阶段。第一个阶段是 1952—1959 年，南北人均 GDP 差距从相差无几到差距明显。相关数据显示，1952 年和 1953 年，南北人均 GDP 绝对差距指数分别仅为 9.85 元和 11.53 元，到 1959 年已扩大至 71.09 元；相对差距指数也从 0.93 下降至 0.73。第二个阶段为 1960—1963 年，南北之间人均 GDP 差距缩小，两者绝对差距指数从 68.10 元下降至 7.51 元，相对差距指数从 0.74 上升至 0.95。第三个阶段为 1964—1978 年，北方地区人均 GDP 领先南方的优势逐年增加，南北差距再次扩大，二者绝对差距指数从 12.02 元上升至 96.5 元，相对差距指数从 0.93 下降至 0.76。

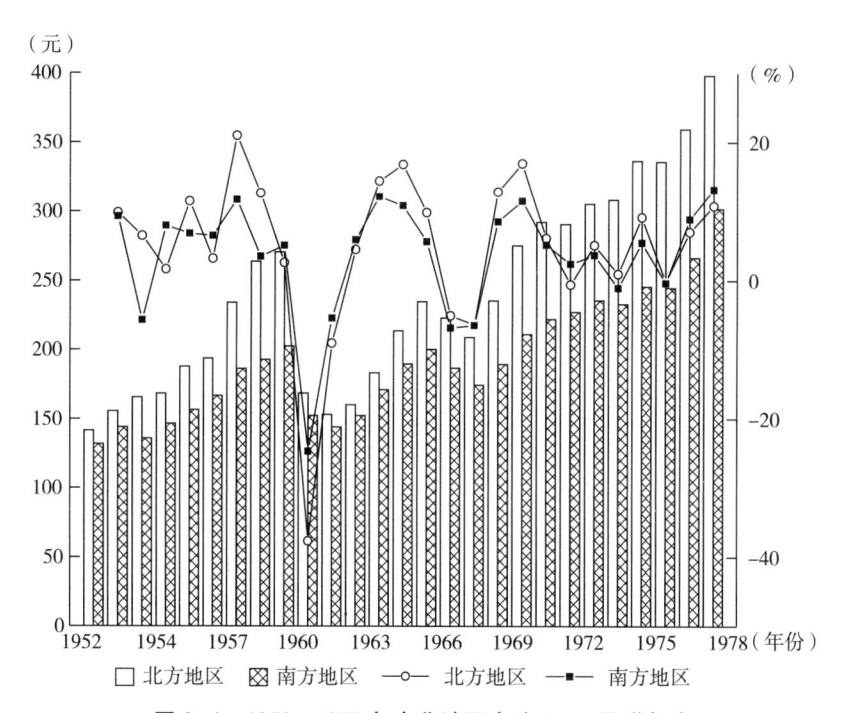

图 2-4　1952—1978 年南北地区人均 GDP 及增长率

注：数据来源于《中国统计年鉴》《新中国六十年统计资料汇编（1949—2008）》及各省区市历年统计年鉴，以 1978 年为基期将名义 GDP 处理为实际 GDP。

总体来看，这一时期在区域均衡发展思想的指导下，强调沿海与内陆地区、各地区之间的平衡发展,所以南北经济差距尚未显现,两者处于相对均衡的局面。但是由于这一时期经济总量小,经济增长波动大,人均GDP较低,所以这种均衡还是一种低水平的均衡。此外,不同的指标得出来的阶段划分略有差异,但总体上以"一五"计划和1964年为重要的观察窗口和时间节点。对本部分作如下规定,以便于后续分析标准统一:即以1957年("一五"计划结束)和1964年为分界点,将1952—1978年分成三个历史阶段,以便于从更加微观和相对细致的角度观察各个时期南北经济差距的特征。

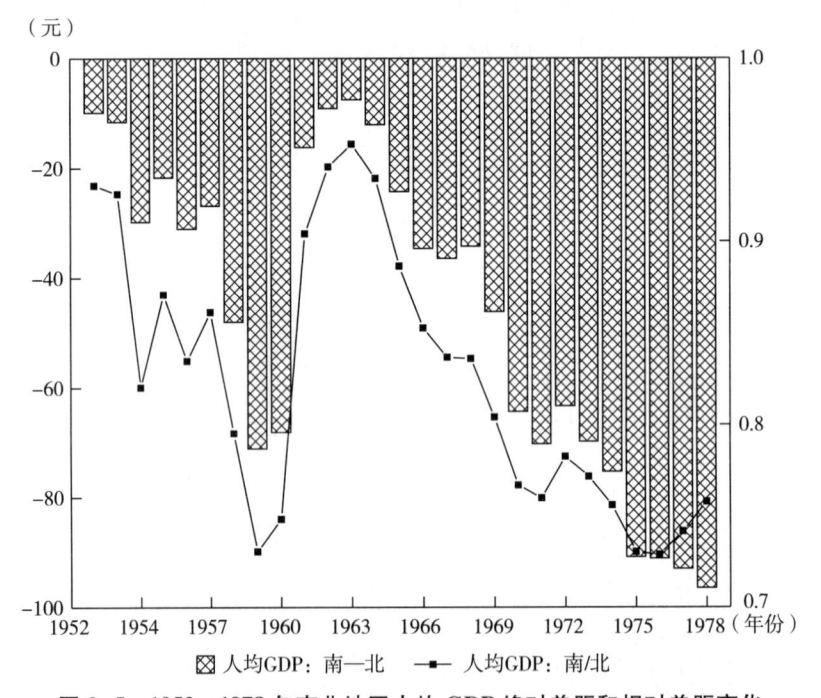

图 2-5 1952—1978年南北地区人均GDP绝对差距和相对差距变化

注:数据来源于《中国统计年鉴》《新中国六十年统计资料汇编(1949—2008)》及各省区市历年统计年鉴,以1978年为基期将名义GDP处理为实际GDP。

二 改革开放前南北经济差距演变的动因

前已述及,改革开放以前,我国南北差距演变以1957年和1964年前后为节点,大体分为三个阶段。本部分尝试从历史视角出发,对这三个阶段演变的动力进行深入分析。

(一)"一五"计划经济布局偏重北方,南北经济差距缩小

1953—1957年,受当时国际大环境和国内经济形势的影响,我国开始实施第一个五年计划(以下简称"一五"计划)。"一五"计划的首要任务,是"集中主要力量进行以苏联帮助我国设计的156个建设单位为中心"的工业项目建设。在空间布局上,"在合理利用东北、上海和其他城市已有的工业基础"的同时,重点将新建项目向工业基础比较薄弱的内陆地区布局,如华北地区、西北地区、华中地区以及西南地区,以平衡区域发展差距(吴承明、董志凯,2010)。

"一五"时期重点建设的156个项目实际实施了150个。其中,北方地区实施了116个,占全部开工项目的77%;南方地区只占23%。实施项目超过十个的省区有6个省都位于北方地区。同时,国家重点投资建设的一批新工业城市中,太原、包头、兰州、西安、洛阳、大同6个城市都属于北方城市,南方城市仅包括成都和武汉(董志凯、武力,2011)。

除了上述156个重点项目外,苏联援建的其他项目也大多被布局在工业基础相对薄弱的地区。其中北方地区包括保定、石家庄、西安、太原、宝鸡、洛阳等城市,南方地区则有武汉、株洲、成都、重庆、绵阳等城市。为配合这些工业项目建设,中央政府还以行政命令的方式,将沿海地区的一部分工业企业、商业服务机构和高等院校搬迁至成都、郑州、武汉、兰州、西安等内陆城市。我国生产力规模出现第一次大规模北上西进。

在"一五"计划的推动下,北方地区先后建成了以"沈阳—鞍山"为中心的东北工业区、以"北京—天津—唐山"为中心的华北工业区、以太原为中心的山西工业区、以郑州为中心的郑洛汴工业区、以西安为中心的陕西公园区和以兰州为中心的甘肃工业区。南方则建成了以武汉为中心的湖北工业区和以重庆为中心的川南工业区。不难看出,无论是从建成工业区的区域分布,还是中心城市的数量上来看,北方都占据绝大优势。随着大规模工业建设的展开,北方地区开始高速发展,南北差距相对缩小。

(二)"大跃进"助经济重心北上西进，东北地区超常发展

1956年，为了总结"一五"计划的经验教训，党的八大提出我国工业建设的新思路，不再偏重内地工业发展，而是强调沿海—内地工业协调发展。这是新中国成立后第一次提出区域协调发展的思想。然而1958年开始的"大跃进"运动导致党的八大提出的协调发展思路被迫中断。

"大跃进"时期，对于生产力布局有两个指导思想：首先，在全国层面延续之前以内地投资为重点的思路，强调工业布局要均衡，导致沿海地区投资呈下降趋势。相关数据显示，在"大跃进"计划的推动下，我国沿海与内地基础建设投资之比从"一五"时期的0.87∶1进一步下降到0.79∶1（刘再兴，1995），工业经济布局再次回到偏重于内地的局面。其次，建立垂直的区域分工体系，推动各地建立相对完整的独立经济体系。这样的主要指导思想使得原来经济基础较好的区域，比如东北地区的工业得到迅速发展。从1954—1959年全国各省区GDP排名来看，辽宁始终高居第一位。北方地区特别是东北地区的快速发展，使南北经济差距进一步缩小，甚至经济重心也开始由南方地区向北方地区偏移。

"大跃进"运动进一步推动北方地区经济实力快速增长。北方地区特别是东北地区由于具有良好的工业基础，长期处于经济领先的地位。彼时辽宁省增长区位居全国GDP排行榜第一位，而其他的北方地区如山西、内蒙古和新疆经济实力要强于南方省区。数据显示，1959年全国人均GDP排名前五的省区分别为辽宁、黑龙江、台湾、内蒙古、新疆，除台湾外均为北方省区；而人均GDP倒数的五个省份分别是四川、广西、河南、云南、贵州，除河南外都是南方地区。从总体上看，北方地区人均生产总值远远高于南方地区，南北地区差距出现难得一见的"北强南弱"局面。

然而，这种以行政命令强推的工业布局模式，使得"一五"时期工业布局的畸形程度再次加剧。特别是鼓励各地自主发展，更是造成了巨大的原材料消耗和财政亏空。据不完全统计，"二五"时期，全国开工的项目总共多达21.6万个，但平均工业增速仅为3.8%。这一

时期我国区域经济发展也出现了一定程度的紊乱，原有的区际协作关系被破坏，导致原有合作关系破裂，不仅影响了国民经济的协调发展，而且使各地形成相对雷同的产业结构，比较优势受到抑制。

（三）"三线建设"使产业布局再西进，西南地区实力增强

从第三个五年计划开始，基于国防安全等考虑，国家开始将沿海地区相对集中的人力、物力、财力等资源向二线、三线地区分散转移。从地域分布来看，三线地区包括北方地区的陕西、甘肃、青海、宁夏、山西西部，南方地区包括云南、四川、贵州、湖北、湖南、广东北部和广西西北部。第三个五年计划和第四个五年计划基本都是围绕三线建设展开。"一五"时期建设的重点项目多是位于与苏联邻近的东北和华北地区，然而随着中苏关系恶化，"三线建设"的重点转向西北和西南地区，使得这些地区工业体系和国民经济快速发展。

这一时期，南方以攀枝花为中心、北方以包头和酒泉为中心先后建立了几个特大钢铁基地。同时，在四川、贵州、甘肃等地也建设了一批机械、电力和石油项目，以及为国防服务的十个迁建、续建项目。这些项目使西北和西南地区初步建立起工业生产体系，带动以西安、重庆、成都、绵阳、攀枝花、兰州、酒泉等为代表的一批工业城市，西部地区特别是西南地区工业生产能力极大增强。同时，随着商业机构和高等院校的迁入，这些地区的商品经济也开始活跃。比如，西部地区的教育在20世纪60年代之后得到较大发展，西安、成都、兰州、昆明建立了高等教育体系，进一步带动了这些地区经济社会的发展。

然而，需要指出的是，"三线建设"是特殊历史条件下的产物。由于强调战备思想，生产项目布局按照"靠山、分散、隐蔽、进洞"的原则，工业企业多布局在偏僻且交通不便的地区，远离原材料和市场。由于工程建设的地理条件复杂，建设成本极高，生产周期大大延长，造成了浪费。建设投资项目近半数未能充分发挥作用，导致这一时期经济发展速度减缓。

三 改革开放前南北经济差距的特征

承前分析，改革开放前南北经济差距演变虽呈阶段性变化，但南

北差距相差不大，形成"南北均衡"的区域经济格局。除此之外，这一时期区域经济发展以优先发展重工业为目标，以计划调控为主要手段，资源配置效率相对低下。同时，在高度统一的计划经济体制下，区域间产业联系以"自上而下"的行政命令为主，缺乏紧密的区际合作关系。

（一）以生产力布局调整为手段，形成南北均衡格局

自两晋南北朝以来，我国"南强北弱"的区域经济发展格局逐步形成。至明清时期，地理大发现所带来的海洋贸易爆发也开始影响我国，南方盛产的丝绸、茶叶、瓷器等开始大量出口海外，我国区域经济"南强北弱"的格局进一步强化。这种区域经济格局本无可厚非，但历史不经意间改变了一切。近代以来，西方殖民者凭借坚船利炮，多次以东南沿海为突破口，强行打断中国现代化转型进程，中国也由此逐步沦为半殖民地半封建国家。抗日战争爆发后，中国工业化进程完全中断，原本羸弱的工业化基础也再次遭受重创。

新中国成立后，惨痛的历史教训使得党和国家不得不从国防战略安全角度考虑生产力优化布局这一重大问题。同时，由于内地原材料远离沿海工业基地，如何更好地发挥内陆地区的资源优势、有效避免跨区域长距离运输造成巨大的资源耗费和经济成本，也成为党和国家的重大议题。

在上述背景下，1950年6月，时任国务院经济委员会主任薄一波提出的优化工业区域布局，成为我国第一个五年计划（简称"一五"计划）的重要指导思想。"一五"计划确立了优先发展重工业的原则，主要目标就是为了加快实现工业化，同时对原有生产力不平衡状况进行大规模调整。"一五"时期，国家投资逐步从沿海转向内地，公园项目的布局和选址也开始向原本供应基础比较薄弱的内陆地区，比如华北地区、西北地区和西南地区布局，东北和华北地区成为重工业建设的重点区域。特别是以辽宁为中心的东北地区，由于拥有一定的工业基础，更是迅速成长为"共和国长子"，形成了以大连、沈阳、鞍山、抚顺等为核心代表的重工业基地，整体上也带动了北方地区重工业的空前繁荣。

随着大规模工业建设的展开，原有工业布局开始有计划地改变。尤其在重点项目的布局上，北方地区和内陆省区得到国家支持，北方地区经济比重上升，南北经济差距缩小，两者呈均衡发展态势。

（二）以优先发展重工业为目标，资源配置效率不高

新中国成立后，为解决历史遗留下来的地区经济发展不平衡问题，党和政府借鉴了苏联关于生产力布局的思路，以国防安全为目标，以中国工业发展为主导，实施高度集权下的区域均衡发展战略。

首先，在经济布局上，基于对国内外政治经济形势和环境的分析，把"均衡"与"分散"作为主要目标。其中，"均衡"以平衡生产力布局为原则，加大对内陆地区投资和经济建设的力度，北方特别是东北地区得到较快发展。南北经济进入平衡发展态势。"分散"则是基于国防安全考虑，将沿海一线的工业向三线、二线地区分散转移，使得北方的西北地区以及南方的中南、西南战略后方成为经济建设的重点区域，经济得到快速发展。特别是"大跃进"时期，在大干快上的背景下，北方地区经济实力进一步加强，使得中国经济重心开始往北方地区偏移。这种发展模式固然使南北地区得到均衡发展，但也不可避免地造成了资源浪费和效率低下等问题。比如三年"大跃进"时期，强调区域发展、自成体系、人为抹平区域分工、无视区域间的客观差异和比较优势，致使部分工业项目"遍地开花不结果"，由此导致国民收入减少约1500亿元（陆大道，2003）。

其次，在产业选择和布局上，采用自上而下的政府主导和强力动员方式，推动重工业优先发展，以尽快突破工业化初期积累不足的缺陷，使我国从落后农业国转变为先进工业国。然而这种以"工农剪刀差"方式积累工业发展资金的模式，导致城乡二元结构进一步深化。为了实现工业化发展基金的快速积累，这一时期基本建立了集中统一的中央计划经济体制模式，绝大多数具有流动性的生产要素都处于严格的管控之下，生产资料强调公有制的单一化，在分配方面则倾向于平均主义。为了加强管控，同时实施了城乡系列计划配套制度、农村集体土地制度和户籍制度、票证制度等。

总体来看，这种由国家统一配置资源的计划经济模式，确实在一

定程度上缓解了区域经济不平衡状况。但这种以人为干预为主要特征的空间均衡布局，具有极强的主观性和片面性，以牺牲投资效率为代价推动区域间生产力的自然平衡，忽视了资源的有效利用与合理配置，违背了比较优势原则，客观上抑制了沿海地区，特别是东南沿海地区比较优势的发挥。由此可见，这一时期的南北均衡，实际上是一种低水平、低效率的平衡发展状态。

（三）区际分工以纵向垂直为主，区际横向联系较弱

计划经济最大的特点就是自上而下，政令统一。所有的生产、销售、分配、消费等区域经济活动均来自自上而下的指令性计划。在计划经济体制下，区域经济发展主要以外部计划控制为主，地方自主权限较小，比较优势难以发挥。同时，在生产力布局上坚持平均主义，强调各地区域均衡发展。不可否认的是，这种计划经济模式对于新中国成立初期经济发展起到了积极的作用，不仅缓解了经济建设所需的各种物资供求矛盾，而且迅速建立了重工业化基础，在一定程度上也改变了区域经济差距过大的局面。

然而，在这种自上而下的统一政令下，区际经济之间的联系主要以垂直分工为主，各地工业体系独立开展并追求部门齐全，无法实行专业化的分工，导致产业同构和重复建设，难以根据比较优势建立紧密的区域经济联系。由于产业链单一，项目分散，很难带动其他区域的经济发展，造成建设资金投入具有低效性。总体来看，这种以指令性计划为手段，以平均主义为导向的区际分工模式，极大忽视了目标区域的资源禀赋、发展基础以及人力资源状况，不仅削弱了经济发展核心区域的聚集与扩散，而且造成城乡二元分割，阻滞了城市化的进程。

总之，这种依靠高度集中的计划经济体制组织区域经济的方式，区域发展完全依赖于外部输入，尽管在一定程度上实现了区域经济布局上的南北大体均衡，但与同期世界上其他国家发展水平相比，我国经济整体水平不高，人民生活贫苦，技术进步停滞。数据显示，尽管1978年我国GDP已经是1952年的4.7倍，但增速甚至低于同期世界平均水平，南北均衡发展属于低水平的均衡。

第二节 效率优先下重心南移
（1979—1991 年）

改革开放初期，我国面临的国际国内形势发生了重大变化。在新的历史条件下，党的十一届三中全会作出重大部署，社会主义经济建设开始成为党和国家的工作重心。基于新中国成立以来对生产力布局调整的反思，持续了近 30 年的以内地为发展中心的均衡发展战略，开始被向东部沿海地区聚集的非均衡发展战略所替代。在这一战略导向下，经济发展要素不断向沿海地区聚集，在空间上开始出现明显的梯度差异特征。在改革开放等多方因素的作用下，南方地区经济增速开始超过北方，特别是广东、海南、浙江、福建等沿海地区发展迅速，经济重心开始南移，区域发展格局由平衡转向不平衡。东部沿海地区比较优势得到充分释放，一方面带动了国民经济快速提升，另一方面也使地区差距有所扩大。

一 改革开放初期南北经济差距的演变

党的十一届三中全会后，在效率优先的指导原则下，我国区域经济开始打破以往低水平均衡发展的格局，经济发展中心开始由内陆地区转向东南沿海，区域经济差距有所扩大。在这一历史背景下，南北地区无论是总量 GDP 差距还是人均 GDP 差距，都开始出现新的变化特征。对此，本部分将沿用第一节研究思路，从总量 GDP、GDP 增速和人均 GDP 三个维度，对改革开放初期（1979—1991 年）南北经济差距的演变趋势进行分析。

（一）南北总量 GDP 差距分析

图 2-6 展示了 1979—1991 年南北地区 GDP 占比变化，从中可以观察出这一历史时期南北差距的演变趋势。

从图 2-6 显示的南北地区 GDP 占比变化不难发现，在研究时段内，北方 GDP 比重持续走低，呈缓慢下降趋势；反之，南方地区 GDP 占比逐步上升，南北 GDP 比重之差开始扩大。数据显示，北方

GDP 的比重从 1979 年的 46.99% 逐步下降至 1991 年的 44.61%，降幅约 2.38 个百分点，南北经济差距开始逐渐显现。

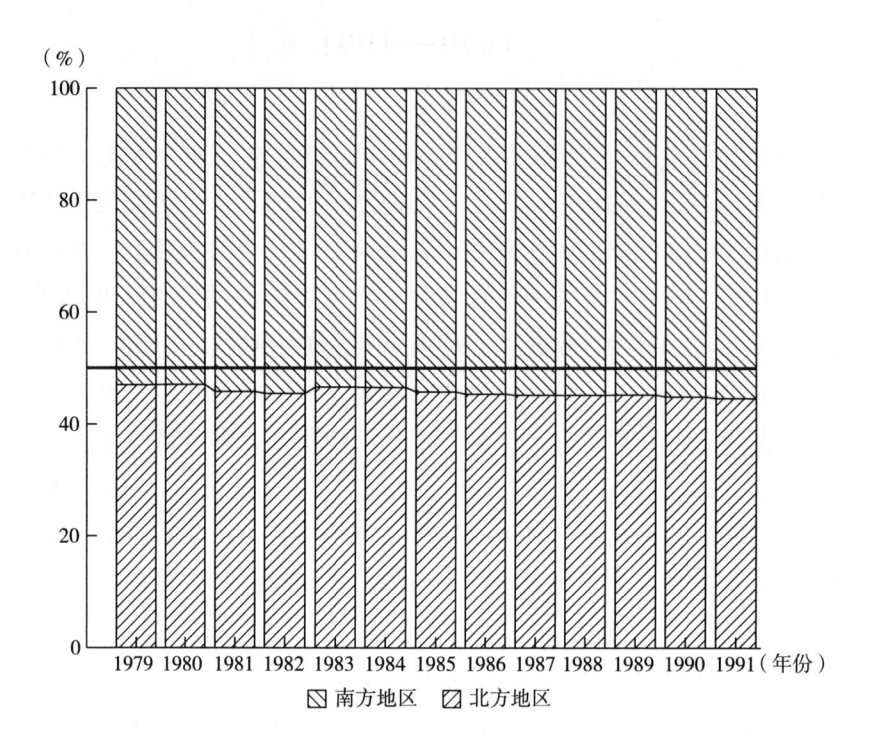

图 2-6　1979—1991 年南北地区 GDP 占比变化

注：数据来源于《中国统计年鉴》《新中国六十年统计资料汇编（1949—2008）》及各省区市历年统计年鉴，以 1978 年为基期将名义 GDP 处理为实际 GDP。

从变动趋势上看，这一时期南北地区 GDP 占比的变化大致经历了两个阶段：其中，第一个阶段为 1979—1983 年，北方地区 GDP 比重整体呈波动式下降，南方 GDP 占比呈波动式上升态势，两者差距略有扩大。在这一阶段内，北方地区 GDP 比重先由 1979 年的 46.99%，逐年回落至 1982 年的 45.46%，随后又反弹至 1983 年的 46.59%。

第二个阶段为 1984—1991 年，北方地区 GDP 占比持续下降，南方 GDP 比重持续上升，两者差距逐年扩大。这一时期，南北 GDP 比重之差较前一阶段呈明显加速趋势。数据显示，1984 年，北方地区

GDP 占比为 46.56%，南方地区 GDP 占比为 53.01%，两者相差 6.45 个百分点。截至 1991 年年底，北方地区 GDP 比重下降为 44.61%，南方地区 GDP 比重则上升至 55.39%，南北地区 GDP 比重差值扩大至 10.78 个百分点，比 1984 年扩张了 4.33 个百分点。

从图 2-7 中可以看出，1979—1991 年，南北地区 GDP 绝对差距呈总体上升态势，并呈现两段阶梯式变化。数据显示，南北地区 GDP 绝对差距由 1979 年的 220.41 亿元上升至 1991 年的 1171.12 亿元，两者差距扩大 950.71 亿元，年均增加约 73.13 亿元。同时，南北地区 GDP 相对差距也由 1979 年的 1.13 上升至 1991 年的 1.24。

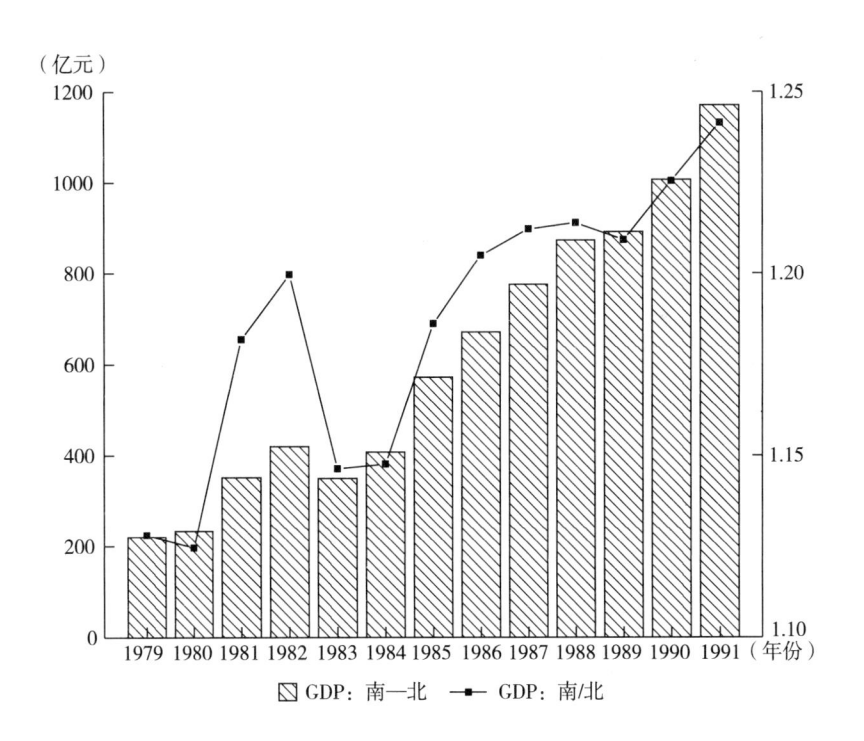

图 2-7　1979—1991 年南北地区 GDP 绝对差距和相对差距变化

注：数据来源于《中国统计年鉴》《新中国六十年统计资料汇编（1949—2008）》及各省区市历年统计年鉴，以 1978 年为基期将名义 GDP 处理为实际 GDP。

从演进趋势看，南北地区 GDP 差距呈两段阶梯式分布。其中，第一阶梯为1979—1982年，持续时间仅4年，南北地区GDP差距呈缓慢上升趋势。数据显示，这一阶段南北地区GDP的绝对差距从220.42亿元缓慢上升至419.65亿元，年均增加约为66.41亿元；两者相对差距从1.13上升至1.2，年均增加约2.33%。第二阶梯为1983—1991年，持续时间为9年，南北地区GDP差距较第一阶梯明显加快。相关数据测算结果显示，这一时期南北地区GDP绝对差距从349.85亿元扩大至1171.11亿元，年均增加约102.66亿元，增幅比第一阶梯扩大约36亿元。同时，南北地区GDP相对差距由1.15上升至1.24，年均增幅约为1.14%，较第一阶梯略有收窄。

（二）南北地区GDP增速分析

图2-8展示了1979—1991年南北地区GDP及增长率的变动趋势。

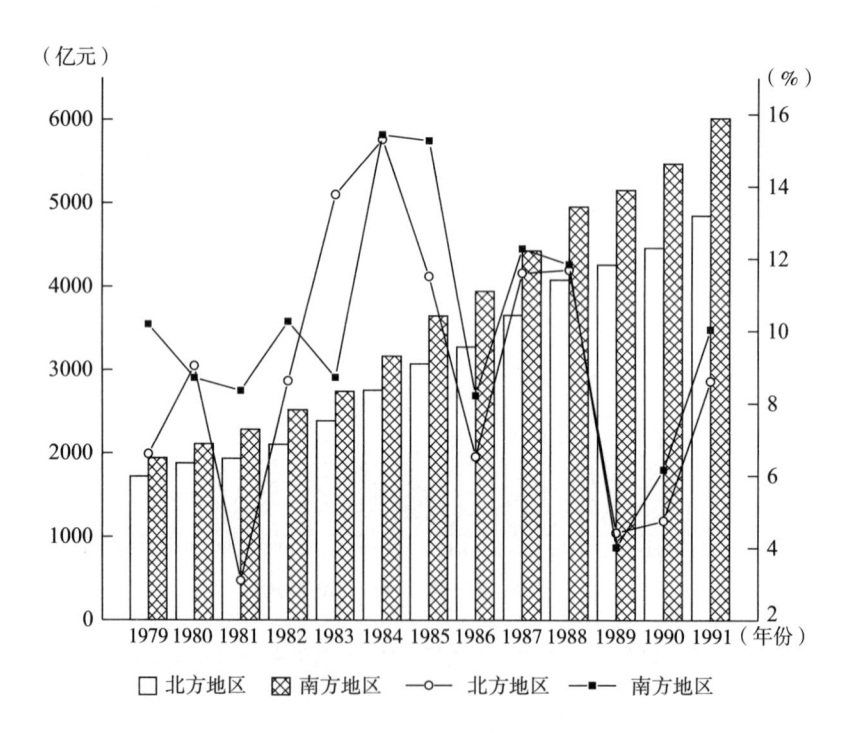

图2-8　1979—1991年南北地区GDP及增长率

注：数据来源于《中国统计年鉴》《新中国六十年统计资料汇编（1949—2008）》及各省区市历年统计年鉴，以1978年为基期将名义GDP处理为实际GDP。

从中不难看出，南北 GDP 差距拉大的背后，是两者 GDP 增速的差异。从图中可以看出，1979—1991 年，南方地区 GDP 增速在多数时间高于北方。相关数据显示，在这一时期 13 个年度中，南方地区 GDP 增速高于北方的年份多达 10 个，而北方地区 GDP 增速高于南方的年份仅有 3 个。

但是需要指出的是，由于此时正处于改革开放初期，社会主义市场经济体制尚未完全建立。这一时期，无论是南方还是北方，GDP 增速都呈现较大的波动趋势；加之跨度仅为 13 年，难以梳理出有规律性的阶段变化特征。

（三）南北人均 GDP 差距分析

图 2-9 展示了 1979—1991 年南北地区人均 GDP 及增长率变动情况。从图中可以看出，这一时期无论是北方地区还是南方地区，其人

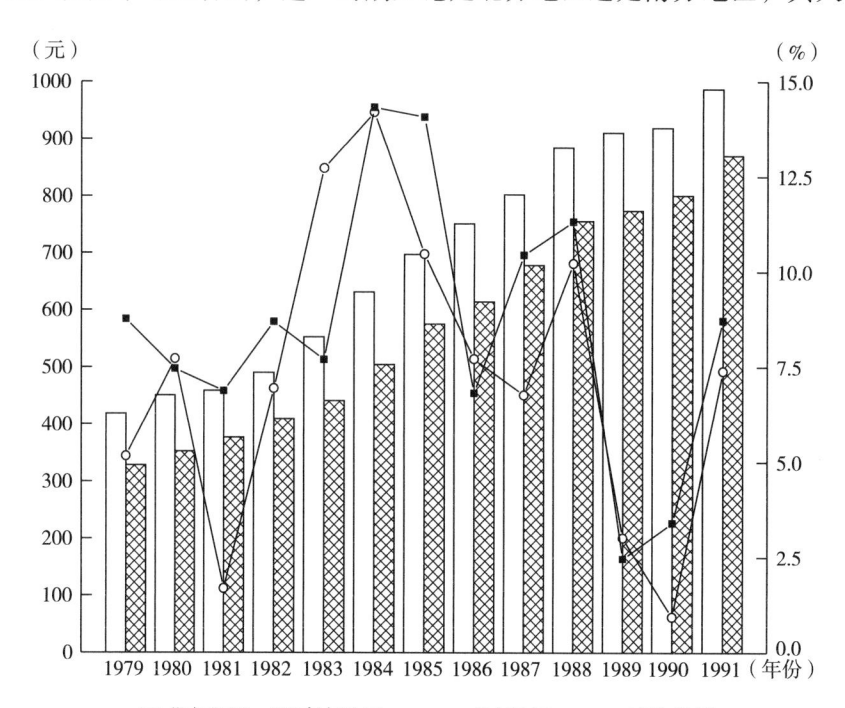

图 2-9　1979—1991 年南北地区人均 GDP 及增长率

注：数据来源于《中国统计年鉴》《新中国六十年统计资料汇编（1949—2008）》及各省区市历年统计年鉴，以 1978 年为基期将名义 GDP 处理为实际 GDP。

均 GDP 均保持增长态势。总体上看，北方地区人均 GDP 前一阶段的积累尚有优势，数值高于南方地区。从两者的差距变动情况看，尽管北方地区高于南方地区，但两者差距大致维持在稳定的范围内。

与总量 GDP 增速变动规律类似，这一时期，南北方人均 GDP 的增长率也呈现出剧烈波动态势，难以归纳总结出具有规律性的阶段特征。但从两者数据上看，北方地区人均 GDP 增长已呈现颓势，而南方地区人均 GDP 增速在多数年份高于北方。

为进一步分析南北方人均 GDP 差距的变动特征，本部分绘制 1979—1991 年南北地区 GDP 绝对差距和相对差距变化的示意图（见图 2-10）。从图中可以看出，这一时期，北方地区人均 GDP 继续保持优势，大致高出南方 100 元左右。从南北地区人均 GDP 的绝对差距看，"北高南低"的态势有所缓解，南北地区人均 GDP 之比从 1979 年的 0.78 逐步回升至 1991 年的 0.88，进一步说明南方地区人均 GDP 的增速明显快于北方地区。

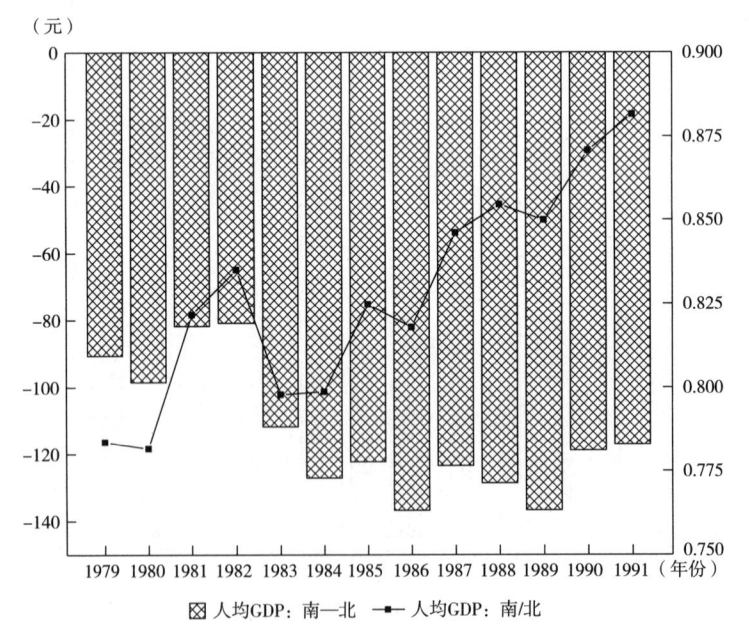

图 2-10　1979—1991 年南北地区人均 GDP 绝对差距和相对差距变化

注：数据来源于《中国统计年鉴》《新中国六十年统计资料汇编（1949—2008）》及各省区市历年统计年鉴，以 1978 年为基期将名义 GDP 处理为实际 GDP。

从相对差距看，这一时期南北地区人均 GDP 的演变趋势可分为两个阶段。第一个阶段为 1979—1983 年，南北地区人均 GDP 之比呈倒"U"形变化，两者相对差距指数从 1979 年的 0.78，逐步上升至 1981 年的 0.82，随后回落至 1983 年的 0.79。第二个阶段是 1984—1991 年，南北地区人均 GDP 差距逐年缩小，相对差距指数呈逐年上升趋势，南北地区人均 GDP 相对差距指数从 1984 年的 0.8 持续上升至 1991 年的 0.88，南北地区人均 GDP 相对差距较第一阶段快速缩小。

总体来看，由于这一时期尚处于改革开放的初期阶段，社会主义市场经济体制并不完备，经济增长的稳定性不强，所以难以梳理出具有规律性的阶段特征。但无论是从总量 GDP 还是人均 GDP 来看，南方地区的区位优势和比较优势已经开始显现。一方面，南方地区 GDP 领先北方的份额越来越高，增长率也明显快于北方；另一方面，从人均 GDP 对比来看，北方地区领先南方地区的优势尚在，但是两者相对差距已逐步缩小。同时，为了便于后续分析，在阶段划分上，结合三个维度的具体分析，参考已有研究成果，本书选择以 1984 年为分界点，将 1979—1991 年划分为 1979—1983 年和 1984—1991 年两个阶段。

二 改革开放初期南北经济差距演变的动因

改革开放后，我国区域经济发展战略在指导思想上发生了重大转变，由过去片面追求区域平衡发展，转向以地理分工为基础，充分发挥各地区的比较优势，强化地区间分工协作，以促进国家经济快速增长，提升综合国力水平。为此，从"六五"计划（1981—1985 年）开始，国家区域经济政策的重心逐渐向东南沿海地区倾斜，通过沿海地区的射线发展，带动广大内地发展，实现经济效率的整体提升。在"效率优先"的"非均衡"发展战略指引下，我国沿海地区率先发展，南北经济格局发生了新的变化。

（一）沿海地区"率先发展"，南北差距初步显现

改革开放以前，在区域均衡发展战略指导下，我国各地区经济发展相对均衡，区域经济差距较小，但是也不可避免地造成了资源浪费和效率低下的问题。1985 年，邓小平同志提出"一部分地区、一部

分人可以先富起来，带动和帮助其他地区、其他的人、逐步达到共同富裕"，这一论断深刻把握了区域经济发展的现实基础。在资源约束的条件下，各地区出现经济差距是必然的现象，全面的均衡发展应该分层次、分阶段推进。

在这一思想的指导下，1978年年底，党的十一届三中全会做出改革开放的决策，选择将沿海地区作为优先发展的地区。推动沿海地区优先发展，一是基于沿海地区的比较优势，沿海地区拥有良好的工业基础，劳动力资源丰富，劳动力素质比较高；二是可以充分发挥沿海地区交通便捷和运输条件良好的区位优势，加强海外联系，开展对外贸易。

党的十一届三中全会提出的改革开放和区域非均衡发展战略，推动我国区域经济发展格局发生了根本性变化。原有的依靠自上而下行政指令式的生产分配方式逐步发生变化，转而注重市场机制的调节作用。而沿海地区，特别是东南沿海的广东、福建两省，自古以来就有对外经商的传统，形成了较为浓厚的市场经济氛围和灵活的运作机制。1979年，中共中央、国务院批转了广东、福建两省省委关于对外经济活动实行特殊政策和灵活措施的报告①，决定对广东、福建两省的对外经济活动给予更多的自主权，同时决定，先在深圳、珠海两市划出部分地区试办出口特区，待取得经验后，再考虑在汕头、厦门设置特区。数据显示，1980—1984年，深圳和珠海的平均增速分别达到了58%和32%，远远高于全国10%的平均增速。

在广东、福建两省开放开发的示范作用下，1984年，按照邓小平同志做出的"还可以在沿海地区再开放几个点"重要指示，中央设立了大连、天津等14个沿海开放港口城市，其中，位于南方地区的有广州、上海、福州等8个城市，位于北方地区的有大连、天津、烟台等6个城市。

这一阶段，在改革开放和经济体制改革的推动下，我国区域经济

---

① 中共中央党史和文献研究院：《中国共产党一百年大事记》（1921年7月—2021年6月）之二，《人民日报》2021年6月29日第006版。

格局发生了新的变化，经济发展的重心开始从内陆转向沿海，从北方转向南方。

（二）三大地带梯度战略实施，区域分化加剧

1981—1985年实施的"六五"计划，重新拟定了区域生产力布局的原则方向：在沿海地区要加大改革开放，大力引进先进技术和外资；内陆地区则以能源和原材料为重点进行大规模开发建设；少数民族地区和偏远贫困地区重点发展农畜产品加工业和采矿工业。通过错落有致的产业分工和布局，充分发挥沿海地区的特长，带动内陆地区共同发展。这一时期，国家的优惠政策、生产要素和投资都明显倾向于沿海地区，由此带动沿海地区特别是东南沿海地区经济腾飞，南北经济相对均衡的格局逐渐被打破。

"七五"计划（1986—1990年）则在"六五"计划的基础上，首次将我国区域发展明确划分为东部、中部和西部三大经济地带，制定了以三大地带梯度推移为主要内容的地区经济发展总体计划。这一阶段的"梯度发展论"是在前一阶段沿海—内地非均衡发展基础上的进一步深化，是在遵循客观发展规律的基础上，打破传统产业布局，强化产业空间分布的重要举措，进一步突出了东南沿海地区的优先发展地位。

这种按照区位比较优势设计的梯度发展战略，确实取得了比较高的经济效率，尤其是东南沿海地区发展迅速。但是，由于政策设计不够完善，在取得较高经济发展效率的同时，对兼顾公平的目标有所忽略，为以后三大地带经济发展的不充分不平衡埋下了伏笔。相关数据显示，1980—1991年东部地区占全国GDP的比重上升近6个百分点，而中西部地区则呈下降趋势。

（三）"效率优先"主导，南北经济差距拉大

前已述及，改革开放以前，南北经济发展水平相近，区域经济差距尚在可控的范围内，而且由于历史上北方地区形成了较为雄厚的工业基础，其人均收入还占有优势。改革开放后，南北经济差距出现分化，特别是在1985年以后，南北经济差距呈现扩大趋势，不仅GDP总量占比逐年下降，而且人均GDP的优势也越来越小。

从财政收入上看，南北地区财政收入从1978年起逐渐拉开差距，而且差距呈扩大趋势。1978年北方地区财政收入合计478.36亿元，大致相当于南方地区财政收入的98%，两者相差不大。到1990年，北方地区财政收入上升至852.57亿元，而南方地区的财政收入增加至1117.42亿元，北方地区财政收入仅相当于南方地区的76.30%。从占全国财政收入的比重来看，除了1983—1990年北方地区占比略有增长外，整体都呈下降趋势。

从城市发展层面上看，1970年以前，我国经济增长的主要源头集中在北方的辽宁、天津、北京以及南方的上海。从"六五"计划开始，广东、福建等南方省份的建设投资一直位居前列，而北方地区的固定资产投资则呈下降趋势，再加上北方地区开放区域较少，产业基础以老工业基地为主，所以，中国经济增长最具活力的区域开始由北方向南方转移，南方的珠三角地区、长三角地区和闽南三角地区成为增长极，带动了区域经济增长，导致南北区域经济差距迅速扩大。

三 改革开放初期南北经济差距的特征

（一）区域发展战略从均衡发展转向非均衡发展

改革开放以前，在特殊的历史条件下，国家区域经济发展以国防安全为目标，优先发展重工业，强调区域均衡发展，在中西部和东北地区大力开展工业项目建设。在当时的历史条件下内陆地区建设资金投资比重一直高于沿海地区。在最低年份，沿海地区建设投资甚至不及全国的30%。这种投资偏向于内陆地区的区域发展战略，一定程度上平衡了南北经济差距，北方地区特别是东北地区超常规发展，而南方特别是东南沿海的比较优势受到抑制。

改革开放后，我国面临的国际国内形势发生重大变化，"以经济建设为中心"逐步提上日程。此时，以效率为指导原则的非均衡发展战略开始取代原有的均衡发展战略。在改革开放的引领下，南方地区的基础条件、区位优势和比较优势得以发挥。区域经济发展的政策支持开始呈现出"重南轻北、先南后北"的特点，推动区域经济发展新格局。由于具有地理优势和资源禀赋，加上国家政策、资金、项目向沿海特别是东南沿海地区倾斜，南北差距开始初步显现。

更为重要的是，随着改革开放的推进和非均衡发展战略的实施，南方地区优先获得制度创新的收益，在市场经济发展中取得先发优势。在中国经济体制改革进程中，南方地区的优势不断得到自我强化和正向反馈，最终形成在市场化改革深度和速度上的优势，进一步加剧了南北经济差距。南方地区特别是东南沿海地区取代改革开放前的东北地区，成为中国经济中最具活力的增长区域，从而影响和带动整个国民经济的可持续发展。

诚然，非均衡发展战略的实施极大地提升了经济发展的效率，但也使我国区域经济格局出现一系列新的问题。首先，地区差距不断拉大，特别是对西部民族地区和贫困地区的发展关注度不够，造成20世纪90年代后期出现的"贫富差距、城乡差距、地域差距"三大差距呈现扩大趋势。其次，这一时期经济高速增长是以牺牲资源环境为代价的，对环境生态保护问题重视不够。最后，由于我国尚处于市场化改革初期，以市场为纽带的经济一体化格局还未形成。沿海地区经济发展更多呈现出外向型特征，即严重依赖国际市场，产业往往形成封闭的内部循环，经济发展的扩散效应不够，没有对其他地区发挥"先富带动后富"的辐射带动作用，地区间的产业分工和关联也不够强。

（二）南方地区区位优势显现，南北经济开始分化

自近代地理大发现以来，海洋就成为人类社会经济联系和国际交往的重要通道。特别是相较于陆路运输，以海洋为代表的海上运输具有明显的成本优势。南方地区特别是东南沿海不仅具有沿海优势，而且长江等流域还具备通航的条件，这就为其承接国际产业转移创造了先天的区位优势。相比之下，尽管北方地区也有部分省区临海，但是由于地处北方的黄河在多数流段已经不具备通航条件，因此和南方相比，区位优势并不明显。加上南方的广东、福建，一直以来就有经商的传统，拥有丰富的市场管理经验以及海外华侨资源，为其率先发展提供了有利条件。

改革开放后，南方地区特别是东南沿海的广东、福建两省，率先抓住"亚洲四小龙"产业转移的契机，充分发挥区位条件、劳动力资

源等比较优势，开始转变为外向型经济发展方式。第二次世界大战结束后，亚洲地区的韩国、中国香港、中国台湾和新加坡抓住机遇，利用自身的比较优势，开始承接美国、日本等发达国家的产业转移，从而实现了经济腾飞。但随着经济的发展，这些地区开始面临要素成本上升、资源环境瓶颈、境内市场狭小等约束，开始谋求将一部分劳动密集型产业进行转移。而在这次转移当中，广东和福建等东南沿海地区基于自身的比较优势，纷纷承接"亚洲四小龙"的相关产业。其中，广东和福建成为中国台湾传统产业转移的承接地，珠三角地区则成为中国香港劳动密集型产业的转移成交地。由于接近港澳台和东南亚市场，历史上与海外市场具有一定的经济社会联系，加上南方特有的社会文化观念，南方地区成为吸引国际产业转移的首选。而根据产业转移的梯度论，只有到南方地区出现类似于"亚洲四小龙"面临的问题时，才有可能进一步向北方地区特别是内陆地区转移，由此形成产业层次上的"代差"，进一步拉大了南北经济差距。

（三）工业结构"南轻北重"，北方产业弹性不足

南北经济差距最直观的体现就是两者产业结构特别是工业结构的差异。改革开放以前，在优先发展重工业的目标指引下，我国工业结构呈现出明显的"轻重失衡"特征。数据显示，1978 年，在全国的工业总产值中，轻重工业的比例达到 43.1∶56.9，重工业占据绝对优势地位。为了改变这种状况，1979—1982 年，我国进入国民经济调整期，重点调整工业内部的轻重比例关系，开始出台各种优惠政策，支持以轻纺工业为代表的相关产业发展，我国产业结构开始向"轻型化"转变。经过优化调整，我国工业结构有所变化，轻工业所占比例普遍提高。但北方地区历史上就形成了以重工业为主的产业发展模式，经济发展对重工业具有明显的"路径依赖"特征，轻重工业比例调整较为缓慢。

改革开放以前，我国的工业分布具有明显的"南轻北重、东轻西重"的特征。北方地区具有资源优势和重工业发展基础，重工业比例相对较高，轻重工业的比值甚至比全国平均值还要失衡，而南方地区轻工业比重比较高。在对外开放的过程当中，产业结构的"轻型化"

也有利于南方地区承接产业转移。南方地区在承接"亚洲四小龙"产业转移的过程中,消费品工业占据了大部分,因此南方地区如广东等省区消费品工业发展更为迅速。

此外,由于事关国防安全和国民经济基础,在各产业部类中,重工业开放相对较晚,且受到国家计划的严厉约束。因此,重工业产品的价格往往受到宏观调控因素的影响,不仅缺乏自主定价权,而且价格波动较大。同时,在计划经济向市场经济转变过程中,重工业产品上下游的价格容易出现扭曲和错配,计划价格和市场价格之间存在着巨大的"轨道差",这就使得以原料基础工业和重工业为基础的北方地区比较"吃亏"。由于国家经济资源和投资重点偏向南方地区,北方地区失去了要素支持,技术设备老化,而其重工业产品又处于低价状态,在全国经济格局中处于不利地位。可见,在产业结构调整过程中,北方地区事实上已成为南方经济发展的原料和产品供应地,由此产生的南北经济差距不言而喻。

(四)改革进程"北慢南快",南北区域差距拉大

改革开放后,我国经济体制的渐进式变革,大多是由沿海向内陆地区逐次推进的。这既体现出地域空间上的梯度特征,也与对外开放推进的层次紧密相关。东部沿海地区先行先试的思路,既保证了改革的稳定性,为此后在全国范围内推广奠定了基础,同时也让沿海地区、开放城市、经济特区获得了改革开放的超前收益。因此,这一时期南北经济差距的扩大,实际上是渐进式改革和梯度对外开放的必然结果。

1978—1991年,南方地区经济发展快于北方,主要原因就是南方地区率先开放,改革步伐早于、快于北方地区。改革开放之初,考虑到南北区位的差别,以及国家改革力度和经济实力渐进增强的特征,党和国家对外开放的梯度次序是"由东向西、由南向北"推进的,从经济特区开始,由点到线,由线连片。在这一过程中,南方地区率先改革、率先开放,实现了经济腾飞。

南方地区率先实施了市场化改革,用市场经济取代计划经济,让市场在资源配置中发挥基础作用,有力地提高了经济效率,促进了区

域经济发展，但同时也拉大了南北差距。从所有制结构看，南方的工业企业非公有制和非国有投资的成分明显高于北方，市场活力相对较强；北方地区企业所有制则以国有企业和集体所有制企业为主，呈现明显的"一大二公"特征，市场活力不强。市场化改革的推进，使得南方深厚的商业文化积淀开始发力，而北方地区以国企为主要形态的企业低效率弊端则显露无遗。此外，由于北方地区历史上形成了以重工业为主导的工业发展模式，因此改革调整的难度更大，且计划经济的惯性更强。这就导致改革进程在南方进展迅速，而北方遇到的阻力较大。不难看出，南北经济差距的拉大正是基于市场化改革逐步形成的。

第三节　区域协调发展下南北差距趋缓（1992—2011年）

20世纪90年代初，我国经济在经历了改革开放的高速发展以后，也开始出现一些新的问题，其中比较突出的就是区域经济差距持续扩大。为了延缓非均衡发展战略下地区差距持续扩大的趋势，缓解地区之间的矛盾和摩擦，从"八五"计划（1991—1995年）开始，中央政府开始以统筹协调的思路推进区域经济发展，工作重点由效率优先转向促进落后地区公平发展、缩小地区差距和区域协调发展，我国区域经济发展进入一个新的阶段。

一　区域协调发展格局下南北经济差距的演变

改革开放以来，东部和沿海地区经济率先发展，我国经济进入快速增长时期，国民经济进入新的发展阶段。但与此同时，原本就已经存在的地区经济差距特别是三大地带差距不断扩大。针对这一问题，党和政府及时调整，开始重视和强调区域协调发展，连续出台了一系列推动后发地区经济社会发展和区域协调发展的政策。在这种背景下南北经济成绩也出现了新的变化和特征。本部分将沿用前述研究思路，从南北地区GDP总量、GDP增速和人均GDP三个层面，分析这一时期南北经济差距的演变趋势。

(一) 南北总量 GDP 差距分析

由图 2-11 可以看出，1992—2011 年，南北地区 GDP 比重大致稳定在 59∶41 的比例，尽管南方地区 GDP 占比仍然高于北方地区，但是两者差距并未继续扩大，反而呈相对缓和趋势。分阶段看，这一时期南北 GDP 比重之差呈现小幅度的"先升后降"趋势。其中，1992—2002 年，北方地区比重由 43.43% 缓慢下降至 40.31%，南方地区占比则由 56.57% 小幅上升至 59.69%，南北 GDP 比重之差从 13.15 个百分点扩大至 17.18 个百分点，10 年间差距扩大 4.03 个百分点。2003—2011 年，南北 GDP 比重之差缓慢下降，数据显示，南北地区 GDP 比重之差由 17.70 个百分点上升至 19.39 个百分点，8 年间上升 1.69 个百分点。

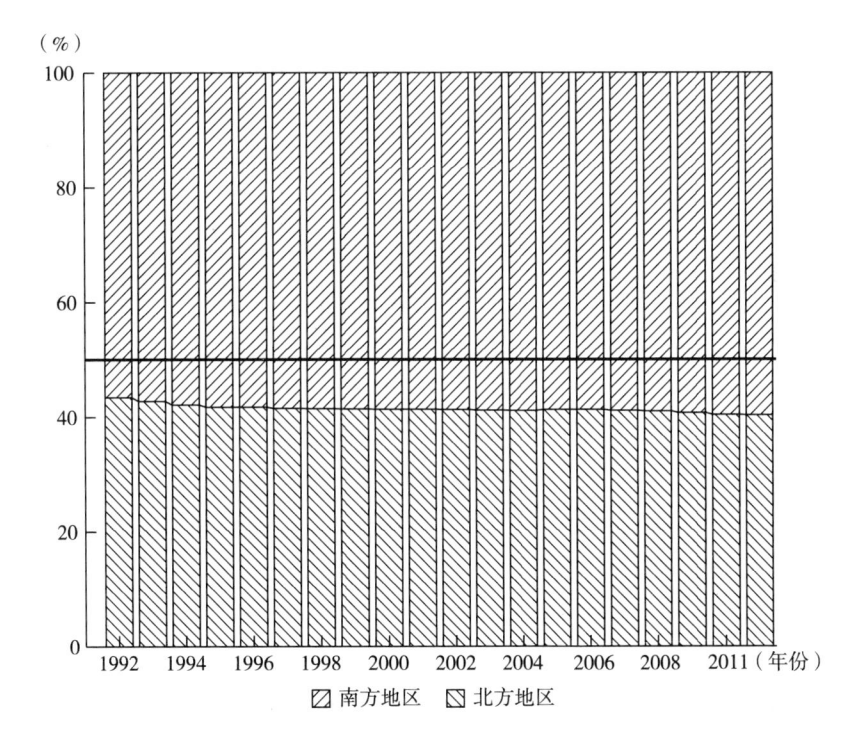

图 2-11 1992—2011 年南北地区 GDP 占比变化

注：数据来源于《中国统计年鉴》《新中国六十年统计资料汇编（1949—2008）》及各省区市历年统计年鉴，以 1978 年为基期将名义 GDP 处理为实际 GDP。

为进一步探明1992—2011年南北地区GDP差距的变动趋势，本书以北方地区为基准，用南方地区GDP减去北方GDP的差额作为衡量南北地区绝对差距的指标，将南方地区GDP与北方地区GDP的商作为衡量南北地区相对差距的指标，据此构建南北地区绝对差距指数和相对差距指数，并绘制了南北地区1992—2011年GDP绝对差距和相对差距指数的变化趋势（见图2-12）。

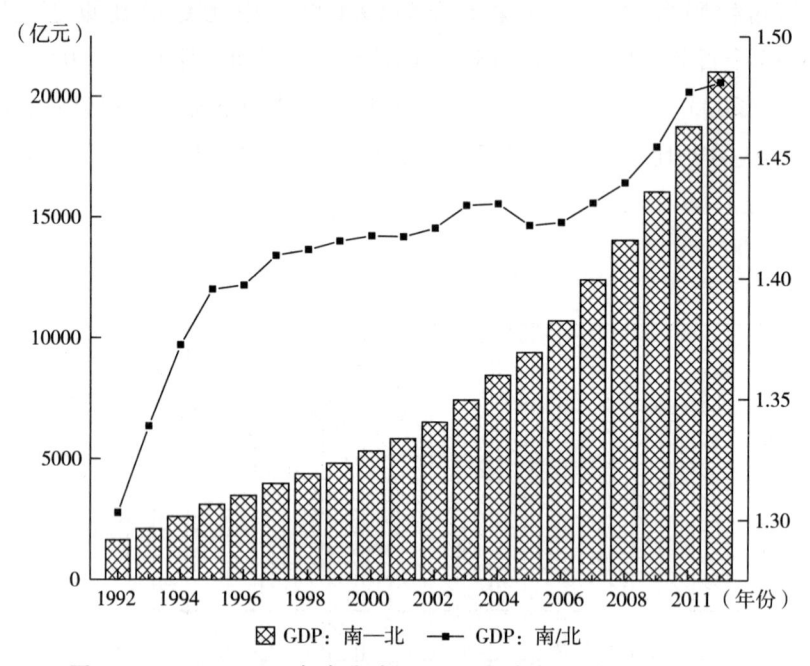

图2-12 1992—2011年南北地区GDP绝对差距和相对差距变化

注：数据来源于《中国统计年鉴》《新中国六十年统计资料汇编（1949—2008）》及各省区市历年统计年鉴，以1978年为基期将名义GDP处理为实际GDP。

由图2-12可以看出，1992—2011年南北地区绝对差距指数呈逐年上升趋势，南北地区GDP的绝对差距由1992年的1652.12亿元扩大至2011年的21051.57亿元，年均增速达到1.17倍，年均增幅为1939.95亿元。从两者差距的扩张幅度来看，1992—2001年，南北地区GDP绝对差距波动平均维持在465亿元左右，差距并不明显。但2002—2011年，南北地区GDP绝对差距的扩张平均约1521亿元/年，超过前一阶段的3倍。2008—2011年，南北差距的扩大幅度更是年近

2150亿元。

此外,这一时期南北地区GDP相对差距呈现持续上升的趋势。1991—2005年,南北地区GDP相对差距指数由1.24快速上升至1.42的高位;随后2006—2011年,南北地区GDP相对差距指数由1.42逐步上升至1.48,整体维持在1.45左右。

(二)南北GDP增速差距分析

图2-13展示了1992—2011年南北地区GDP及其增长率变动情况。相关数据测算结果显示,这一时期南方地区年均增长率达到12.64%,而北方地区年均增长率为11.64%,南方地区略快于北方地区。此外,在跨度长达20年的时间里,北方地区GDP增速高于南方地区的年份仅有2个,而南方地区高于北方地区的年份则为18个。正是由于GDP增速"南快北慢",导致这一时期南北地区GDP差距扩大。

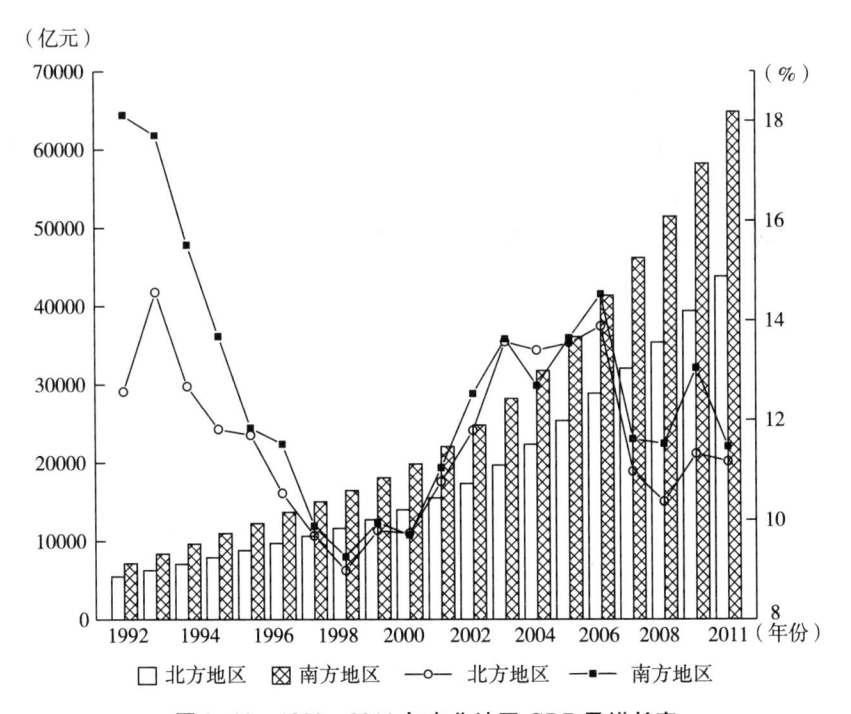

图2-13 1992—2011年南北地区GDP及增长率

注:数据来源于《中国统计年鉴》《新中国六十年统计资料汇编(1949—2008)》及各省区市历年统计年鉴,以1978年为基期将名义GDP处理为实际GDP。

分阶段看，这一时期南北地区 GDP 增速变动可分为三个阶段。

第一个阶段是 1992—1999 年，南方地区 GDP 增速明显快于北方。相关数据测算结果显示，这一阶段，南方地区 GDP 的年均增长率为 13.44%，而北方地区为 11.56%，南方地区年均增长率比北方地区高出 1.88 个百分点。从图中可以看出，这一阶段，南方地区 GDP 增速均位于北方地区上方。与此相对应，这一时期南北地区 GDP 相对差距和绝对差距都呈逐渐扩大趋势。

第二个阶段是 2000—2008 年，这一时期南北地区 GDP 增长都呈现一定的波动，但总体而言，南方地区 GDP 增长优势更加明显。相关数据测算结果显示，这一阶段南方地区 GDP 年均增长率为 12.15%，而北方地区为 11.94%，南方地区高于北方地区 0.21 个百分点。此外，在这一阶段总共 9 个年度中，北方地区 GDP 增速高于南方地区的年份为 2 年。由于这一阶段南方地区 GDP 增速快于北方，南北地区 GDP 相对差距呈扩大趋势。

第三个阶段为 2009—2011 年，南方地区 GDP 增速明显高于北方。数据显示，2009 年，南方地区 GDP 增速为 11.52%，高于北方地区 1.15 个百分点。2010 年，南北地区共同迎来 GDP 增速的反弹，其中南方地区为 13.05%，北方地区为 11.32%，南方地区仍然高出北方地区 1.73 个百分点。2011 年南北地区 GDP 增速均有下降，但南方地区为 11.46%，仍高出北方地区 0.3%。

（三）南北人均 GDP 差距分析

图 2-14 展示了 1992—2011 年南北地区人均 GDP 及其增长率变动趋势。从图中不难发现，这一时期南北地区人均 GDP 的最大特征就是南方地区从"追赶者"变为"领先者"。数据显示，1992 年北方地区人均 GDP 为 1100.71 元，尚比南方地区高出 84.02 元。然而此后四年，北方地区人均 GDP 领先南方地区的优势逐渐缩水，连续降至 1993 年的 65.53 元、1994 年的 41.77 元、1995 年的 22.42 元、1996 年的 21.64 元。至 1997 年，北方地区人均 GDP 已落后于南方地区 65.05 元，南方地区从"追赶者"开始变为"领跑者"，且领先的优势越来越大，最高时已领先北方地区 663.57 元（2011 年）。

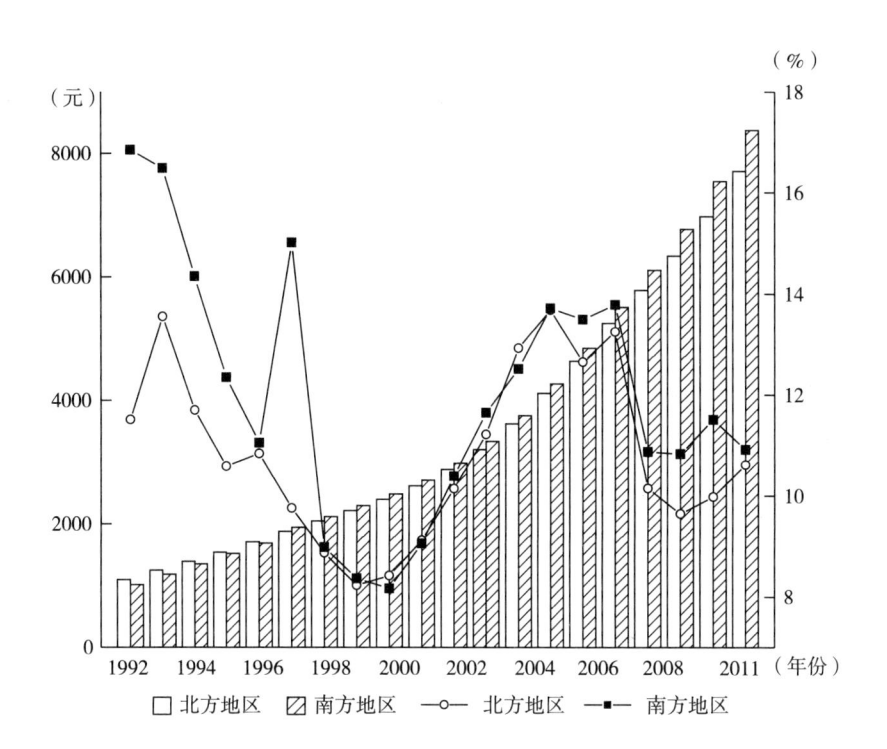

图 2-14　1992—2011 年南北地区人均 GDP 及增长率

注：数据来源于《中国统计年鉴》《新中国六十年统计资料汇编（1949—2008）》及各省区市历年统计年鉴，以 1978 年为基期将名义 GDP 处理为实际 GDP。

这一时期，南北地区人均 GDP 变化趋势在一定程度上说明南北经济差距也发生实质性变化，即两者差距由原来的总量层面扩展至人均层面。在区域经济系统特有的自我强化机制下，这种差距可能会持续下去。

此外，这一时期南方地区人均 GDP 增长更快。从图中可以看出，这一时期南方地区人均 GDP 增速的优势体现为两个方面：一个是人均 GDP 增速高于北方的年份，多于北方地区高于南方地区的年份（15∶5）；另一个是南方人均 GDP 增速高于北方地区的年份中多数优势明显，而北方地区高于南方地区的年份大多都是小幅领先。

这一时期，南北地区人均 GDP 增速变动趋势可划分为三个阶段。其中，第一个阶段为 1992—1999 年，南方地区人均 GDP 增速显著高于北方地区。在此期间，南方地区的领先份额最高为 5.34%，最低为 0.11%。正是由于人均 GDP 增速相对较高，南方地区人均 GDP 才得以在这一阶段从"追赶者"变为"领先者"。第二个阶段为 2000—2008 年，在此阶段南北地区人均 GDP 差距已经形成，但由于北方地区人均 GDP 增速略高于南方，因此绝对差距呈相对缩小趋势。第三个阶段为 2009—2011 年，在此阶段南方地区人均 GDP 增速领先北方，2009 年南方地区曾重新夺回对北方地区的领先优势，随后 2010 年、2011 年，这种领先优势继续保持。然而，由于南方地区人均 GDP 增速在第一个阶段已经形成巨大优势，因此，逆转只是相对延缓了南北地区人均 GDP 的绝对差距。截至 2011 年，南方地区人均 GDP 仍然高于北方地区。

为进一步分析这一时期南北地区人均 GDP 的绝对差距和相对差距，本部分分别用南北地区人均 GDP 的差值和商值作为衡量其绝对差距和相对差距的指标，构建了南北地区人均 GDP 相对差距和绝对差距指数，并将其绘制成图 2-15。

从图 2-15 中可以更加明显地看出，这一时期，南方地区人均 GDP 从落后于北方的"追赶者"，变成领先于北方的"领跑者"，对此前文已经述及，此处不再赘述。从南北人均 GDP 相对差距指数的变化看，这一时期南北地区人均 GDP 相对差距快速上升。其中 1992—1997 年，南北地区人均 GDP 相对差距由最初的 0.92 逐步上升至 1.03，表明南方地区人均 GDP 已经从落后的一方变为领先的一方，且领先优势不断扩大。1998—2011 年，南方地区继续保持领先优势，南北地区人均 GDP 相对差距指数从 1.03 逐步上升至 1.08。

尽管从绝对数值上看，这一时期南北地区人均 GDP 差距只是初步显现，人均 GDP 相对差距指数也大体维持在 1 左右，表明南北发展相对均衡。但从整个历史阶段的演进来看，北方地区人均 GDP 从"领先者"变为"落后者"，在一定程度上显示出南北经济差距已经出现实质性变化，即差距已经开始由总量层面扩散至人均层面，南北经济差距呈深化趋势。

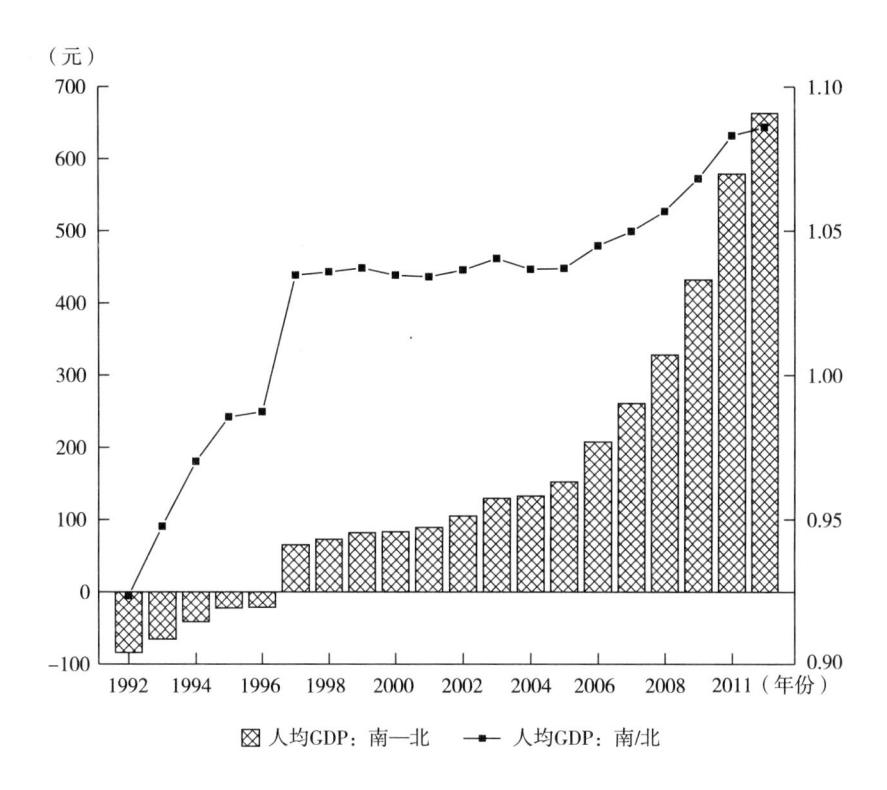

图 2-15　1992—2011 年南北地区人均 GDP 绝对差距和相对差距变化

注：数据来源于《中国统计年鉴》《新中国六十年统计资料汇编（1949—2008）》及各省区市历年统计年鉴，以 1978 年为基期将名义 GDP 处理为实际 GDP。

二　区域协调发展格局下南北差距演变的动因

经过近 20 年的改革开放，20 世纪 90 年代初我国区域经济发展模式由原来的侧重内陆地区的区域均衡发展模式，转变为"效率优先"指导下以沿海地区率先发展为特征的区域非均衡发展模式。这一变革极大地释放了沿海地区的比较优势，带动了整个区域甚至整个国民经济的快速增长。然而，由于我国经济发展始终存在着三大地带的差距，各地的产业基础和资源禀赋也不尽相同，非均衡发展战略在带来国民经济飞速增长的同时，也产生了一系列的问题和矛盾，其中比较突出的是空间比例失调、产业结构趋同两大问题，而偏向于沿海地区的发展战略进一步强化了区域经济发展的不平衡格局。

在这种背景下，我国区域发展战略及时调整，开始由过去的单纯注重"效率优先"，转为效率原则下适当兼顾公平，并实施一系列推动中西部地区经济社会发展的优惠政策，开始实施区域经济协调均衡发展的战略。这一转变深刻影响了区域经济差距演变的过程。对此，本部分将总结这一时期区域经济差距的演变动因，从而为后续政策制定提供思路借鉴。

（一）区域发展战略调整为"适度倾斜、协调发展"

随着沿海内陆地区经济差距持续扩大，党和政府敏锐及时地调整了区域经济发展战略。1991年的"八五"计划纲要提出，要统筹规划地区之间的关系，形成地区经济合理分工、协调发展的模式。在共同富裕的原则下，"积极扶持少数民族和贫苦地区的发展，改善地区结构和生产力布局"。这标志着我国区域经济发展战略开始调整，由非均衡发展转向"适度倾斜、协调发展"相结合的区域发展战略。

1992年，邓小平同志在南方谈话中正式提出"共同富裕"的战略构想。他指出，我国经济发展的最终目标是实现共同富裕，区域差距问题不能通过平均主义来解决。在这一思想指导下，"适度倾斜、协调发展"的区域发展战略正式开启。与改革开放以来"加快沿海地区发展"的"第一个大局"不同，这次区域发展战略的调整主要以"缩小区域差距"和"实现共同富裕"为目标，开始"顾全和重视内地发展"这个大局。1995年10月，党的十四届五中全会提出，从"九五"（1996—2000年）计划时期开始，逐步解决地区差距扩大问题。1996年开始实施的"九五"计划纲要提出，"正确处理地区之间关系"，并确定了"区域协调发展"的方针，标志着我国区域协调发展的思想正式形成。1997年，党的十五大报告再次强调，"地区经济应合理布局、协调发展"，"中西部地区要发挥优势，加快开放开发，缩小地区差距"。

总体来看，这一时期的中心任务是"缩小地区差距"，促进"区域经济协调发展"。随之实施的一系列政策部署为今后中西部地区经济发展奠定了基础，但这一阶段的区域协调发展战略具有明显的过渡性质。在具体措施上，仍保留了许多非均衡发展时期的特征，延续了改革开放以来"效率优先"的非均衡发展理念。其主要原因在于,东部地区经过近20年的改革开放,已经形成了自身的比较优势,具备了强大的自我积累和自我发展能力。而广大中西部地区由于市场发育不足,投资效率不高,因此依靠国家对基础设施的投资拉动并不能维持长期的发展。由前面分析也可以看出,在1991—2002年,东西部经济差距非但没有得到缓解,反而呈逐步拉大趋势,其主要原因就是改革开放进一步强化了东西部地区市场基础差异,可见中西部地区的经济发展和市场化建设是一个长期的过程。

(二)"四大板块"区域发展总体战略形成并实施

区域发展战略的调整尽管未能使区域经济差距迎来实质性变化,但却打破了传统的"沿海—内地"经济增长格局,对外开放向中西部地区推进。进入21世纪后,中国正式加入世贸组织,东部沿海地区的区位优势更加明显。国内区域经济差距扩大、资源恶化等问题也更加突出。为了统筹发展,加强国土规划,中央政府继续调整经济布局,逐步形成了以"西部大开发、振兴东北地区、促进中部地区崛起和东部地区率先发展"为主要内容的"四大板块"协调发展的区域发展总体战略。

2002年11月,党的十六大提出了新世纪推进区域协调发展的总体框架,即:积极推进西部大开发战略,中部地区加大结构调整力度,东部地区加快产业结构调整,支持东北地区等老工业基地改造。从上述表述可以看出,国家层面区域经济发展的总体顺序是先西部、再东部,从根本上改变了以往"东部、中部、西部"梯度推进的思想,更加强调对落后地区特别是中西部地区的支持力度。2006年"十一五"规划纲要首次按四大板块的空间架构提出区域发展总体战略,强调在区域比较优势基础上分工协作,构建基于内在经济联系的区域经济体系。

根据"十一五"规划纲要(2006—2010年)的总体安排,四大板块立足区位比较优势,实施差别化的发展战略。东部地区着力推进产业结构升级,以创新驱动发展;中部地区以"五基地、一枢纽"为中心,着力培育新的经济增长点,加大结构调整力度;西部地区加强基础设施建设，力争由资源优势向产业优势、经济优势转化；东北地区重点进行产业结构优化升级和国有企业改革。在上述格局下，东部地区向中西部地区产业转移速度明显加快，辐射和带动作用明显增强，区域分工合作进一步深化。

随着"四大板块"区域发展总体战略的深入实施，各地区呈现良好经济发展态势，区域协调发展的新格局正逐步形成。西部地区在西部大开发战略的带动下，基础条件大大改善。2000—2010年，西部地区全社会固定资产投资增长了9.4倍，有力地带动了经济的发展。中部崛起战略有效带动了中部地区的经济增长，"十一五"时期，中部地区经济增长率在全国处于领先水平。在东北振兴战略的指引下，国家不断加大对东北地区的经济扶持力度，促进了东北地区的经济增长。东部地区率先加快经济方式转变，自主创新能力极大增强。

在"四大板块"区域发展总体战略助推下，各板块经济呈交错增长态势，区域增长差距趋于缩小，特别是西部地区经济增速一度超过东部地区。但由于地理条件差异以及改革开放以来形成的巨大经济鸿沟，东部地区仍然是全国重心所在，中国经济增长的贡献由东部地区主导的基本格局没有改变。

（三）国际大宗商品价格上涨彰显北方"资源优势"

北方地区是我国重要的煤炭、石油、天然气资源储备区。自然资源部发布的《中国矿产资源报告2022》显示，我国能源矿产分布总体上"北富南贫、西多东少"。我国近60%的石油分布在甘肃、陕西、黑龙江、河北和新疆等五个省区；超过80%的煤炭分布在山西、陕西、新疆、内蒙古、贵州等省区；接近85%的天然气分布在四川、陕西、新疆、内蒙古、重庆等省区。由此可见，北方地区资源丰富，资源优势明显。

进入21世纪后，全球经济迎来新一轮高涨期，经济繁荣、需求旺盛带来煤炭和矿石等大宗商品价格一路上涨。从2002年起，全球大宗商品进入了强劲并持续上升的区间。原油价格在相对较短的时间内几乎翻了一番。在此期间，东北和华北地区资源优势尽显，迎来了经济发展的"十年黄金期"。其中，内蒙古曾连续八年经济增速位居全国第一,钢铁大省河北也迎来了历史上最好的时期。在资源优势的带动下,北方地区经济发展迅速,逐步缩小了与南方地区的发展差距。

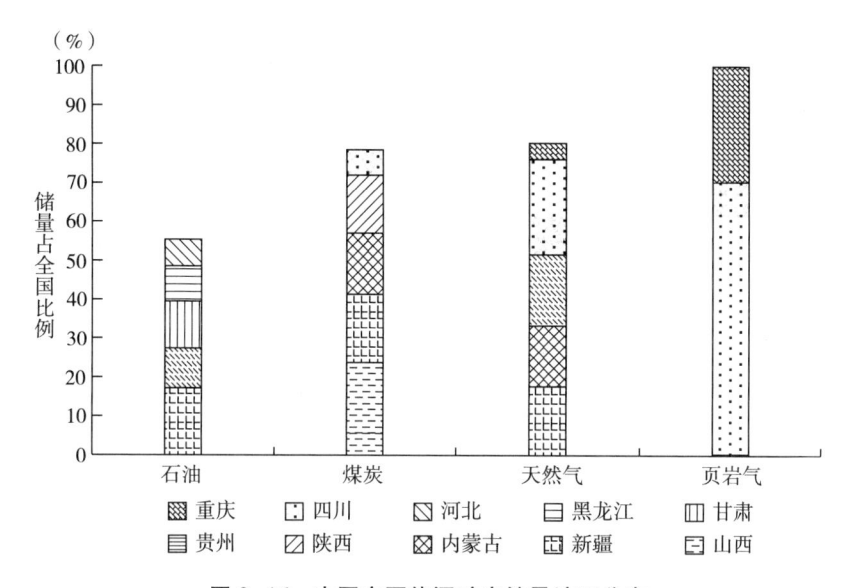

图 2-16 中国主要能源矿产储量地区分布

注:资料来源于《中国矿产资源报告 2022》。

以山西为例,得益于山西作为煤炭大省的资源禀赋和贯通南北的区位,太原在人口不占优势的情况下,GDP 规模在中部省区一直居于中间位置。2005 年,太原以 895.49 亿元的 GDP 规模,排在中部省会城市第四位,超过合肥和南昌两个南方省区的省会。

然而,这种建立在资源优势基础上的经济增长模式,很容易受到国际大宗商品价格波动的影响,从而带来国民经济增长的大幅波动。随着 2007 年美国次贷危机的爆发,全球经济进入下行区间,北方地区以自然型为主的产业模式开始显露弊端,经济增长一落千丈。

(四)"次贷危机"冲击外贸,阻滞南方经济增长

改革开放以来,沿海地区率先发展,逐步形成了以对外贸易为主的外向型经济发展模式。这种模式严重依赖国际分工和国际市场,如果国际经济形势相对较好,那将会迎来经济增长的高速发展期;如果外围需求不足,国际经济波动,则会波及自身经济增长。这一时期南

方地区经济的快速增长，一方面有赖于其自身的区位优势，另一方面与其融入国际市场，特别是与我国加入WTO有着密切的联系。

2007年美国次贷危机的爆发，使南方地区一直倚重的"两头在外、大进大出"的外向型经济发展模式遭遇挫折。对外贸易和投资引进速度放慢，大批中小企业倒闭，沿海地区优先发展模式再次面临严峻挑战。加之此时国内消费市场低迷，商品库存增加，企业库存扩大，东南沿海地区产业转型升级加快，经济增速放缓。而相比之下，2007年美国次贷危机对中西部地区带来的冲击相对较小，加之这一时期北方又处于国际大宗商品价格上涨带来的"黄金十年"高速发展期，经济增速高于南方，使得2008年以后南北经济差距呈现相对缩小趋势。

从具体省份来看，2007—2011年，全国经济年均增速排名前五位的省区包括内蒙古、天津、陕西、吉林、重庆，大多位于北方地区。而同期经济增速排名后五位的省区分别为上海、北京、浙江、广东、新疆，其中有三个省市都位于南方地区。

三 区域协调发展格局下南北经济差距的特征

1992—2011年是中国经济高速发展的时期。凭借自身的资源优势特别是人口红利，我国经济总量逐年攀升，国际排名由1992年的第九位上升到2012年的第二位。在年均8%以上的高速增长带动下，2010年我国经济总量超越日本，成为仅次于美国的世界第二大经济体。这一时期，我国南北差距也呈现出新的特征。

（一）经济重心南移趋势加快，南北差距凸显

进入20世纪90年代以来，尽管党和国家出台了一系列促进区域经济发展的政策和措施，但是由于南方地区已经积累了丰富的改革经验，市场化程度相对完善，初期南北经济差距非但未能缩小，甚至有所扩大。从主要经济指标占全国的比重来看，"南升北降"的状况十分明显。

从表2-1可以看出，南方地区人口占比由55.81%上升至57.69%，GDP比重由55.29%上升至59.69%，第二产业产值由54.08%上升至64%，第三产业产值由52.22%上升至58.89%，固定资产形成额由47.47%上升至51.17%，一般预算收入由53.52%上升至59.02%，城

镇人口由48.03%上升至58.42%。不难看出，这一时期南方地区经济比重提高，而北方地区各项指标都在下降。甚至除了固定资本形成额，其他各项指标南北之比几乎接近"六四开"，这说明南方地区在全国经济格局中的地位越来越重要，我国经济重心已经向南偏移，南北经济差距已经初步形成"中心—外围"结构。

表2-1　　　　1991年、2000年、2011年南北地区主要
经济指标占全国的比重　　　　单位：%

指标	1991年 南方	1991年 北方	2000年 南方	2000年 北方	2011年 南方	2011年 北方
人口	55.81	44.19	57.81	42.19	57.69	42.31
GDP	55.39	44.61	58.63	41.37	59.69	40.31
第二产业产值	54.08	45.92	62.53	37.47	64.00	36.00
第三产业产值	52.22	47.78	57.81	42.19	58.89	41.11
固定资本形成额	47.47	52.53	55.38	44.62	51.71	48.29
一般预算收入	53.52	46.48	60.62	39.38	59.02	40.98
城镇人口	48.03	51.97	57.94	42.06	58.42	41.58

注：数据来源于《新中国六十年统计资料汇编（1949—2008）》及各省区市历年统计年鉴，以1978年为基期将名义GDP处理为实际GDP。相关结果经计算得到。

（二）南北经济差距先升后降，差距趋缓

这一时期南北地区的相对差距呈缓和趋势，导致这一变化的原因有很多。首先，国家区域经济发展战略由非均衡转为协调发展，北方地区加快了改革开放的步伐。伴随着东北亚区域经济合作的展开，北方地区开放力度逐步加大，以开发促开放，以开放带开发，改革与开放形成良性互动的格局。其次，不可忽略的是，21世纪初在全球经济高速发展的背景下，各国对大宗商品的需求十分旺盛，以重化工为基础的北方地区迎来了新一轮发展。特别是2003年以后，煤炭、石油等资源型商品在国际市场迎来新一轮价格暴涨，而以山西、内蒙古为代表的资源型省区再次实现了经济的快速增长，经济增速高于南方地区，从而使南北地区的差距相对缩小。再次，随着西部大开发、中部

崛起以及振兴东北老工业基地战略的实施推进，我国投资新建了一大批铁路、公路、机场等基础设施重点建设项目，如西气东输、西电东送、青藏铁路等，进一步刺激了市场对重化工产品的需求，也为这些省区发展提供了机遇。最后，随着 2007 年美国次贷危机的爆发，南方地区开始着力进行产业结构调整。如广东、浙江、江苏等经济发展水平较高的省份纷纷进入经济换挡期与结构调整期，经济增速提前进入中低速发展的"新常态"，经济增速暂时落后于资源带动下的北方地区。

总之，这一时期南北经济差距趋缓，是由多种因素共同驱动的。尽管从表面上看，南北地区相对差距呈缩小趋势，但是如果从增长动力和产业结构角度看，南方地区其实已经蕴含着新一轮增长的先机。换言之，这种建立在资源型经济基础上的高速增长不可能长期持续。而南方地区的经济换挡与结构调整一旦成型，必将释放出强劲的动力。届时，南北方经济差距或迎来新一轮的扩张过程。

（三）南方地区经济提前步入"新常态"，动力换挡

南北地区的经济差距首先体现为产业结构的差距。北方地区产业结构重化工特点突出，产业转型升级难度较大，惯性较强。北方地区的天然气、石油、煤炭等能源资源丰富，重化工产业密集，以东北地区高度依赖能源的重化工企业为代表，在国际大宗商品价格上涨期间盈利颇丰，但一旦遇到经济下行，往往带来经济增速的大幅跳水，拖累地区经济发展。南方地区的产业结构相对优化，但是也存在着一些问题，如发展质量不高。

2007 年美国次贷危机以后，南方地区着手进行"腾笼换鸟"，以科技和创新推动产业升级，从传统服装、纺织、小商品等轻工业加工，向机电、电子化、自动化、网络信息等产业转移。而历史同期的北方地区，多数人固守传统产业，沉迷于将传统产业做大做强。南方地区在转型升级的背景下，经济增速有所减缓；而北方地区则由于大宗商品的上涨，迎来经济高速增长期，使得南北经济增速差距有所缩小。但这种表面上的缩小却不能掩盖南北经济差距持续上升的产业根源，甚至为南北经济差距的再次扩大埋下了伏笔。

第四节 经济"新常态"背景下南北差距扩大（2012—2022年）

党的十八大以来，我国发展面临的国际政治经济环境日趋复杂。近年来，世界经济增长乏力，贸易保护主义抬头，国际经济政治出现周期性转折，国际市场需求不足。我国传统经济增长"三驾马车"当中的出口受到限制。与此同时，我国的综合国力和人民生活水平发生了巨大变化，经济总量已经跃居世界第二位，与世界第一美国的差距也在不断缩小。

然而不可否认的是，我国经济较长时间都处于依靠大量资源消耗和大规模投资驱动的发展阶段，注重经济增长速度但经济增长质量不高。这种以"高投入、高消耗、高污染、低效率"为特征的增长模式，使我国经济体系积累了大量矛盾和风险，并引发了比较严重的环境污染和产能过剩问题。此外，这一时期我国人口形势发生重大变化，2012年我国劳动年龄阶段人口比重首次呈下降趋势，老龄化比例不断提升，少子化现象愈发严重。在这种背景下，曾经支撑中国经济高速增长的人口红利和资源优势难以为继，国内经济面临结构性调整，增长动力亟待换挡。这一时期，南北经济发展的增长动力发生变化，南北经济差距开始逐年拉大，引发社会各界关注。

一 经济"新常态"背景下南北经济差距的演变

党的十八大以来，中国经济逐步进入新常态。新常态主要有四个特征：一是经济增长从高速转为中低速；二是经济结构不断优化升级，第三产业、消费需求成为主体；三是城乡区域差距逐年缩小，居民收入占比逐年上升，发展成果惠及广大人民群众；四是从要素驱动、投资驱动转向创新驱动。在经济"新常态"的背景下，南北地区增长模式、发展动力都发生一定变化，南北经济差距成为我国区域经济发展的新特征。本部分继续从GDP总量、GDP增速和人均GDP三个角度，对这一时期南北经济差距的演变趋势进行分析。

（一）南北总量 GDP 差距分析

由图 2-17 可以看出，2012—2022 年，北方地区 GDP 占比从 2012 年的 40.26% 下降至 37.98%，降幅达 2.28 个百分点；南方地区 GDP 占比从 59.69% 升至 62.02%。南北地区 GDP 差距呈扩大趋势。

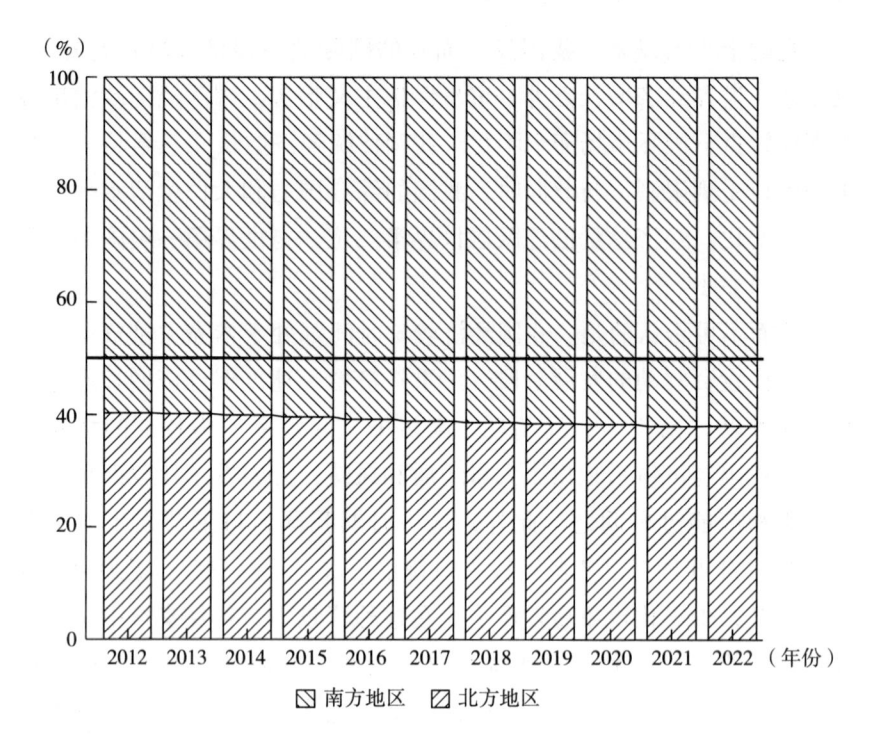

图 2-17　2012—2022 年南北地区 GDP 占比变化

注：数据来源于《中国统计年鉴》《新中国六十年统计资料汇编（1949—2008）》及各省区市历年统计年鉴，以 1978 年为基期将名义 GDP 处理为实际 GDP。

分阶段看，2012—2014 年，南北地区 GDP 比重尚能维持"六四开"的格局。此后，北方地区 GDP 占比一路走低，甚至创造了有统计以来的最低纪录。目前南方地区和北方地区 GDP 比例已接近 62∶37，南北地区 GDP 差距达到历史新高。

此外，从 GDP 绝对差距指数和相对差距指数变化趋势来看（见图 2-18），南北地区差距总体也呈上升趋势。首先，南北地区 GDP

绝对差距指数总体呈上升趋势。相关数据显示，2012年南北地区GDP绝对差距达到2.3万亿元，截至2022年年底已扩展至5.43万亿元，年均增速高达1.33倍，年均差值高达0.31万亿元。

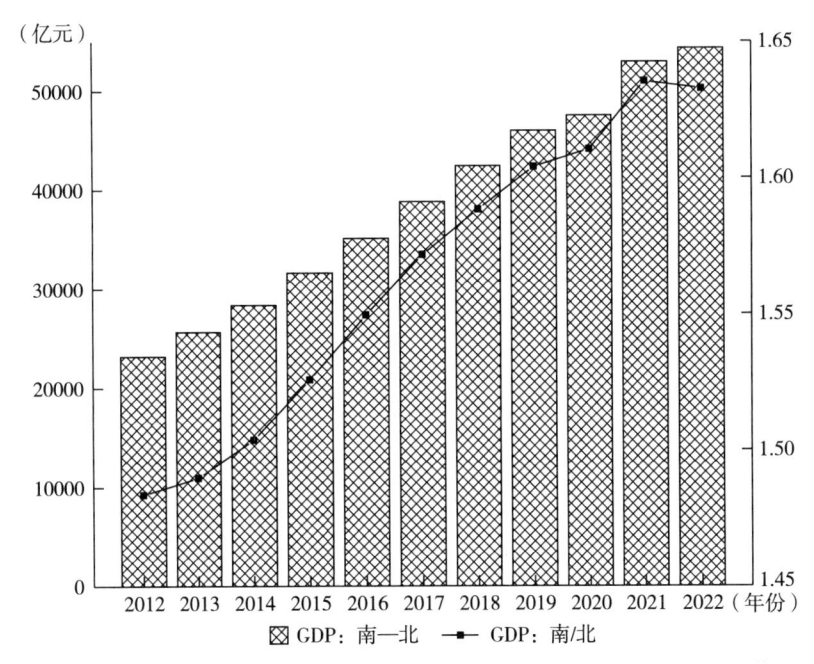

图2-18 2012—2022年南北地区GDP绝对差距和相对差距变化

注：数据来源于《中国统计年鉴》《新中国六十年统计资料汇编（1949—2008）》及各省区市历年统计年鉴，以1978年为基期将名义GDP处理为实际GDP。

进一步的数据分析发现，这一时期南北地区GDP的差距都呈逐年扩大趋势。2013年开始，南北地区GDP绝对差距较前一年扩大2433.82亿元，此后，这一扩张额度呈逐年拉大趋势，2021年甚至比2020年扩大5432.3亿元。尽管2022年和2021年扩张幅度有所收窄，但仍然维持在1000亿元左右的高位。

分阶段看，这一期间南北地区GDP绝对差距指数大致可划分为三个时期。第一个时期为2012—2015年，南北地区GDP绝对差距从2013年的2.57万亿元扩大至2015年的3.16万亿元，扩张约5971亿元。尽管扩张额度有限，但由于基数效应，南北地区GDP绝对差距扩张速度接近25.71%。第二个时期为2016—2018年，南北地区GDP

绝对差距由 3.51 万亿元扩张至 4.24 万亿元，年均扩张约 7295.25 亿元。这一时期，南北差距的扩张速度略有降低，但仍然维持在 20% 左右的高位。第三个时期为 2019—2022 年，南北地区 GDP 绝对差距的扩张速度有所回落，但是绝对规模仍然持续走高。

（二）南北 GDP 增速差距分析

南北地区 GDP 增速差距进一步体现在二者 GDP 增速的变化。从图 2-19 中可以看出，我国经济进入"新常态"后，南北经济增速不断下滑。2020 年前后，南北经济增长均出现"V"形变化，但与北方地区相比，南方地区在绝大多数年份依然保持了 GDP 增长优势。

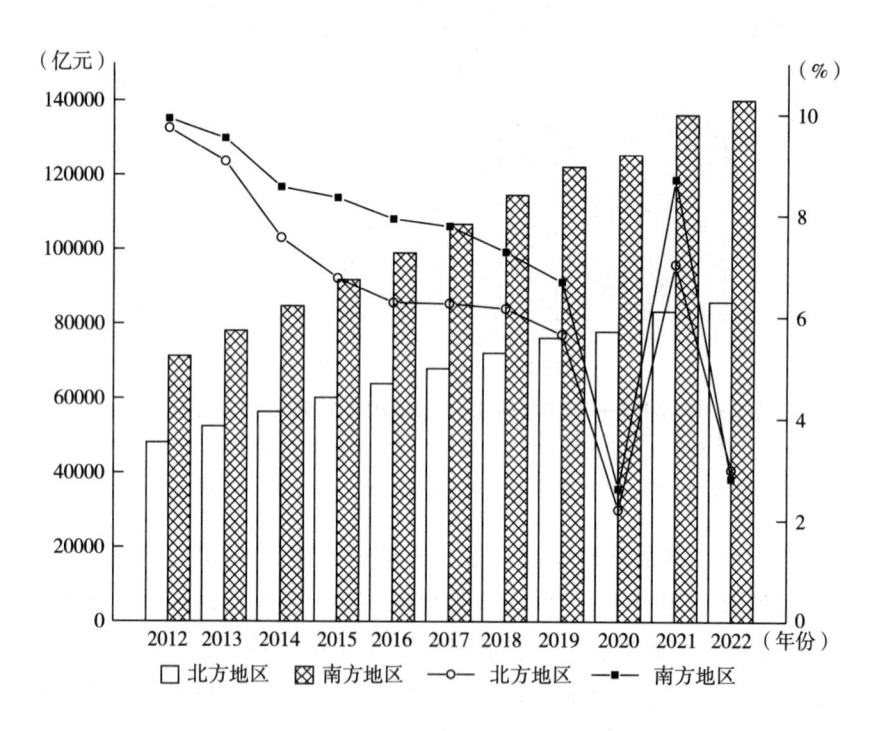

图 2-19　2012—2022 年南北地区 GDP 及增长率

注：数据来源于《中国统计年鉴》《新中国六十年统计资料汇编（1949—2008）》及各省区市历年统计年鉴，以 1978 年为基期将名义 GDP 处理为实际 GDP。

数据显示，2012 年北方地区 GDP 增速为 9.73%，南方地区为 9.91%，南方地区高于北方地区 0.18 个百分点。这一时期南方地区

第二章　中国南北经济发展格局的历史演进与阶段特征 ▎75

GDP 增速全面高于北方，不仅如此，在多数年份，南方地区领先北方地区 GDP 增速的优势都保持在 1 个百分点以上。特别是"十三五"时期，南方地区 GDP 增速领先北方地区近 1.65 个百分点。此后，2021 年，国际大宗商品再次迎来新一轮上涨行情，北方地区经济有所恢复，但其 GDP 增速依然低于南方地区。这在一定程度上说明南北经济增长的现实逻辑已经发生根本改变，即：北方地区的"资源优势"在面对南方地区的"市场优势""创新优势"时，第一次落了下风。

（三）南北人均 GDP 差距分析

我国经济进入"新常态"后，南北经济差距进一步深化，不仅表现在南北地区 GDP 总量差距呈扩大趋势，而且体现为南北地区人均 GDP 及其增速也呈现较大差距。为进一步反映南北地区人均 GDP 及其增速的差异，绘制了图 2-20。

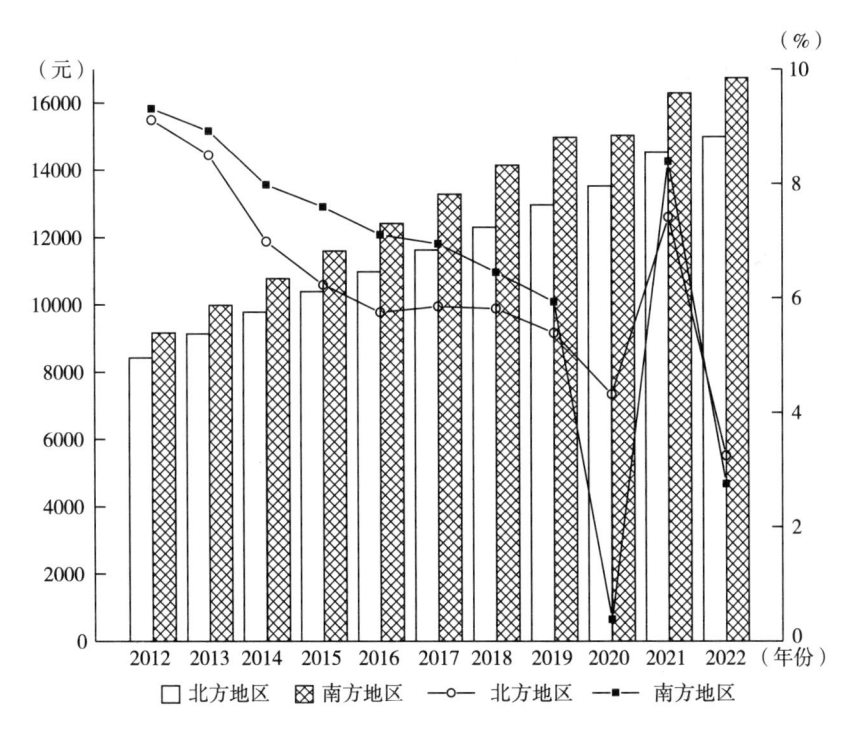

图 2-20　2012—2022 年南北地区人均 GDP 及增长率

注：数据来源于《中国统计年鉴》《新中国六十年统计资料汇编（1949—2008）》及各省区市历年统计年鉴，以 1978 年为基期将名义 GDP 处理为实际 GDP。

由图 2-20 可以看出，这一时期南北地区人均 GDP 差距呈总体扩大趋势，且扩张速度越来越快。数据显示，2012 年南方地区人均 GDP 为 9161.4 元，北方地区为 8420.77 元，南方地区高出北方地区 740.62 元，两者差距尚不明显。截至 2022 年年底，南方地区人均 GDP 已增至 16736.23 元，北方地区增至 14991.08 元，两者差距已扩大至 1745.14 元。相关数据测算结果表明，这一时期南北地区人均 GDP 差距大约是以年均 9.9% 的增速在加速扩张，尤其是 2015—2019 年间，扩张速度明显加快，扩张幅度逐年增大。2019 年以后，南北地区人均 GDP 加速扩张的趋势有所缓解，但是人均 GDP "南高北低"的格局依然没有改变，两者差距依然明显。特别是 2020 年，受经济负增长的拖累，南北地区人均 GDP 增速较前一年都呈罕见下降趋势，尤其是南方地区从前一年的 5.93% 跌至 0.38%，创历史新低。

为进一步分析南北地区人均 GDP 差异的变动趋势，绘制了南北地区人均 GDP 绝对差距和相对差距指数变化示意图（见图 2-21）。

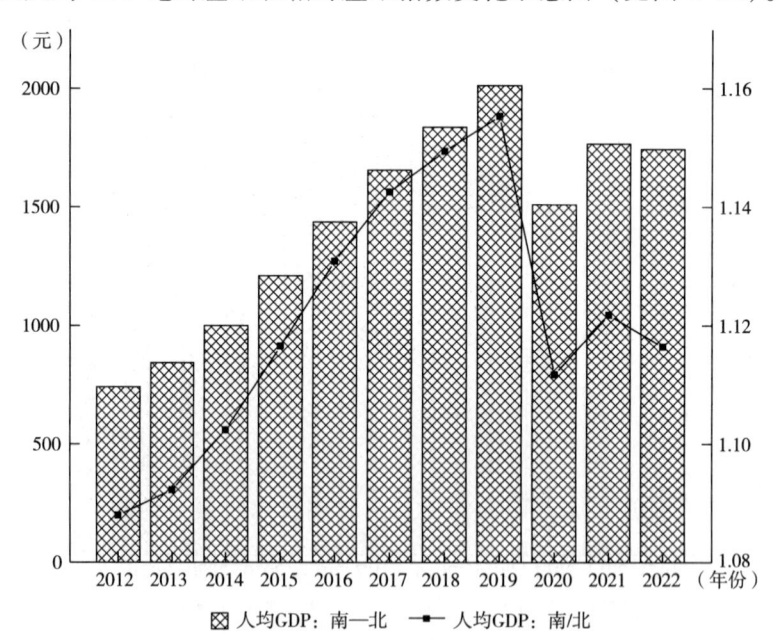

图 2-21　2012—2022 年南北地区人均 GDP 绝对差距和相对差距变化

注：数据来源于《中国统计年鉴》《新中国六十年统计资料汇编（1949—2008）》及各省区市历年统计年鉴，以 1978 年为基期将名义 GDP 处理为实际 GDP。

从图2-21中可以更加清晰地看出，这一时期南方地区人均GDP领先北方地区的优势越来越大，南北地区绝对差距逐年走高。尽管2020年两者差距较前一年略有下降，但2021年又较2020年有所扩大。

与此同时，南北地区人均GDP相对差距指数也呈现快速扩大趋势。数据显示，2012年南北地区人均GDP相对差距指数仅为1.08，两者大致维持相对均衡的格局。此后，2013—2019年，南北地区人均GDP相对差距指数由2013年的1.09逐步上升至2016年的1.13；"十二五"时期，南北地区人均GDP相对差距指数又进一步从2016年的1.13快速上升至2019年的1.15。2020—2022年，受国际大宗商品价格上涨等因素影响，北方地区人均GDP增速有所加快，人均GDP有所上升，南北地区人均GDP相对差距指数略有下降，但截至2022年仍维持在1.12的高位。

总体来看，这一时期南北经济差距也出现新的变化，不仅体现为南北地区GDP总量差距呈加速扩张趋势，而且表现为南北地区人均GDP的相对差距和绝对差距都呈现快速扩大趋势。同时，南方地区在经历了对外贸易"腾笼换鸟"和产业优化升级后，经济体系开始释放出巨大的潜能。而北方地区由于新旧动能转换滞后，经济增长稳定性和产业韧性不足，南北地区GDP增速和人均GDP增速均已呈现出明显的"南高北低"态势。

二 经济"新常态"背景下南北经济差距演变的动因

随着我国经济步入"新常态"，我国区域经济发展又迎来新一轮的重新定位和聚集分化，"南北地区差距"开始同"三大地带差距"一道成为我国区域经济发展中不得不重视的突出问题。这一时期，南北经济差距加速扩张、全面深化，南北地区差距由单纯的经济领域向更加广泛的社会领域延伸。这一时期南北经济差距的动因也较之前更加复杂。从短期看，煤炭、石油等大宗商品超预期下跌是北方地区经济"断崖式"下滑和南北经济分化的直接诱因，表现为北方地区集体出现产能过剩，在国内外市场需求结构调整以及国家宏观调控因素下，原有的资源型经济发展方式难以为继。但从深层看，则是经济

"新常态"背景下南北经济增长动能、区域发展模式和路径选择差异。

(一)北方地区固定资产投资增速放缓

2007年美国次贷危机后,世界经济进入衰退期,全球经济增速趋缓。从国内宏观环境看,经过30多年的改革开放,我国工业化发展已进入后期阶段,传统经济发展方式面临转型。受多方面因素影响,从2009年开始,我国全社会固定资产投资逐年下降。数据显示,2009年我国全社会固定资产投资增速为25.7%,至"十二五"期末已下降至8.6%,降幅高达17.1个百分点。在此基础上,"十三五"时期我国全社会固定资产投资增速进一步下滑,至"十三五"期末已下降至2.7%,为历史最低水平。

从投资额度来看,南北地区投资差距扩大始于2014年。2008—2013年,南北地区全社会固定资产投资额之比基本保持在1.12∶1左右,而从2014年开始,北方地区投资额增速下滑,2017年甚至出现负增长,南北地区全社会固定资产投资额上升至1.51∶1。截至2021年,北方地区全社会固定资产投资平均增速为4.37%,南方地区则为7.75%,两者相差3.38个百分点。

在经济"新常态"的背景下,由于国内需求不足,外需疲软,北方地区倚重的重工业产品销售不畅,价格下跌,导致北方地区全社会固定资产投资特别是工业投资额增长速度大幅下降,区域分化凸显,进一步拉大了南北经济差距。数据显示,2021年全社会固定资产投资增速排名倒数前十位的省区分别为西藏、贵州、陕西、青海、宁夏、辽宁、河北、云南、河南和天津,其中有8个省区都位于北方地区。

(二)北方地区产能消纳不足产生过剩

受2003年后国际大宗商品价格上涨的影响,以资源型经济为特征和重化工产业为基础的北方地区,钢铁、金属、能源等传统产业发展迅速。2007年美国次贷危机的爆发,使得国际大宗商品价格掉头向下,北方地区传统产业出现严重的产能过剩问题,行业整体利润率大幅下降。更为雪上加霜的是,为了应对金融危机,2008年我国采取的四万亿投资计划大部分进入房地产领域和传统产业,致使钢铁、水泥、电解铝等传统产业都出现供大于求的现象,产能利用率分别仅为

72%、73.7%和71.9%，均大大低于国际水平。

从2012年开始，国际大宗商品价格持续走低，煤炭、石油、天然气出厂价格下跌幅度超过50%，其中煤炭开采和采选业等降幅超过30%。由于北方地区原油产量占全国的90%，原煤产量占85%，天然气产量占70%，在经济下行压力增大的情况下，产能过剩和大宗商品价格下跌对北方地区特别是资源型省份经济发展冲击较大。

以山西省为例，2013年山西省GDP增速尚为8.9%，2014年就断崖式下滑至4.9%，位居全国倒数第一。2015年，山西省GDP增速进一步降低至2.9%，仅以0.1个百分点的微弱"优势"反超辽宁省，位居全国倒数第二位。尽管从数据上看，此时山西省GDP总体上还处于正增长态势，但事实上山西省内县市已经出现大面积的负增长，经济发展进入衰退区间。2015年的数据显示，山西省当年80%的城市财政收入出现负增长。其中，超过半数的城市财政收入同比降低15个百分点，降幅最大的朔州市下降近41个百分点，近乎腰斩，而这次负增长的主因就是煤炭。据《华夏时报》2015年的一篇报道，受国内外形势影响，山西省煤炭价格自2013年开始下跌，从2014年7月起，山西煤业连续12个月出现亏损。北方地区经济发展的困境可见一斑。

（三）北方地区经济增长动能转换滞后

进入经济新常态后，全国经济整体呈下行趋势，但南方地区在2013年以后已经触底反弹，经济换挡接近完成，经济增速开始企稳。广东、浙江等部分南方省区通过结构调整已经成功实现新旧动能换挡，以数字经济和互联网为代表的新动能逐步成为拉动经济增长的主要动力。而历史同期，东北地区黑、吉、辽三省以及华北地区的晋、冀、蒙等资源型和重工业省份经济增长出现严重下滑，产业转型难度极大，新兴业态成长不足。

由于工业布局等历史原因，北方地区逐渐形成了以重化工为基础、以资源型经济为特征的产业发展模式。这种发展模式极易受国际大宗商品价格波动的影响，落入"资源诅咒"陷阱。党的十八大以后，随着生态环境约束日益增强，宏观经济结构调整，产业结构转型升级，北方省区集体进入转型阵痛期，成为"三去一降"的重点区域，经济增速出现断崖式下滑。

由表2-2可以看出，2013年后，北方地区集体陷入低增长区间，在全国各省区经济增速排行榜当中，位于倒数后五位的均为北方省区市。特别是黑龙江、辽宁、吉林三省，以及华北地区的天津、山西、河北、内蒙古等资源型和重化工产业为主的省区，经济增速一直位列全国倒数前三。在发展路径上，北方地区已形成重工业主导的发展模式，在产业转型和新旧动能转换上已经远远落后于南方地区。以东北地区为例，作为新中国工业的摇篮，其一直是我国城镇化和工业化发展的重要区域。但由于重工业发展的"路径依赖"，导致新旧动能转换滞后，经济发展动能不足。

表2-2　2013—2022年全国各省区经济增速倒数后五位省区　　单位：%

2013年	全国(7.1)	黑龙江(7.6)	北京(7.7)	上海(7.9)	河北(8.2)	浙江(8.3)
2014年	全国(8.4)	山西(4.9)	黑龙江(5.3)	辽宁(5.7)	吉林(6.3)	河北(6.5)
2015年	全国(6.4)	辽宁(2.8)	山西(2.9)	黑龙江(5.4)	吉林(6.1)	河北(6.8)
2016年	全国(6.8)	辽宁(0.5)	山西(4.1)	黑龙江(4.4)	天津(6)	吉林(6.5)
2017年	全国(7.3)	天津(3.4)	甘肃(3.5)	内蒙古(4)	辽宁(4.2)	吉林(5.2)
2018年	全国(6.4)	天津(3.4)	吉林(4.4)	黑龙江(4.5)	内蒙古(5.2)	辽宁(5.6)
2019年	全国(6.1)	吉林(3)	黑龙江(4)	天津(4.8)	内蒙古(5.2)	山东(5.3)
2020年	全国(1.7)	湖北(-5.4)	内蒙古(0.2)	辽宁(0.6)	黑龙江(0.9)	北京(1.1)
2021年	全国(8.2)	辽宁(5.8)	青海(5.8)	河南(6)	黑龙江(6.1)	吉林(6.5)
2022年	全国(2.8)	吉林(-1.9)	上海(-0.2)	海南(0.2)	北京(0.7)	天津(1)

注：数据来源于国家统计局网站，括号内数据为各地区当年GDP增速。

科技创新是新旧动能转换的核心所在。在科技创新方面，受经济下行影响，北方地区研发投入少，科技成果转化率低，传统经济"新化"程度不足，新兴产业发展滞后。以山东省为例，改革开放以来，山东省GDP一直位列全国前三，但是其在R&D投入上与广东和江苏两省组成的第一集团差距越来越大。2021年，广东、江苏和山东规模以上工业企业R&D经费位列全国前三，分别为709119万元、612676

万元、482140 万元，山东 R&D 经费不足广东的一半（49.27%），仅为江苏的 57.03%，甚至不及浙江（72.46%）。可见，北方地区支撑经济转型升级的研发投入不足，先进技术缺乏，科技创新潜力和科技成果转化率等都低于南方地区，创新驱动发展的动力不足。

在"国际化、市场化、法治化"营商环境建设方面，南北地区也有相当的差距。与南方地区相比，北方地区法治意识、开放意识和改革创新意识相对不足，政府职能转变不到位，政府与市场边界模糊，导致市场在资源配置中的决定性作用不强。特别是在东北地区，传统计划经济体制的惯性影响较大，体制机制改革不够深入，国有经济比重相对较高，民营经济发展滞后，各类市场主体活力缺乏，经济市场化程度相对较低。根据《中国分省份市场化指数报告》提供的数据，2019 年中国市场化指数排名倒数前五位分别是西藏、青海、新疆、内蒙古、海南五省区，除海南外都是北方省区；而市场化指数排名前五位的分别是江苏、广东、上海、浙江、福建，无一例外全部是南方省区。这种状况极大延误了北方经济结构调整和产业结构转型升级。

（四）北方地区人口流失问题凸显

人口是经济增长重要的动力来源，对经济社会发展趋势具有决定性的影响。受南北经济差距持续扩大的影响，近年来我国人口省际迁移的空间呈"孔雀东南飞"的特征，人口和人才持续向南方、东部地区聚集。相关数据显示，2010—2020 年，南北方常住人口增量分别为 655 万和 114.6 万，南方地区明显多于北方。进一步观察，2000 年后，全国 31 个省份人口省际迁移的目的地集中在广东、浙江、上海、江苏、北京、福建等六个头部省市，除北京外均为南方省份，这六个省市人户分离人口比重占全国总量的七成左右。"孔雀东南飞"已成为新时代我国人口空间迁移的主要特征。

一个地区的人口变动取决于两种力量：一个是人口自然增长，即出生人口减去死亡人口的余额，代表了一个地区人口内生增长的力量；另一个是人口迁移或者人口机械增长，即一个地区流入人口与流出人口的差值，反映了一个地区人口的外生增长的力量。

根据《中国统计年鉴 2022》提供的有关数据，本部分计算得到了 2021 年全国各省区人口净流入状况，并绘制成图 2-22。从图中可见，2021 年人口净流入的省区共 17 个，其中南方省区 10 个，北方省区 7 个。其中人口净流入排名前三的省份分别是广东、浙江和江苏，三者合计人口净流入 2233.65 万人，约占全部人口净流入省区总量的 63.82%。其中，仅广东省人口流入近 1105.67 万人，约占全部人口净流入省区总量的 31.59%，几乎与粤、浙、苏三强外其余 14 个人口净流入省区的累计值相当。而人口净流出的省区总共有 14 个，其中北方 10 个，南方仅为 4 个。大量人口尤其是青壮年劳动力外流给北方省区经济复苏带来严峻挑战，而人才特别是高技术人才的流失更使北方地区创新驱动发展缺乏必要的人才支撑。

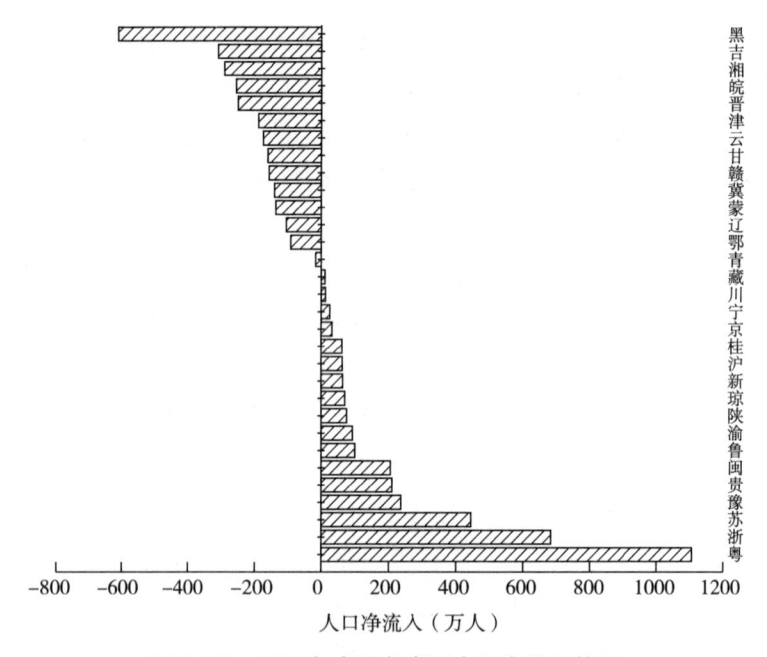

图 2-22　2021 年全国各省区人口净流入状况

注：数据来源于《中国统计年鉴 2022》。

三　经济"新常态"背景下南北经济差距演变的特征

2012 年以来，在内外多因素作用下，我国经济增长从高速转向中高速增长，正式进入经济增速换挡和新旧动能转换的"新常态"。在这一背景下，传统的依靠资源投入的粗放型经济发展模式已经难以为继，转而需要以科技创新和体制机制变革驱动产业结构转型升级，实现经济高质量发展。在这一背景下，南北经济差距也进入到一个新的时期，呈现出新的特征。

（一）南北差距陷入"自我强化"循环

进入经济"新常态"以来，南北经济差距由偶发现象演变为我国区域经济发展格局当中的新问题，并且呈现出"自我强化"的特征，即在经济系统内在规律作用下，南北经济差距由"偶发现象"变为"固化特征"，有向"强者恒强，弱者越弱"的"马太效应"演化的趋势。

首先，从南北地区 GDP 增速差异来看，"南高北低"已成为新常态。前已述及，2013 年之前北方地区经济增速略快于南方，但 2013 年以后，受国际金融危机的影响，以及北方地区自身体制性、机制性和结构性矛盾制约，北方地区经济增速长期低于南方，南北之间差距明显加大。2013—2022 年，我国经济增速倒数后五位的省区基本都是北方省区，而经济增速排名前五的省区也多为南方省区。由此可见，北方地区经济增速下滑并非个别省区的特殊现象，而是成为整个北方地区经济下行的真实写照。截至目前，北方地区并没有出现经济增长反弹或企稳的迹象，与南方地区经济增速的差异也在逐渐拉大。加之南北地区之间本就存在着发展基础和市场经济发育的差异，南北地区 GDP 增速的差距可能会进一步"固化"，并演变为"南方地区恒强、北方地区越弱"的"马太效应"。

其次，南北经济差距由总量层面扩展至人均层面，南北差距进一步深化。如果说南北地区的总量差距早已有之，近年来只是在经济"新常态"的背景下进一步显现，那么南北地区人均 GDP 的差距逐步扩大则反映出更深层次的问题。前述研究表明，2012 年以来，南北地区 GDP 比重从原有的"六四开"格局进一步向"七三开"区间扩展，目前大致维持在 62：37 左右，反映出南北差距持续扩大。而更加令人担忧的是，北方地区人均 GDP 一直保持对南方地区的优势，但进入经济"新常态"以来，北方地区人均 GDP 优势被迅速抹平，南方地区逐渐由"追赶者"变为"领跑者",且领先的优势愈发明显。这说明南北地区差距已经由总量层面扩展至人均层面,反映出北方地区经济总量、经济增速乃至体制机制全面落后于南方。

(二)北方"区内""区际"问题交织

在区域经济政策理论中,区域内部发展问题可总结为三种病,即膨胀病、萧条病、落后病,而这三种病在我国区域经济发展过程中都不同程度地存在。一是大城市过度膨胀问题。几乎所有的大城市都不同程度存在着过度聚集、空间结构失衡、公共服务紧张等一系列"城市病"。二是一些老工业基地陷入结构性危机,经济增速开始下滑,城市基础设施陈旧,新老城区对比明显。这种问题在东北地区较为突出,但并非东北地区独有。2013年,由国家发展和改革委员会牵头,科技部、工业和信息化部、财政部共同编制的《全国老工业基地调整改造规划(2013—2022年)》(以下简称《规划》),通过工业总产值等六项指标,测定了120个老工业城市,分布在27个省区。其中地级城市95个,南北地区比例为39∶56;直辖市、计划单列市、省会城市25个,南北地区比例为12∶13。上述老工业基地为我国工业发展做出过突出贡献,但是面临着产业层次低、城市内部空间布局不合理、环境污染严重、国企改革等问题。三是贫困落后问题。由于区域差距和城乡差距形成叠加,我国贫困问题不仅存在于空间大尺度层面(中西部不发达地区),甚至在某些发达地区,如北京周边也存在。尽管上述三种区域内发展问题并非北方地区独有,但不可否认的是,由于北方地区长期以重工业为产业基础,体制机制变革难度大,历史欠账较多,上述问题在北方地区尤其是东北地区更加明显。

除了上述区域内发展问题,这一时期区域间发展也面临两个较为突出的问题。一是区域经济分化显著。区域经济差距不再局限于传统的三大地带,而是向南北分化及次级板块内部蔓延。从人均GDP角度来看,2022年我国国内人均生产总值为8.57万元。各省区人均GDP排名当中,排名倒数五位的分别是甘肃、黑龙江、广西、贵州和吉林,其中有三个北方省份;排名前五位的是北京、上海、江苏、福建、天津,有三个省市位于南方。其中最高的北京(19.05万元)是最低的甘肃（4.5万元）的人均GDP的4倍多。这种发展不均衡的状态会引发一系列社会问题，因此必须对区域发展战略有所调整。然而，在经济"新常态"的背景下，区域分化格局越发复杂，地区经济发展的动力越来越依赖于内部自治和创新驱动，传统的以行政干预为特征的区域发展规划面临边际效率递减的窘境。二是区域一体化进程较为缓慢。长期以来，区域之间竞争大于合作，行政壁垒严重，不同地区的利益矛盾甚至是冲突表现得较为明显。省区交界甚至是市县交界地带往往存在着大量的"两不管"甚至"三不管"地区，难以享受与中心区域同等的发展政策和优惠条件。

区域间的矛盾与区域内的问题相互交织，促使区域经济差距进一步扩大，甚至导致区域冲突，而区域冲突的升级又进一步妨碍区域协调发展。如何破解上述难题，需要新的理论视角和政策思路。

（三）创新驱动发展推高南方经济比重

改革开放以来，我国经济发展模式长期依靠要素驱动、投资驱动，经济增长中的"三驾马车"并未平衡发力，而是倚重投资和进出口，消费驱动不足。这种模式在北方地区更加突出。进入21世纪以来，我国也曾多次启动扩大内需的改革，但效果并不明显。扩大内需后又转向"铁公基"建设，而铁路、公路和基础设施对钢铁、水泥、石化等重工业产品需求量极大，又进一步导致投资大量涌向这些行业，导致北方地区重化工业迅速扩张，产业转型越发困难。

2007年美国次贷危机后，南方地区率先意识到经济转型的重要性和必要性，大力进行"腾笼换鸟"、推动产业升级、发展高新技术产业和新经济。尽管在短时间内经济增速有所下滑，但是从长期来看，创新驱动已成为南方地区经济转型的主要抓手。而北方地区受多种因素影响，仍然倚重于传统的要素驱动和投资驱动模式，创新投入不足，创新能力较弱。中国宏观经济研究院的数据显示，1998年北方地区研发支出经费曾是南方的122%，2012年下降为73.8%，2016年进一步下降至64.1%。而《2021年全国科技经费投入统计公报》的数据显示，2021年全国科技经费投入总计27956.3亿元，其中北方省区合计9344.9亿元，约占全国总量的33.43%，南方省区合计18578.4

亿元，约占全国总量的 66.57%，北方地区科研投入进一步下降，仅为南方地区的 50.3%。

此外，南方经济的比重加大也有赖于西南地区的跨越式发展。数据显示，2017 年全国经济增速排名前四的省区均在西南地区，其中贵州年均增速超过 10%，云南和重庆超过 9%。尤其是贵州，过去因地处深山，长期交通不便，但最近几年，随着沪昆高铁、贵广高铁等通车，贵州交通区域条件大大改善。同时，贵州积极抓住自身比较优势，大力发展大数据等新兴产业，目前已经成为我国大数据服务器的发展重地。

（四）需谨防北方部分地区沦为"锈带"

20 世纪 70 年代后期，美国五大湖地区的芝加哥、布法罗、底特律、匹兹堡等工业基地在经历了重工业化时期的繁荣后，逐步走向衰落。大量工厂倒闭，到处是闲置的厂房和锈迹斑斑的设备，被后人形象地称为"铁锈地带"。目前，这些地区通过积极的产业转型，产业结构大为好转。如匹兹堡，凭借对环境的重视、强化文化与社区建设力度，实施教育带动和经济多元化发展，已经从曾经的"钢都"转型为高科技研发中心，教育和旅游业也得到了发展。

殷鉴不远，我国北方的一些地区特别是东北地区更应该清醒地认识到，必须用积极的行动和扎实的科技创新，避免沦为"铁锈地带"。然而，无论是近年来全国城市的"抢人大战"，还是新冠疫情下有效兼顾疫情防控和经济发展，北方地区都比南方城市慢了半拍，可见北方地区改革精神和创新观念的提升仍有很长的路要走。

总体来看，这一时期南北差距拉大的背后，表面上看是南北经济增速的差异，实质上则是新兴经济与传统产业的比拼，是开放创新与墨守成规的差别。一言以蔽之，在我国经济进入"新常态"的背景下，凡是市场活跃度相对较低、市场体制机制改革滞后的地方，就必须承受经济衰退的阵痛。同时，如果不进行全方位、系统性的制度变革，不以实际行动积极加以改变，南北差距将持续"固化"下去。

第五节 新时代推动南北经济高质量协调发展的重大意义

党的二十大报告指出，"构建优势互补、高质量发展的区域经济布局和国土空间体系"。这是以习近平同志为核心的党中央立足全面建设社会主义现代化国家新征程，对新发展阶段区域发展和空间治理作出的重大部署，为今后一个时期推动南北经济高质量协调发展、完善空间治理指明了前进方向。新时代推动南北经济高质量协调发展是在党的二十大精神指引下，完整、准确、全面贯彻新发展理念，系统解决发展不平衡不充分问题，着力推动高质量发展，加快构建新发展格局的重要举措，具有重大而深远的意义。

一 构建新发展格局的关键节点

习近平总书记指出，"构建新发展格局，是在全国统一大市场基础上的国内大循环为主体，不是各地都搞自我小循环。既要坚持全国一盘棋，谋篇布局；也要发挥各地区比较优势，落好棋子"。[①] 这就要求各地区找准自己在国内大循环和国内国际双循环中的位置和比较优势。把构建新发展格局同实施区域重大战略、区域协调发展战略、主体功能区战略等有机衔接起来，促进各类要素合理流动和高效聚集。加快构建高质量发展的动力系统，推动形成优势互补、高质量发展的区域经济布局和国土空间体系，为构建新发展格局提供多层次、全方位的空间基础。

近年来，在西部大开发等区域发展战略的带动下，我国区域发展的三大地带差距初步得到缩小，但南北分化现象逐渐显现。与东西差距形成的"自然地理"主导原因不同，南北分化作为近年来我国区域经济发展中出现的新现象，其深层原因正是北方地区在计划经济的惯

[①] 习近平：《新发展阶段贯彻新发展理念必然要求构建新发展格局》，《人民日报》2022年9月1日第001版。

性下，资源配置偏离比较优势所致。

现代经济学认为，作为微观市场经济主体的个人和企业本质上都是"理性主体"，能够根据市场价格信号，自主决定社会资源配置。从区域层面而言，这就意味着各地区在自由竞争和产权保护前提下，以"看不见的手"为指导，根据自身比较优势进行产业选择和经济活动。然而，在国家政策的指导下，北方地区在历史上就形成了以重工业为基础、国有企业为基本形态的区域经济发展模式，市场中某些资源和重点行业均由国有企业垄断经营。在这种模式下，民营企业只能作为国有企业的"配套"和"依附"，不仅难以进行自主的产业选择，而且产品价格也受到较大的管制。

推动新时代南北区域高质量协调发展，首先就要破除北方地区原有的体制机制，培育市场体系，优化营商环境，引导市场主体自主配置资源，让市场机制真正在资源配置中发挥基础性和决定性作用。同时更好地发挥政府作用，推动简政、放权、放管相结合，优化服务，建立"亲""清"型政商关系，激发民营经济活力，创造各类市场主体公平竞争的市场秩序。可见，在后疫情时代，有效遏制南北分化，推动新时代南北区域高质量协调发展，不仅是建立区域协调发展新机制的基本要求，也是构建双循环和新发展格局的关键所在。

二 促进全体人民共同富裕的迫切需要

习近平总书记强调，"共同富裕是社会主义的本质要求，是中国式现代化的重要特征"。[①] 我们必须清楚地看到，我国幅员辽阔，人口众多，各地区自然资源禀赋差别之大在世界上是少有的，发展不平衡、不充分的问题仍然突出，尤其是城乡地区收入差距比较明显。这就要求我们加快实施区域协调发展战略，协同推进新型城镇化和乡村振兴，构建优势互补、高质量发展的区域空间经济布局和国土空间体系，逐步缩小区域差距、城乡差距、收入差距。让欠发达地区和低收入人口共享发展成果。在现代化进程中不掉队、赶上来，逐步实现全体人民共同富裕。

---

① 习近平：《扎实推动共同富裕》，《人民日报》2021年10月16日第001版。

近年来，南北差距逐渐成为我国区域经济发展当中的突出问题，引发社会各界关注。相关数据分析结果表明，当前南北差距已经进入深化和复杂的特殊时期，具体表现为经济规模"南重北轻"，经济增速"南快北慢"，人均收入"南高北低"。当前，南北差距的成因深刻复杂，可能导致南北地区演化为新的"中心—外围"结构，形成"南方恒强、北方越弱"的"马太效应"，最终引致北方地区人口、资金、技术等发展要素加速流出，落入"中等收入水平陷阱"。这种局面不仅违背了共同富裕的社会主义本质要求，也将对中国式现代化的进程产生不可估量的深远影响。因此，推动新时代南北地区高质量协同发展，既是缩小南北经济差距的内在要求，又是实现全体人民共同富裕的迫切需要。

三 统筹发展与安全的题中应有之义

习近平总书记强调，"安全是发展的前提，发展是安全的保障"。[1] 统筹发展和安全，既要推动区域经济持续健康稳定发展，筑牢国家繁荣富强、人民幸福安康、社会和谐稳定的物质基础，又要牢牢守住国土空间安全底线，为发展提供更为稳定的空间、基础和条件。这就要求我们树立底线思维和战略眼光，通过构建优势互补、高质量发展的区域经济布局和国土空间体系，强化国家粮食安全、能源安全、产业链供应安全，促进民族团结融合，维护边疆安全和边疆稳定，推动我国实现更具韧性、更加安全的可持续发展。

适度的经济差距有利于激发经济主体的内在动力，但如果经济差距过大，则可能造成严重的社会问题。从区域层面而言，如果地区经济差距过大，则有可能形成地理空间上的"中心—外围"结构，形成事实上的"依附"关系，进而造成依附一方的人口、资金、技术、人才等各种要素和资源流向被依附地区，导致依附地区人口空虚、产业空心化、社会凝聚力不足。也正因为如此，历代王朝都十分重视区域经济差距问题。如汉唐对西域的经略，明清对北部边疆的治理，事实

---

[1] 《中共中央关于制定国民经济和社会发展第十四个五年规划和二〇三五年远景目标的建议》，中国政府网（http://www.gov.cn/）。

上都是通过缩小中原与边疆地区的经济差距，提升边疆地区的凝聚力。新中国成立后，为了缓解边疆地区生产技术落后、劳动力不足的劣势，先后成立了12个生产建设兵团、3个农业师，通过军垦这种特殊体制，达到巩固边防、发展经济、安置人员的目的。以新疆生产建设兵团为例，自成立以来，新疆生产建设兵团不仅对经济社会发展发挥了巨大作用，也对促进新疆民族团结、保障社会稳定和维护国家安全起到特殊重要的作用。

人口再生产与物质再生产是人类文明存在并得以延续的两大支柱。尽管大国兴衰和文明延续是由一个国家的资源禀赋、技术创新、治理能力等多种相互关联的因素耦合的结果，然而人口却是其中最具基础性和持续性的因素，特别是人口与经济的合理布局，事关国家的兴衰荣辱。历史证明，只要北方地区人口能有效繁衍生息，经济发展稳定，社会秩序良好，国防安全就有了基本保障，反之亦然。西晋末年，"漠北空，鲜卑起"，鲜卑杂胡人先后主中原，中原地区罕见地进入了长达130余年的混战格局的动荡时代，史称"永嘉之乱"。根据《晋书》记载，晋武帝太康元年，全国有1600多万人。而两年之后的户口调查数据显示，全国人口增至约1880万人。但历经"八王之乱"和"永嘉之乱"，中原地区人口在短短八年之内消失了90%以上，中原士族"十不存一"，人口锐减，几近亡种灭族（胡阿祥，2010）。为躲避战乱，部分世家大族从中原前往长江中下游地区，并在建康（今南京）建立东晋王朝，保存了文明血脉，史称"衣冠南渡"。北方地区则由于连年战乱，政权更迭频繁，直至公元439年，北魏才重新统一北方。

前车之鉴，后人之师。中国历史上颠覆性大变局的风暴起点都在中原北方蒙古高原而不是南方山地，除了气候原因外，也不排除有中原王朝边疆治理政策失误的原因。以至于清朝末年，清廷内部爆发了一场"塞防"与"海防"之争。对此，左宗棠从国家统一和历史发展的角度高瞻远瞩地指出：中国的山川形胜，皆起自西北。"是故重新疆者所以保蒙古，保蒙古者所以卫京师，西北臂指相连，形势完整，自无隙可乘。若新疆不固，则蒙部不保。匪特陕、甘、山西各边时虞侵轶，防不胜防，即直北关山，亦将无晏眠之日。"[1] 从当前南北地区差距的历史影响看，左宗棠的主张无疑更具有现实意义。

正是因为如此，新中国成立以来，党和国家一直重视区域经济的协调发展，制定了一系列推动区域经济协调发展的战略。然而，在内外多重因素作用下，当前南北分化已进入一个极其复杂而多变的特殊时期，如果不加以有效遏制，极有可能形成"中心－外围"的结构，造成北方地区人口和人才的大量流失，对地区经济发展和社会稳定造成深远影响。从这个角度而言，推动新时代南北地区高质量协调发展，也是统筹稳定和安全的题中应有之义。

四 实现高质量发展的战略要求

习近平总书记在党的二十大报告中指出，"高质量发展是全面建设社会主义现代化国家的首要任务。发展是党执政兴国的第一要务。没有坚实的物质技术基础，就不可能全面建成社会主义现代化强国"。[2] 因此，"我们要坚持以推动高质量发展为主题，……着力推进城乡融合和区域协调发展"。

当前，南北经济差距持续扩大，主要原因在于北方地区产业结构不优，经济内生发展动力不强，市场机制不完善。从产业结构角度看，北方地区自然资源丰富，自新中国成立以来就形成了以重工业为产业基础的产业发展模式，这种模式曾经为国民经济发展做出过突出贡献。

然而，随着资源约束加强，北方地区这种"高消耗、高污染、低效率"的产业发展模式已经不符合新时代"创新、协调、绿色、开放、共享"的新发展理念和高质量发展的内在要求。加之以重化工为基础的产业模式极易受国际能源等大宗商品价格波动的影响，其产业发展的韧性和稳定性也不足。数据显示，2015 年北方地区炼钢、炼铁、焦炭、电力去产能的任务分别占全国的 73.6%、64.5%、83.8%

---

[1] （清）左宗棠撰，刘泱泱等校点：《遵旨统筹全局折》，《左宗棠全集》奏折 6，岳麓书社 2014 年版。

[2] 习近平：《高举中国特色社会主义伟大旗帜　为全面建设社会主义现代化国家而团结奋斗——在中国共产党第二十次全国代表大会上的报告》，人民出版社 2022 年版。

和 78.9%。

　　相比之下，南方地区则积极适应新发展理念的要求，腾笼换鸟，加快产业结构优化升级，初步形成了以战略性新兴产业为先导、先进制造业和现代服务业为主体的产业结构，率先实现了经济的高质量发展。可见，推动新时代南北地区高质量协调发展，就是要改造北方地区传统的产业结构，使其按照新发展理念和高质量发展的要求，逐步由要素驱动、投资驱动转向创新驱动，不断提升经济发展的质量和产业韧性，继而同南方地区一道，推动实现全国的高质量发展。

第三章 三次产业视角下南北经济差距的分解

现代经济增长理论认为,地区经济发展归根结底是产业结构不断调整与优化的结果(董琨、原毅军,2007)。产业结构的演化会促使生产要素由生产效率较低的部门向效率较高的部门流动,从而能够实现生产要素的合理配置,提高经济运行的效率和产出的规模。因此,可以用产业结构的变化状况作为衡量区域经济发展的重要指标。基于上述分析,本章将首先从产业结构演进角度,分析南北地区三次产业及其结构变化情况,然后将广东省(粤)和山东省(鲁)分别作为南北经济的代表,以粤鲁对比反映南北地区三次产业内部差异。最后,引入变异系数和泰尔指数,从三次产业视角对南北经济差距的来源进行分解。

第一节 南北地区三次产业演进趋势及差距分析

从结构视角看,三次产业及其演进趋势是决定一个国家或地区区域经济发展的重要因素,当今世界贫富差距的根源,很大程度上是产业结构的差异。从人类历史的发展角度看,近代工业革命以来,人类社会创造的财富甚至超过了以往任何时期累积起来的总和,主要原因是科技进步极大地解放了人类生产力,推动人类社会从农耕文明向现代工业文明演进。可见,三次产业特别是第二产业和第三产业的演进趋势,对一个地区经济发展至关重要。对此,本部分将从三次产业规模和结构两个方面,探寻南北经济差距的产业来源。

一　南北地区三次产业规模演进趋势

从结构视角看，一个地区的国民生产总值可以被分解为三次产业，那么自然可以从三次产业规模演进的视角，观察地区经济差距的形成与演化过程。为了直观地展示南北地区三次产业规模的变化，本部分根据相关统计资料分析结果，以堆积面积图的形式绘制了1952—2022年南北地区三次产业产值规模的演进趋势（见图3-1）。同时，为了避免因不同时期产值差异过大导致的变化趋势无法完整展示的问题，图中还在1980年、1995年和2010年设置了三处断点。

如图3-1所示，新中国成立以来，南北地区三次产业产值都呈显著增加趋势。1952年，北方地区三次产业产值规模分别为147亿元、73亿元、56亿元，南方地区分别为172亿元、63亿元、77亿元。从中不难看出，南北地区三次产业不仅产值规模小，且第一产业均占据绝对优势地位，整个国民经济呈现明显的小农特征。截至2022年年底，北方地区三次产业产值规模分别已达3.39万亿元、16.19万亿元、21.56万亿元，分别相当于1952年的230.13倍、2206.57倍、3824.67倍；南方地区分别为5.19万亿元、31.25万亿元、41.07万亿元，分别相当于1952年的302.49倍、4995.67倍、5358.75倍，南北地区共同见证了人类历史上罕见的经济增长奇迹。

然而需要注意的是，图3-1展示的仅仅是南北地区三次产业产值规模演进的相对趋势，但两者数量差距极大。由图中可见，北方地区2022年三次产业累积产值为45万亿元左右，而南方地区却高达85万亿元。换言之，同一点位上南方地区产值规模已接近北方地区的两倍，这说明南北地区三次产业产值增速存在一定差异。

从增长速度看，1952—2022年，南方地区三次产业产值增速分别为8.5%、12.94%、13.05%，分别比北方地区高出0.42个、1.31个、0.54个百分点，南北地区差距似乎并不大。但考虑到整个研究周期长达70年，随着时间的推移，三次产业产值增速出现细微的差别，最后呈现的南北地区三次产业产值差距却是巨大的。数据显示，1952年南北地区三次产业产值差距基本维持在20亿元左右，北方地区的第二产业甚至还高出南方地区10.82亿元。截至2022年年底，南北地

第三章　三次产业视角下南北经济差距的分解 | 95

(a) 北方地区三次产业产值规模

(b) 南方地区三次产业产值规模

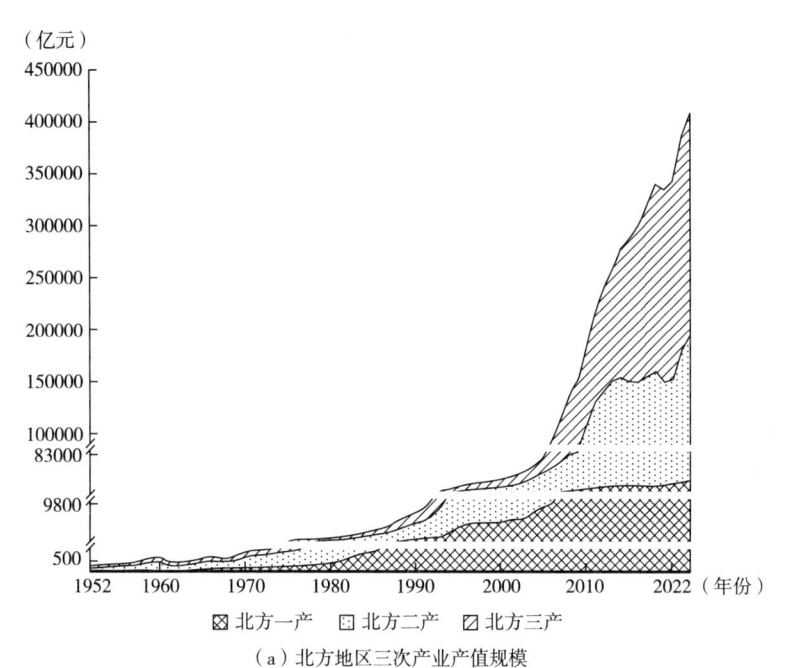

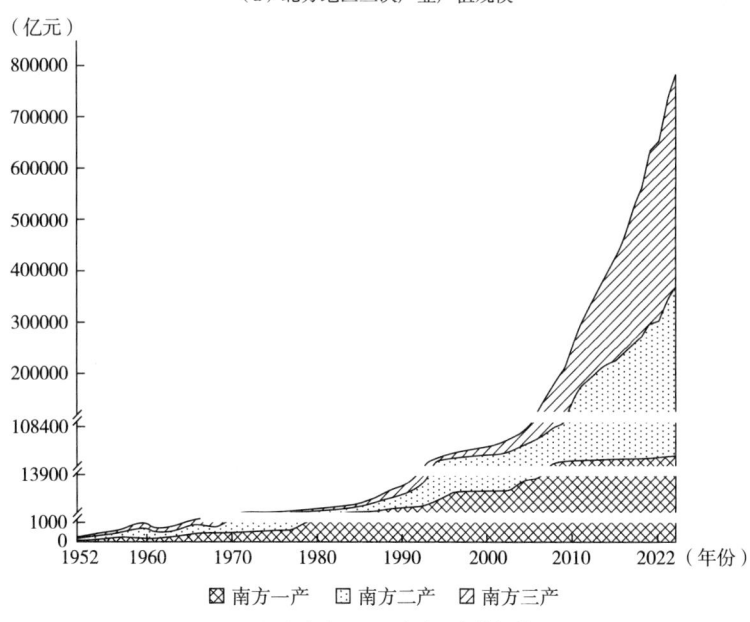

图 3-1　1952—2022 年南北地区三次产业产值演化趋势

注：数据来源于《中国统计年鉴》《新中国六十年统计资料汇编（1949—2008）》及各省区市历年统计年鉴，以 1978 年为基期将名义 GDP 处理为实际 GDP。

表 3-1　　1952—2022 年不同时期南北地区三次产业产值平均增速　　单位：%

时期	北方地区 一产	北方地区 二产	北方地区 三产	南方地区 一产	南方地区 二产	南方地区 三产	南北差距 一产	南北差距 二产	南北差距 三产
1952—2022 年	8.08	11.63	12.51	8.50	12.94	13.05	0.42	1.31	0.54
1952—1978 年	3.77	10.14	6.46	4.99	10.68	6.14	2.08	0.76	-1.51
1978—2022 年	10.71	12.51	16.24	10.63	14.29	17.35	-0.08	1.78	1.10
1952—1965 年	3.48	11.37	7.62	5.56	12.13	6.11	0.36	0.33	0.86
1965—1978 年	4.06	8.92	5.31	4.43	9.25	6.17	1.22	0.55	-0.32
1978—1990 年	14.30	11.99	19.70	14.37	13.87	19.57	0.07	1.88	-0.13
1990—2000 年	11.72	18.25	19.19	11.12	20.27	21.58	-0.59	2.02	2.40
2000—2010 年	11.52	17.44	17.34	9.75	16.70	16.90	-1.78	-0.74	-0.44
2010—2022 年	5.77	4.65	9.69	7.34	8.04	12.16	1.56	3.39	2.47

注：数据来源于《中国统计年鉴》《新中国六十年统计资料汇编（1949—2008）》及各省区市历年统计年鉴，以 1978 年为基期将名义 GDP 处理为实际 GDP。

区三次产业产值差距分别已达 1.8 万亿元、15.06 万亿元、19.51 万亿元，与 1952 年相比已是云泥之别，其中第二产业产值差距扩大超过万倍。

分阶段看，以 1978 年改革开放为标志，南北地区三次产业产值增速呈现明显差异。改革开放之前（1952—1978 年），除第二产业产值保持两位数增长，南北地区第一产业和第三产业的产值规模均呈缓慢增长态势，年均增速仅为 5% 左右。尽管如此，南方地区第一产业产值增速仍然比北方地区高 2.08 个百分点，第二产业增速比北方地区高 1.78 个百分点。1978 年以后（1978—2022 年），在改革开放的春风下，南北地区三次产业产值均保持了两位数以上的高速增长态势，特别是第三产业产值增速高达 20% 左右。这一时期南方区位优势和比较优势得到充分发挥，因此第二、三产业的产值增速更快，分别比北方高 1.78%、1.1%。

20 世纪 90 年代（1990—2000 年），南北地区三次产业产值增速差距进一步拉大，尽管北方地区第一产业产值增速比南方高出 0.59

个百分点,但第二产业和第三产业的产值增速却分别比南方低2.02%、2.4%。由于第二产业和第三产业在国民经济中占据绝对优势地位,两相比较南北经济差距迅速拉大。面对不断扩大的区域经济差距,从2000年开始(2000—2010年),党和国家实施了包括西部大开发、东北老工业基地振兴等一系列旨在缩小区域经济差距的发展战略,北方西北地区、东北地区等成为相关政策重点关照区域。在政策的加持下,北方地区经济迎来快速发展时期,三次产业产值增速开始超过南方,南北地区差距呈现相对缩小趋势。然而从2010年开始,国内外经济形势发生重大变化,北方地区倚重的重化工业和资源型产业进入下行区间;而南方地区近年来着手产业结构优化升级。这一时期南北地区三次产业产值增速不仅再次逆转,而且差距均已达到历史最大时期。数据显示,2020—2022年南方地区三次产业产值增速分别为7.34%、8.04%和12.16%,分别比北方地区高出1.56个百分点、3.39个百分点和2.47个百分点。

二 南北地区三次产业产值差距

为进一步简要分析南北地区三次产业产值差距的变化特征,本处沿用第二章分析南北地区GDP差距的研究思路,以南北地区三次产业产值的差值和商值,分别作为代表南北地区三次产业产值绝对差距和相对差距的指标,并由此绘制了1952—2000年南北地区三次产业产值绝对差距和相对差距变化示意图(见图3-2)。

从图3-2可见,改革开放之前,南北地区三次产业产值差距尚维持在一定范围内,其中北方地区第二产业甚至长期高于南方。南方地区第一产业和第三产业产值虽然高于北方,但绝对数值尚保持在百亿元左右,两者差距不大。改革开放后,北方地区不仅丧失了第二产业的优势地位,且南北地区三次产业产值差距迅速扩大。数据显示,1980年南北地区三次产业产值差距分别为281.84亿元、1.94亿元、91.46亿元,截至1992年年底,南北地区三次产业产值差距整体跨越千亿元关口,分别达1321.01亿元、1286.56亿元、1195.53亿元,平均增速分别为21.3%、125.27%、37.89%。至2003年,南北地区第二产业和第三产业产值差距双双跨越万亿元关口,两者年均增速分别为 21.97% 和 21.64%。2019 年南北地区第二产业和第三产业产值差距再次跨越十万亿元门槛，分别达 12.87 万亿元和 15.31 万亿元，年均增速依然高达 16.91% 和 18.97%。截至 2022 年年底，南北地区三次产业产值差距已经分别扩大至 1.8 万亿元、15.06 万亿元、19.51 万亿元。

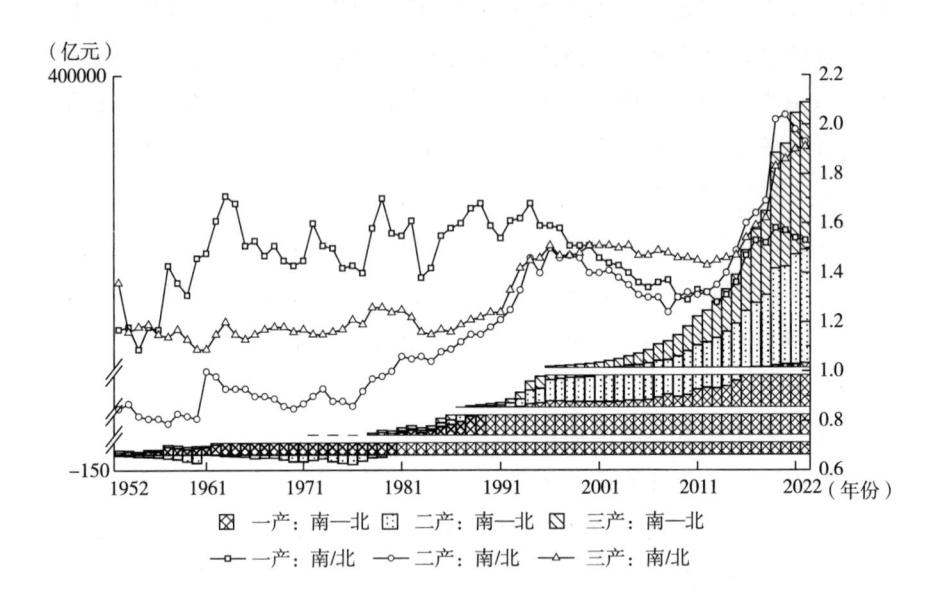

图 3-2　1952—2022 年南北地区三次产业产值差距

注：数据来源于《中国统计年鉴》《新中国六十年统计资料汇编（1949—2008）》及各省区市历年统计年鉴，以 1978 年为基期将名义 GDP 处理为实际 GDP。

从相对差距看，南北地区三次产业相对差距均呈整体上升趋势。其中，第一产业从 1952 年的 1.17 上升到 2022 年的 1.53，增幅约为 31%；第二产业从 0.85 上升至 1.93，增幅约 126%；第三产业由 1.36 上升至 1.91，增幅约 40%。相比之下，南北地区第二产业相对差距上升趋势最为明显。从三次产业相对差距的排序看，2000 年以来，南北地区三次产业相对差距排序从"一、三、二"结构逐渐变为"二、三、一"结构，这说明当前南北地区三次产业差距主要体现为第二产业和第三产业的差距。

从演化过程看，南北地区三次产业相对差距均呈现出"先升、后降、再升"的特征。1952—2000年，南北地区差距呈现相对扩大趋势，主要原因在于南方地区凭借相对优越的地理位置和比较优势，充分抓住改革开放的机遇，实现了经济快速发展。2000—2010年，伴随着一系列旨在缩小区域经济差距的政策实施，南北三次产业产值相对差距呈现缩小趋势。然而自2011年后，我国经济进入"新常态"，经济发展的逻辑和动力由原来的资金、资源驱动逐步转变为创新驱动。北方地区受体制机制等束缚，新旧动能转换相对缓慢，南方地区则积极实施"腾笼换鸟"战略，率先实现了高质量发展，南北地区三次产业产值差距迅速拉大。

三 三次产业差距对南北差距的贡献度

为进一步分析三次产业产值差异对南北经济差距的总体贡献，绘制了图3-3。

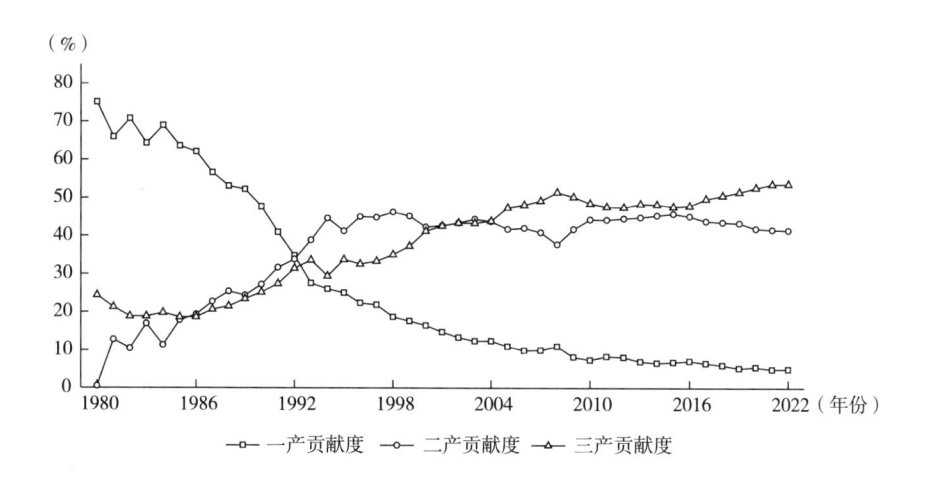

图3-3 1980—2022年南北地区三次产业产值差距贡献度

注：数据来源于《中国统计年鉴》《新中国六十年统计资料汇编（1949—2008）》及各省区市历年统计年鉴，以1978年为基期将名义GDP处理为实际GDP。

需要说明的是，1980年之前北方地区第二产业产值始终高于南方，导致以北方作为减数的南北第二产业产值差距为负值，不能计算第二产业的产值贡献度。因此图3-3中南北地区三次产业产值差距贡献度从1980年开始。

从图3-3中可以更加清晰地看出，1980年以来，第一产业产值差距对南北地区三次产业差距的贡献度从75.11%下降至4.96%，呈明显的降低趋势；与此同时，第二产业和第三产业的贡献度却呈现明显上升趋势。数据显示，1980年以来，第二产业差距对南北三次产业差距的贡献度从0.52%上升至41.40%，上升约39.88个百分点；第三产业的贡献度由24.37%上升至53.64%，上升约19.27个百分点。

从三次产业贡献度的趋势判断，1992年第一产业贡献度首次低于第二、三产业，之后持续走低，但此后第二、三产业贡献度却交替上升。至2004年，第三产业贡献度超越第二产业。至此，三次产业差距的贡献度排序呈现"三、二、一"的格局并持续保持至2022年。

第二节 南北地区三次产业结构及演进趋势

南北地区三次产业结构的差异，不仅仅体现于产值规模差距，更体现在各自的产业结构上。英国古典经济学家威廉·配第（William Petty）认为，当人类收入水平达到一定程度后，以农业为主的第一产业收入弹性将呈现下降趋势，并逐渐小于第二产业、第三产业所提供的工业产品及服务的收入弹性。所以，随着经济的发展，国民收入和劳动力的分布将从第一次产业向第二、第三产业转移。1940年，克拉克（Colin Clark）以配第的研究为基础，分析了40多个国家和地区不同时期的三次产业劳动投入及产出资料后发现：随着经济发展和人均国民收入水平的提高，劳动力首先由第一产业向第二产业转移，然后再向第三产业转移，这就是著名的"配第—克拉克"定律。"配第—克拉克"定律展示了人类社会产业结构变迁的一般规律，具有强大的解释力，对于预测产业发展趋势和制定相关政策具有重要的启示意义。基于上述理论，本部分将对南北地区三次产业结构演进的趋势及两者差距进行深入分析。

一 南北地区三次产业结构演进趋势

产业结构是指三次产业在国民经济中所占的比重及其比例关系。对于一个经济实体而言，不同历史时期的产业结构直接关系着国民经济的增长速度、就业状况甚至民生发展，因此有必要从南北地区三次产业结构视角探究两者差距分化的根源（见图3-4）。

数据显示，1952年，我国北方地区三次产业结构比例分别为53.14∶26.5∶20.36，南方地区三次产业结构比例为55.20∶20.13∶24.66，从中不难看出，南北地区第一产业均占据绝对优势地位，整个国民经济呈现出典型的小农经济特征。截至2022年年底，北方地区的三个产业结构调整为8.23∶39.36∶52.4，与1952年相比，第一产业比重下降44.91个百分点，第二、三产业比例分别上升12.86个、32.04个百分点。南方地区三次产业结构调整为6.69∶40.32∶52.99，其中第一产业比重比1952年下降48.51个百分点，第二、三产业分别上升20.19个百分点、28.33个百分点。

从三次产业结构的演变趋势看，南北地区第一产业比重持续下降，第三产业持续上升，第二产业在波动中呈上升的态势。北方地区三次产业结构经历了三次重要转变：第一次是1958年，"一五"计划带动北方地区工业实现快速发展，第二产业比重超过第一产业，产业结构由"一、二、三"转变为"二、一、三"。此后，第二产业比重持续上升，而第一产业比重却快速下降。然而这种以牺牲农业为代价的重工业快速发展模式不久后就显露弊端。由于第一产业特别是种植业比重下降过快，导致粮食危机，截至1960年年底，第一产业产值比重已经下降到19.65%，甚至比第三产业还要低。党和国家敏锐地意识到问题所在，北方地区产业结构迎来了第二次转变。在1961年党的八大上，中央决定在保粮、保钢的前提下，压缩基本战线建设，加强农业战线，逐步调整国民经济各部门间失衡的比例关系，"调整、巩固、充实、提高"八字方针成为下一阶段经济工作的方针。在党的八大指导下，国民经济比例有所调整，截至1968年年底，第一产业比重已经上升至37.76%，此后北方地区三次产业比重长期维持"二、一、三"的比例结构。这一时期，北方地区第一产业比例呈现下降趋

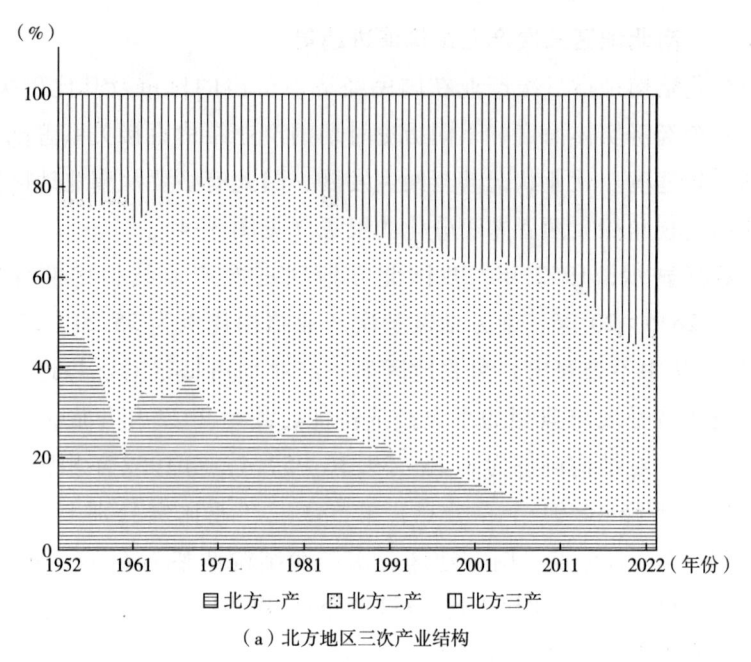

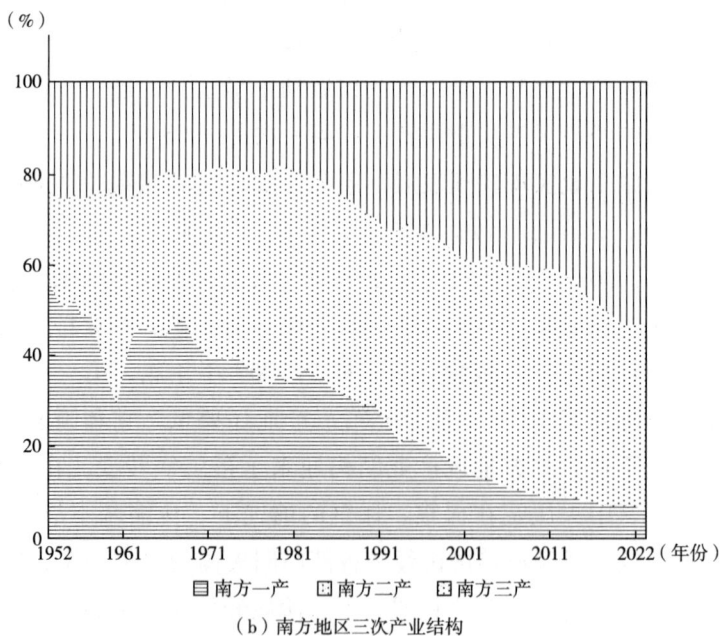

图 3-4　1952—2022 年南北地区三次产业结构

注：数据来源于《中国统计年鉴》《新中国六十年统计资料汇编（1949—2008）》及各省区市历年统计年鉴，以 1978 年为基期将名义 GDP 处理为实际 GDP。

势，第二产业在波动中略有上升，第三产业比例长期徘徊在20%左右的水平。改革开放后，在市场经济的推动下，北方地区产业结构有了第三次转变。第三产业比例开始呈上升趋势，并在1986年超过第一产业比例，三次产业结构由"二、一、三"变为"二、三、一"。随后一段时间，北方地区第二产业比例大致维持在50%上下，第三产业比重持续上升，第一产业比重继续下降。截至2015年年底，北方地区第三产业比例超过第二产业，三次产业结构变为"三、二、一"。

新中国成立以来，南方地区三次产业结构调整比北方地区更加频繁，仅改革开放前南方三次产业结构就经历了四次转换。1952年，南方地区三次产业尚为"一、三、二"的基本格局。在"一五"计划带动下，南方地区第二产业比重快速上升，先是在1957年超过第三产业，随后又在1959年超过第一产业，产业结构在短短几年内发生两次转换。为了破解国民经济各部门比例失衡问题，党的八大提出了以"调整"为首要任务的八字方针，南方地区三次产业结构于1962年第三次调整。在整个20世纪60年代，南方地区三次产业结构大体维持了"一、二、三"的结构关系。1971年，南方地区第二产业比重再次超越第一产业，产业结构调整为"二、一、三"，与此同时，第一产业比例则呈持续降低态势，第二产业比例大致维持在45%左右。一升一降之间，南方地区三次产业结构也在悄然变化。1989年，南方地区第三产业的比例超过第一产业。三次产业结构调整为"二、三、一"。20世纪90年代，南方省区集体进入经济快速发展时期，第三产业加快发展，产业比例不断上升，而第一产业比例则持续降低，第二产业比例缓慢下降。截至2015年年底，南方地区第三产业比重超过第二产业，产业结构随即调整为"三、二、一"的格局并持续到2022年。

二 南北地区三次产业结构的绝对差距

南北地区各产业的构成及产业之间的比例关系，直接反映了两者经济增长的动力来源，进而解释了南北地区为何具有不同的经济增长速度。正因为如此，世界不同国家和地区才将产业结构优化作为经济调整的重要手段。为了更加直观地观察南北地区三次产业结构上的差距，用南方三次产业比例作为被减数，计算得到了南北地区三次产业结构绝对差距指数，并绘制得到图3-5。

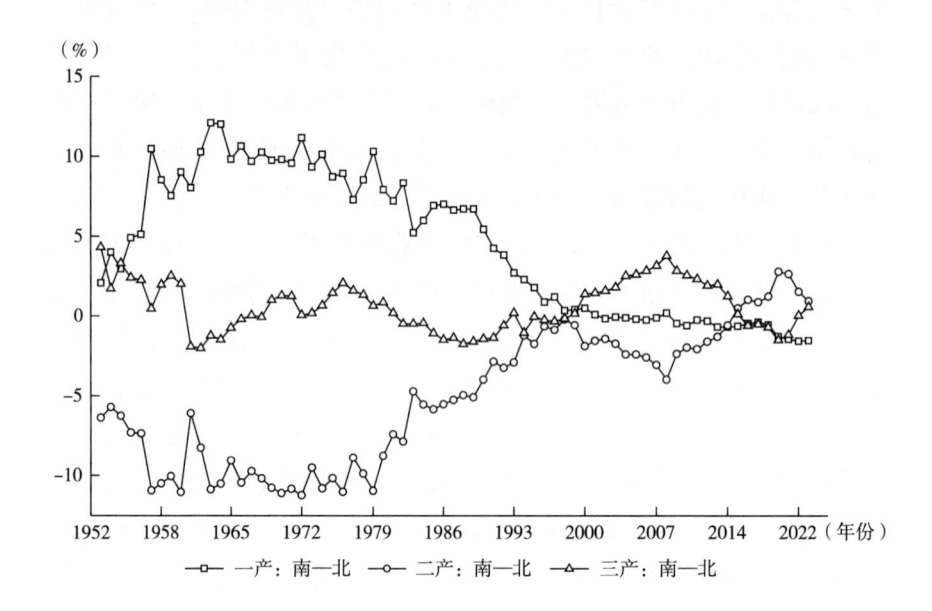

图3-5　1952—2022年南北地区三次产业结构绝对差距指数

注：数据来源于《中国统计年鉴》《新中国六十年统计资料汇编（1949—2008）》及各省区市历年统计年鉴，以1978年为基期将名义GDP处理为实际GDP。

从图3-5可以看出，新中国成立以来，南北地区三次产业结构绝对差距指数大致呈现两轮"收敛—发散"的演化过程。其中1952—2000年，南北地区第一产业绝对差距指数不断降低，反映两者差距不断缩小。与此同时，南北地区第二产业绝对差距指数从负值区间一路上行，逐渐向零值靠近。第二产业绝对差距指数尽管有所波动，但大体维持在零值上下。此外这一时期南北地区第三产业绝对差距指数总体呈下降趋势。总体来看，这一时期南北地区三次产业绝对差距指数呈现下降趋势，反映出两者产业结构差距呈收敛态势。

进入21世纪后，在加入世贸组织、改革开放持续推进等众多因素的影响下，南北地区三次产业结构绝对差距指数呈发散态势，表现为第三产业绝对差距指数持续升高，第二产业绝对差距指数再次跌入负值区间，第一产业绝对差距指数则变化不大。从整体上看，这一时期由第一产业和第三产业形成的"剪刀差"再次扩大，表明南北地区三次产业结构差距再次扩大。究其原因，在于南方地区借助中国加入世贸组织的红利，充分发挥其区位优势和比较优势，在对外贸易的拉动下，南方地区第三产业迎来历史上发展最快的时期，迅速拉开了与北方地区的差距。第一轮"收敛—发散"过程即告结束。

2007年美国次贷危机爆发，国际市场需求锐减，南方地区倚重的对外贸易受到重创，并波及第三产业。受此影响，南方地区第三产业绝对差距指数呈现下降趋势，同时第二产业的差距指数开始上升，南北地区三次产业结构差距再次收敛。但不难看出，这次收敛实际上是受外部冲击的影响。2008年后，南方省区纷纷"腾笼换鸟"，大力推进以计算机网络等为核心的新经济和新业态发展，为其后续发展奠定了基础。与此同时，北方地区受国际大宗商品价格下行的影响，产业发展同步进入调整期。然而，由于历史上形成的以重化工和资源型产业为基础的产业体系具有强大的制度惯性，北方地区产业结构调整不仅容易陷入"雷声大、雨点小"的窘境，实际效果不佳，甚至还易出现"心急吃不了热豆腐"的局面，即盲目进行产业结构调整而使整个经济陷入"空心化"的危险。数据为证：自2016年开始北方地区第二产业结构比例低于南方，至2019年甚至落后南方地区2.79个百分点；与此同时，北方地区第三产业比例始终领先南方1.00%左右。尽管第三产业比例的提升是经济现代化的必然趋势，但北方地区在尚未完成工业化任务的前提下，第二产业比例却低于已经进入工业化后期的南方地区，不得不引起关注。

从2015年开始，南北地区三次产业差距再次呈现发散趋势。与前一阶段的发展过程不同，这一时期在南北地区第三产业绝对差距指数持续提升的同时，南北地区第二产业绝对差距指数也呈上升趋势。这说明最近一轮的南北地区三次产业结构差距发展态势已经出现质的变化，即由原来的第三产业驱动变为二、三产业共同驱动。在现代经济中，二、三产业在国民经济中的占比高达90%以上，占据绝对优势地位，由此也推动南北经济差距迅速扩大。

三 南北地区三次产业结构的相对差距

新中国成立特别是改革开放以来,南北地区三次产业结构的绝对差距虽呈波动变化趋势,但两者产业结构均呈现优化态势。在这种情况下,仅靠绝对差距难以刻画南北地区产业结构差距的真实变化特征,为此需进一步通过南北地区三次产业比值的形式,体现两者相对差距的变化。

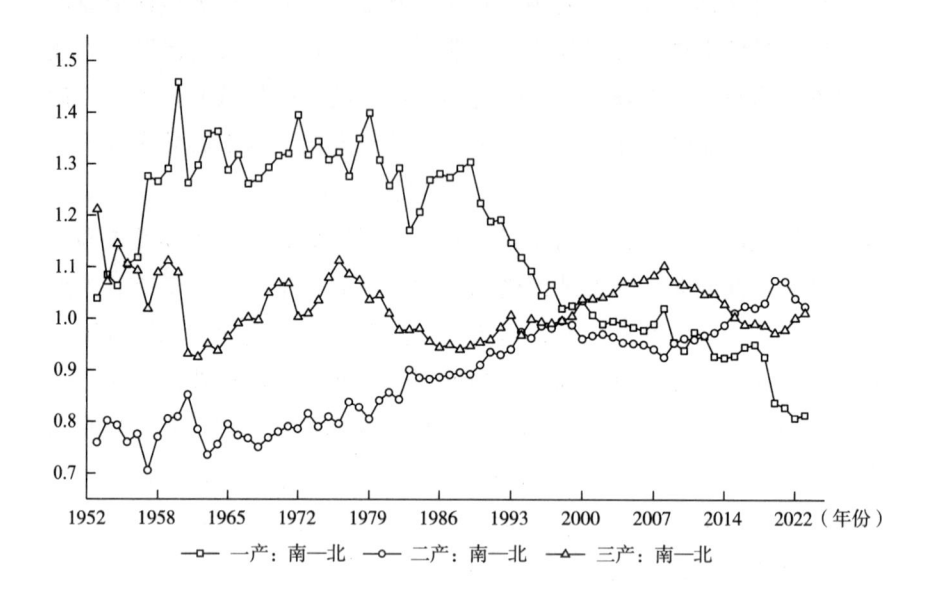

图3-6 1952—2022年南北地区三次产业结构相对差距指数

注:数据来源于《中国统计年鉴》《新中国六十年统计资料汇编(1949—2008)》及各省区市历年统计年鉴,以1978年为基期将名义GDP处理为实际GDP。

与绝对差距指数相比,南北地区三次产业相对差距指数波动性更高,但整体变化趋势大体相似。新中国成立以来,南北地区三次产业结构相对差距指数也呈现出明显的"先收缩、后扩张,再收缩、又扩张"的态势。1952—2000年,南北地区三次产业结构相对差距指数逐渐向"1"靠近,表明二者相对差距逐渐缩小。随后2000—2008年,南北地区三次产业结构相对差距指数均呈上升趋势,其中第二、三产业相对差距分别上升至1.1和1.02,而第一产业指数则降为

0.93。受国际金融危机的影响，2008—2015年南北地区三次产业结构相对差距指数略有缩小，差距再次收敛，但2015年后又呈发散趋势。截至2022年年底，南北地区三次产业结构相对差距指数分别为0.81、1.02和1.01，尽管从数值上看相差并不大，但考虑到南方地区三次产业产值几乎都是北方地区的两倍，由此带来的南北三次产业产值的绝对差距仍是巨大的。

第三节　南北地区三次产业分行业差距分析：粤鲁对比

上述南北地区三次产业规模及结构的分析，从三次产业视角初步探明了南北经济差距扩大的根源。但是，由于三次产业下又具体包含种类繁多的细分行业，为了进一步探明南北经济差距的具体来源，本部分进一步分析南北地区三次产业内部差距。为了简化分析，本部分选择广东省和山东省分别作为南方省区和北方省区的代表，利用两个省区2022年统计年鉴中的数据，对粤鲁三次产业内部分行业的差距进行深入分析。

一　粤鲁两省第一产业分行业差距分析

按照三次产业分类法，从自然界或从生物体上直接提取物质产品的部门被称为第一产业，大致包括农业（以种植业为主）、林业、牧业、渔业。随着社会分工的不断细化，从2003年开始，第一产业部类中农林牧渔辅助性行业开始成为一个独立的统计指标，由于占比极小，本部分暂不考虑将其纳入分析范畴。此处继续从产值规模演进趋势、农林牧渔产值差距、第一产业内部结构三个层次分析广东和山东两省第一产业分行业的差距。

（一）粤鲁两省农林牧渔产值演进趋势

第一产业是国民经济的基础产业，直接关系到人民生活和衣食住行。凭借得天独厚的自然条件和区位优势，山东省第一产业产值已连续多年排名全国第一。同时，作为全国高质量发展的先行者，广东将其最为擅长的市场化发展理念应用于农业发展中来，第一产业蓬勃发展。可见，粤鲁两省第一产业发展各具优势。

如图 3-7 所示，改革开放以来，粤鲁两省农林牧渔四大行业产值

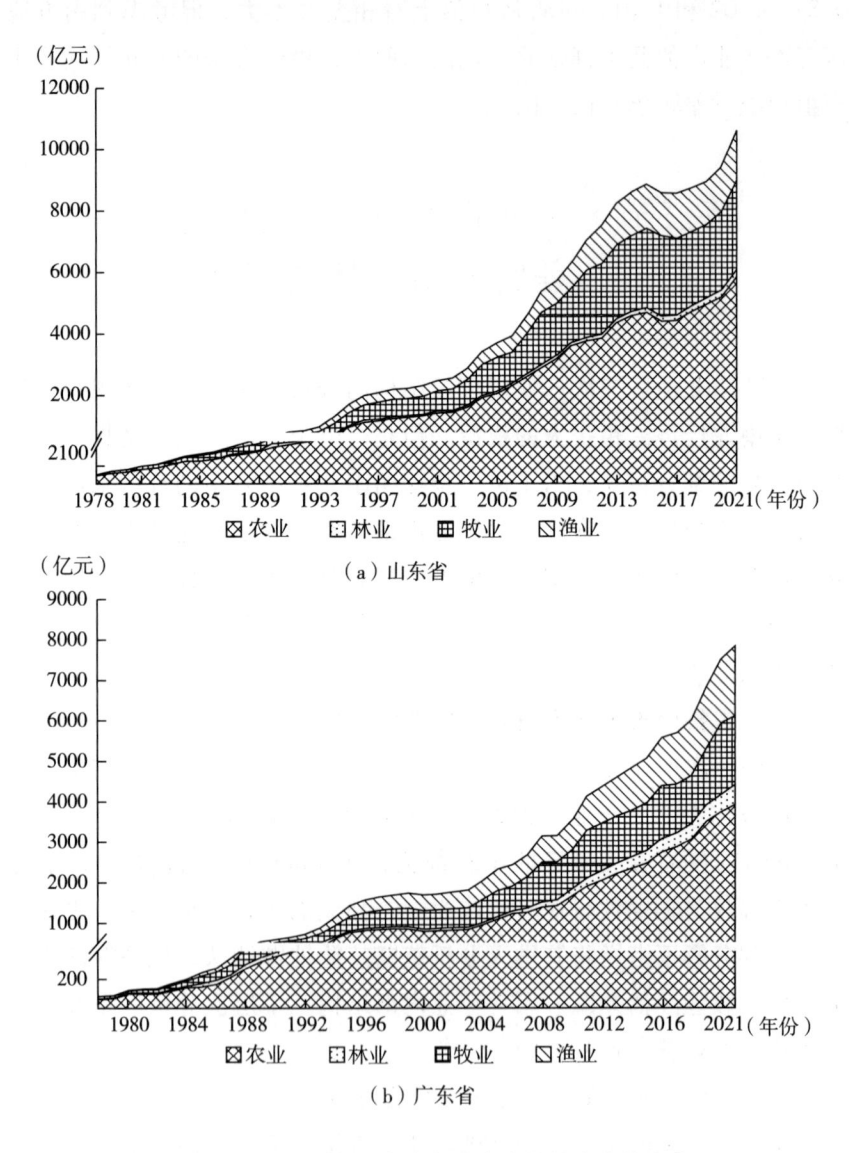

图 3-7　1978—2021 年粤鲁两省农林牧渔产值变化

注：数据来源于 2022 年《山东统计年鉴》、2022 年《广东统计年鉴》，以 1978 年为基期将名义 GDP 处理为实际 GDP。

均呈现不同程度的增长态势。其中，山东省农林牧渔业产值由1978年的84.77亿元、1.18亿元、12.19亿元、3.45亿元，分别增加至2021年的5814.56亿元、219.94亿元、2904.24亿元、1652.60亿元，年平均增速分别为10.33%、11.81%、13.57%、15.53%。广东省农林牧渔业产值则由1978年的859.56亿元、4.98亿元、15.98亿元、35.42亿元，分别增加至2021年的3951.14亿元、495.44亿元、1707.82亿元、1474.34亿元，年平均增速分别为10.25%、11.29%、11.48%、14.38%。从产值规模上看，山东省在农业（以种植业为主）、畜牧业和渔业上较广东省有一定的优势，而广东省在林业产值上超过山东。

从演进趋势上看，粤鲁两省农林牧渔业产值变化均可分为三个阶段。第一个阶段是1978—1995年，粤鲁两省农林牧渔产值相对较低，尚未突破千亿元关口。尽管这一阶段的年均增速处于改革开放以来的历史最高水平，但是由于期初规模较小，因此这一时期的产值规模变化并不大。以农业为例，1978—1995年，粤鲁两省农业产值分别增加至786.16亿元和847.12亿元。第二个阶段是1995—2010年，粤鲁两省农林牧渔产值规模增幅明显，山东省农业、畜牧业、渔业产值分别于1996年（1090.64亿元）、2004年（1022.84亿元）突破千亿元关口，至2010年分别已经达到3588.42亿元、1796.52亿元。广东省农业产值则于2005年突破千亿元大关（1109.18亿元）。受基数效应的影响，这一时期粤鲁两省农林牧渔产值增速较前一阶段有所下降，但山东省农牧业和广东省林业的增速仍然保持在9%以上。第三个阶段是2010—2021年，粤鲁两省农林牧渔产值规模继续扩大，特别是两省林业产值规模增速较快。由于基期基数较大，这一阶段山东省农业产值增速已经降至4.49%，但广东省农业产值增速却逆势上扬，较前一阶段提高2.87个百分点，达到8.15%。此外，广东省林牧渔业产值增速也全面超过山东省，其中广东渔业产值从2019年起开始超过山东省。总体来看，尽管山东省在农业、畜牧业仍有一定优势，但这种领先优势正在逐步缩小。

表 3-2　　1978—2021 年不同时期粤鲁农林牧渔业产值平均增速　　单位：%

时期	山东 农业	山东 林业	山东 牧业	山东 渔业	广东 农业	广东 林业	广东 牧业	广东 渔业
1978—2021 年	10.33	11.81	13.57	15.43	10.25	11.29	11.48	14.38
1978—1995 年	15.14	20.29	23.38	29.26	16.32	13.99	19.89	25.92
1995—2010 年	9.40	4.97	9.94	7.75	5.22	9.51	7.11	6.86
2010—2021 年	4.49	8.85	4.46	6.46	8.15	9.63	5.20	8.16

注：数据来源于 2022 年《山东统计年鉴》、2022 年《广东统计年鉴》，以 1978 年为基期将名义 GDP 处理为实际 GDP。

（二）粤鲁两省农林牧渔产值差距分析

改革开放以来，广东和山东两省农林牧渔产值都呈现不断增加的趋势。其中，山东省农林牧渔产值于 2020 年率先突破万亿元关口，连续 31 年领跑全国，农产品出口连续 22 年领跑全国。广东渔业产值排名全国第一，农林牧渔总产值排名全国第四。可见，山东和广东都是我国的农业大省，在全国稳产保供中均占据重要地位。然而，由于自然地理、资源禀赋和区位条件不同，两者农林牧渔产值还存在一定差距。

从图 3-8 可以看出，山东农林牧渔业产值较广东具有明显的优势。数据显示，1978 年，广东省林牧渔业产值分别比山东高 3.17 亿元、3.79 亿元、1.97 亿元，但农业产值却落后山东 25.21 亿元。截至 2021 年年底，尽管广东在林业和渔业上分别领先山东 275.51 亿元、94.74 亿元，但在农业和畜牧业上却分别落后山东 1863.42 亿元、1196.42 亿元，可见两相比较，山东农业优势明显。据新华社 2021 年 9 月 23 日报道，作为全国农业发展的"排头兵"，山东以连续 7 年站稳 5000 万吨台阶的粮食总产、连续 6 年超过 8000 万吨的蔬菜产量，展现出山东农业的超强实力。在全国农业中，山东生产了约占全国 8% 的粮食、11% 的水果、12% 的蔬菜、13% 的水产品，而山东省的耕地约占全国的 6%，淡水约占 1%。

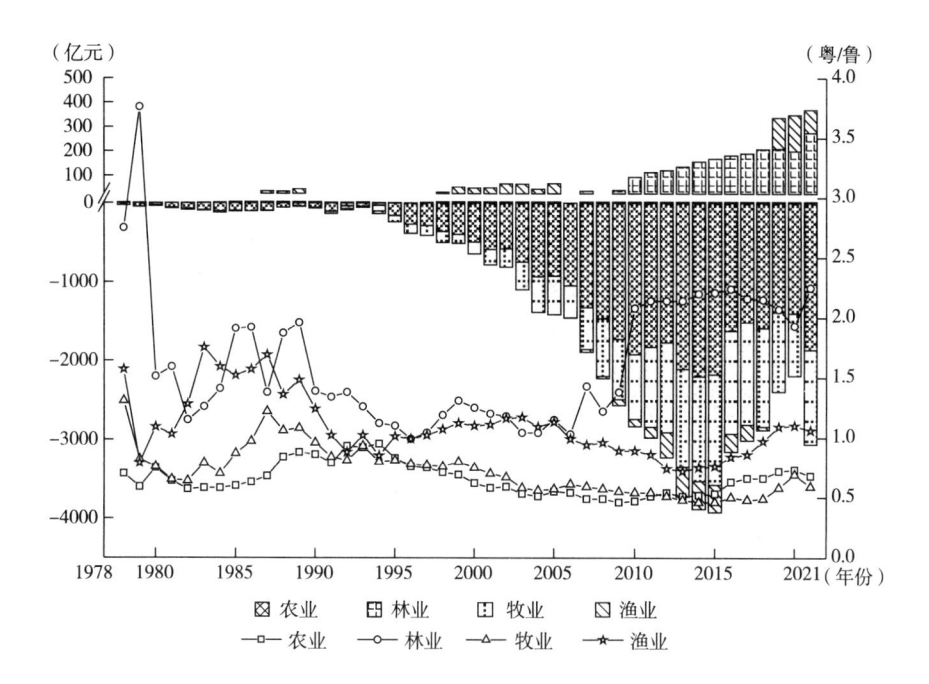

第三章 三次产业视角下南北经济差距的分解 ▌ 111

图 3-8　1978—2021 年粤鲁两省农林牧渔产值差距

注：数据来源于 2022 年《山东统计年鉴》、2022 年《广东统计年鉴》，以 1978 年为基期将名义 GDP 处理为实际 GDP。

从演化趋势上看，粤鲁两省农林牧渔产值差距经历了三个阶段。第一阶段是 1978—1995 年，粤鲁两省农林牧渔产值差距由最初的数十亿元逐步上升至百亿元左右，绝对差距尚保持在有限范围内。从相对差距看，粤鲁两省农林牧渔相对比值尽管波动剧烈，但整体上仍呈收敛趋势，表明相对差距有缩小趋势。至 1995 年，粤鲁两省农林牧渔相对差距指数分别为 0.83、1.1、0.81、1.01，大致处于相对均衡的状态。第二阶段是 1995—2015 年，粤鲁两省差距迅速扩大。一方面，山东省在农业和畜牧业产值上的领先优势越来越大，年均增速分别达到了 14.14% 和 15.09%，至 2015 年已经分别领先广东 2172.41元、1406.11 元，双双达到改革开放以来的最大值；另一方面，广东林业产值领先山东的规模也由 4.31 亿元扩大至 168.8 亿元，年均增速高达 20.13%。从两者相对差距角度看，这一时期两省农业和牧业的相对差距指数在负值区间持续走低，而林业相对差距指数则在正值区间持续升高，也进一步说明这一阶段两者差距呈扩大趋势。第三阶段是2015—2021年，粤鲁两省农林牧渔产值差距有所缩小，农业和畜牧业差距也从历史高位逐渐收窄至2019年的1384.22亿元、1007.93亿元，但至2021年又呈扩大趋势，是否会持续仍有待观察。

（三）粤鲁两省第一产业内部结构分析

第一产业内部农、林、牧、渔四个细分行业的比例关系，在某种程度上是一个地区生产实力的写照。特别是在当前全球政治经济形势不确定性增大的条件下，农业的基础作用不言而喻。一方面，第一产业构成了部分二、三产业细分行业的原件来源，对于保证整个社会生产的平稳运行具有重要作用；另一方面，第一产业特别是种植业还关系到我国的粮食安全。可见，对第一产业内部农、林、牧、渔的比例关系进行深入分析具有重要意义。

由图3-9可见，1978年以来，广东和山东农林牧渔结构既呈现出一定的共性特征，又表现出各自的特点。

从共性角度而言，粤鲁两省第一个共性特征是农业产值占比均呈现不断下降趋势。数据显示，1978—2021年，广东省农业产值占比由69.3%下降至45.7%，下降约21.73个百分点；山东省农业产值占比由82.92%下降至50.7%，下降约32.23个百分点。相比之下，山东农业产值比重降低幅度更大。第二个共性特征是畜牧业和渔业产值占比均呈明显上升趋势，这与经济发展和人均收入提高后居民膳食结构改善密切相关。数据显示，1978—2021年，山东畜牧业、渔业的产值分别提高13.4个、11.04个百分点，广东则分别提高17.02个、14.73个百分点，增幅较山东更大。总体来看，粤鲁两省农林牧渔产业结构的变化符合经济社会发展和产业结构变迁的一般规律。

从差异性角度而言，山东农业内部结构大致保持稳定状态，而广东农业内部结构演变则经历了三个阶段。第一个阶段是1978—1985年，改革开放以来，尽管山东农林牧渔产值占比呈现不同的变化特征，但农林牧渔比例结构总体保持稳定，四大行业产值及比重始终保持"农牧渔林"的排序。与山东不同，1978年广东省四大行业排序是

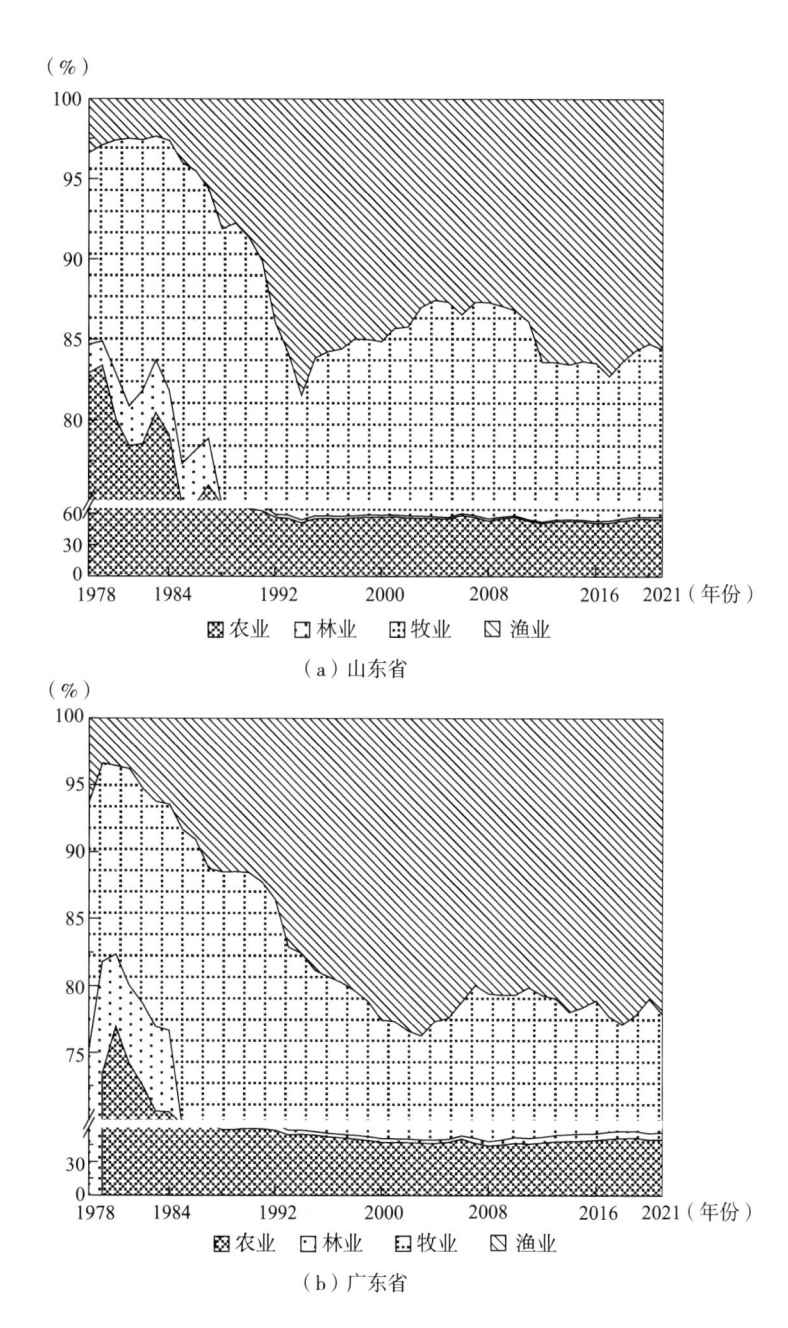

图 3-9　1978—2021 年粤鲁两省农林牧渔结构对比

注：数据来源于 2022 年《山东统计年鉴》、2022 年《广东统计年鉴》，以 1978 年为基期将名义 GDP 处理为实际 GDP。

"农牧渔林"。1979年，广东林业产值比重超过渔业，四大行业排序变为"农牧林渔"，并一直保持到1985年。第二个阶段是1986—2016年，广东渔业产值比重再次超过林业，四大行业排序随之变为"农牧渔林"。第三个阶段是2017—2021年，广东渔业产值比重于2017年超过牧业，成为仅次于农业的第二大行业，四大行业排序变为"农渔牧林"并延续到2021年。

二 粤鲁两省工业分行业差距分析

工业在一国国民经济体系中占据重要地位。从三次产业比重的变化趋势可见，世界主要国家和地区在经济发展早期，工业无不发挥了巨大的拉动作用。尽管工业化发展会带来种种弊病，但从某种程度上而言，现代化的发展过程在很大程度上与工业化的进程高度重合。当然，在工业化发展的不同阶段，工业内部各细分行业所占的比重具有较大差异。但从总体上看，我国绝大多数省区，特别是北方省区仍然处于工业化发展进程中，只有浙江等少数省区进入后工业化时代。因此选择工业作为第二产业的代表，对广东和山东工业发展的情况进行总体分析，尤其是对两者工业分行业的差距进行结构化分析，对于缩小两省乃至南北地区产业发展差距都具有重要的借鉴意义。

（一）粤鲁两省工业内部结构整体分析

工业增加值直接反映了地方经济发展水平，是反映宏观经济运行和地区经济发展水平的重要指标之一。2022年全国工业增加值40.1万亿元，占国民收入的比重超过1/3。在各省区排名中，广东以4.77万亿元排名第二，山东以2.87万亿元排名第四，落后广东1.9万亿元。作为国内生产总值排名全国第三、以工业经济著称的山东省，缘何工业增加值落后于广东如此之多？为了破解这一谜题，本书将以2022年《山东省统计年鉴》和2022年《广东统计年鉴》为依据，对两省工业内部的结构构成进行对比分析（见表3-3）。

由表3-3中可知，2021年山东省规模以上工业增加值总额为2.72万亿元，落后广东省1万亿元。从行业大类上看，2021年山东省采矿业规模以上工业增加值为1716.3亿元，比广东省高出897.26亿元。但在制造业上，广东省以3.43万亿元的产值规模领先山东1.16万

表 3-3　　2021 年粤鲁规模以上工业分行业增加值及占比

项目类别	山东 增加值（亿元）	占比（%）	广东 增加值（亿元）	占比（%）
总计	27243.6	100.00	37306.53	100.00
采矿业	1716.3	6.30	819.09	2.20
煤炭开采和洗选业	844.6	3.10	0	0.00
石油和天然气开采业	408.7	1.50	639.26	1.71
制造业	22693.9	83.30	34319.84	91.99
化学原料和化学制品制造业	3487.2	12.80	1416.87	3.80
医药制造业	1226.0	4.50	702.36	1.88
橡胶和塑料制品业	735.6	2.70	1499.68	4.02
非金属矿物制品业	1498.4	5.50	1607.23	4.31
黑色金属冶炼及压延加工业	1280.4	4.70	469.24	1.26
有色金属冶炼及压延加工业	1062.5	3.90	543.53	1.46
金属制品业	899.0	3.30	1850.14	4.96
通用设备制造业	1117.0	4.10	1204.59	3.23
专用设备制造业	1117.0	4.10	1454.63	3.90
汽车制造业	1389.4	5.10	2007.74	5.38
电气机械及器材制造业	653.8	2.40	4134.74	11.08
计算机、通信和其他电子设备制造业	1008.0	3.70	9555.1	25.61
仪器仪表制造业	136.2	0.50	417.04	1.12
电力、热力、燃气及水的生产和供应业	2833.3	10.40	2167.63	5.81
电力、热力生产和供应业	2451.9	9.00	1603.18	4.30
燃气生产和供应业	217.9	0.80	255.62	0.69

注：数据来源于 2022 年《山东统计年鉴》、2022 年《广东统计年鉴》。

亿元，具备绝对优势地位。在电力、热力、燃气及水的生产和供应业上，山东领先广东 665.7 亿元。不难看出，制造业上的巨大劣势是造成山东落后于广东的主要原因。上述结果反映出山东在产业结构、市场机制等方面较之广东仍有较大差距。一方面，以采矿业为主的采掘工业具有明显的资源型和垄断经营特征，民营企业进入门槛较高；另一方面，电力、热力、燃气及水的生产和供应也具有明显的公益属性，大多数也采取垄断经营模式。从世界各国特别是德国等发达国家工业结构演进规律看，制造业特别是高端设备制造业是一个地区经济实力的真实体现。从这个角度而言，广东走在了前面。

分行业看，山东在煤炭开采和洗选业、黑色金属矿采选业、有色金属矿采选业、农副食品加工业等具有优势；广东则在计算机、通信和其他电子设备制造业，电气机械及器材制造业具备明显优势，再次凸显出两者在制造业上的巨大差距。

（二）以广东为基准的粤鲁两省行业差距分析

为进一步分析广东和山东两省工业内部具体行业的差距，本书以2021年广东省工业增加值排名前十位的行业为基准，得到粤鲁两省计算机、通信和其他电子设备制造业等十个具体行业的增加值及比重（见表3-4）。同时，根据表3-3绘制得到图3-10。

表3-4 2021年以广东为基准粤鲁规模以上工业分行业增加值及占比

编号	行业	山东 增加值（亿元）	占比（%）	广东 增加值（亿元）	占比（%）
1	计算机、通信和其他电子设备制造业	1008.0	3.70	9555.1	25.61
2	电气机械及器材制造业	653.8	2.40	4134.74	11.08
3	汽车制造业	1389.4	5.10	2007.74	5.38
4	金属制品业	899.0	3.30	1850.14	4.96
5	非金属矿物制品业	1498.4	5.50	1607.23	4.31
6	电力、热力生产和供应业	2451.9	9.00	1603.18	4.30
7	橡胶和塑料制品业	735.6	2.70	1499.68	4.02
8	专用设备制造业	1117.0	4.10	1454.63	3.90
9	化学原料和化学制品制造业	3487.2	12.80	1416.87	3.80
10	通用设备制造业	1117.0	4.10	1204.59	3.23
	合计	14357.4	52.7	26333.9	70.6

注：数据来源于2022年《山东统计年鉴》、2022年《广东统计年鉴》。

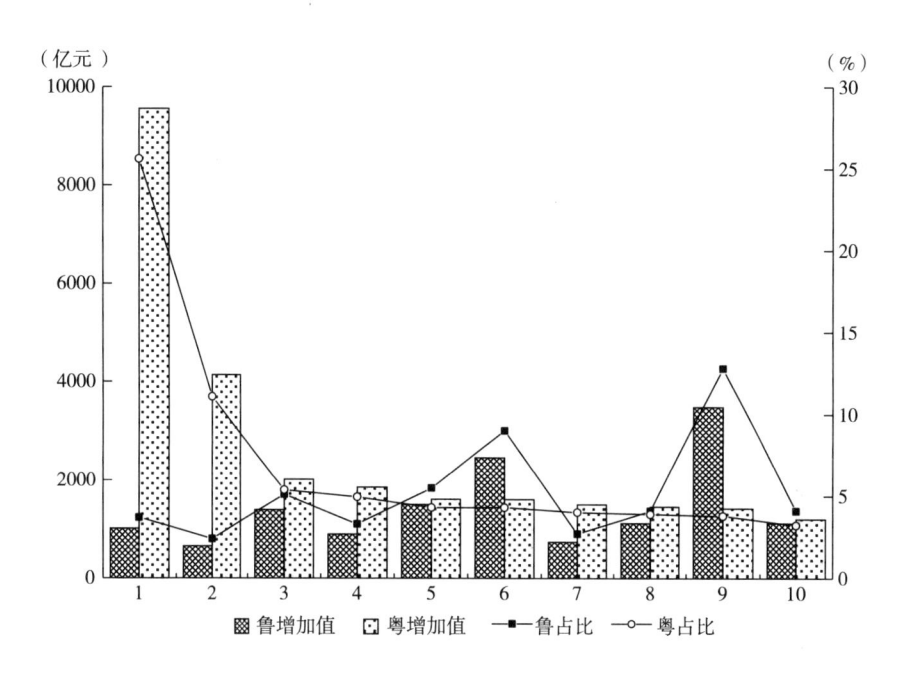

图 3-10　2021 年以广东为基准粤鲁工业分行业增加值及占比

注：数据来源于 2022 年《山东统计年鉴》、2022 年《广东统计年鉴》。横轴编号代表的行业与表 3-4 相同。

由表 3-4 可知，2021 年广东省排名前十位工业行业分别为计算机、通信和其他电子设备制造业，电气机械及器材制造业，汽车制造业，金属制品业，非金属矿物制品业，电力、热力生产和供应业，橡胶和塑料制品业，专用设备制造业，化学原料和化学制品制造业以及通用设备制造业。这十个行业累计增加值约为 2.63 万亿元，约占广东全部规模以上工业增加值的 70.6%。与此相对应，山东上述十个行业累计增加值约为 1.44 万亿元，约占山东规模以上工业增加值的 52.7%。粤鲁两省比较，广东省排名前十位行业的累计增加值比山东高出近 1 倍（1.2 万亿元），累计占比高出山东 17.9 个百分点。

分行业来看，山东在电力、热力生产和供应业以及化学原料和化学制品制造业的增加值分别比广东高 848.7 亿元、2070.3 亿元，但在其他八个行业上，山东较广东都存在着较大差距。特别是在计算机、通信和其他电子设备制造业上，广东领先山东的优势高达 8547.1 亿元，两者相对差距接近10倍。此外，在电器机械及器材制造业上，广东也领先山东3480.9亿元，两者相对差距超过6倍。在汽车制造业、金属制品业、橡胶和塑料制品业三个行业上，广东领先山东大约在600亿元—1000亿元之间；在非金属矿物制品业、专用设备制造业上，广东比山东分别高出108.8亿元、337.6亿元。即使在差距较小的通用设备制造业上，山东也落后广东87.6亿元。总体来看，山东在制造业特别是高端设备制造业上与广东存在巨大差距。

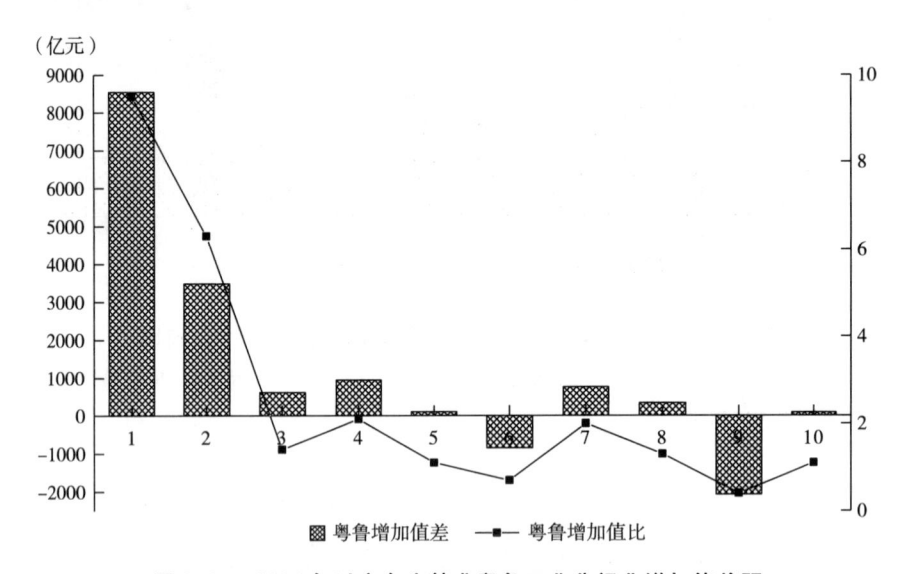

图3-11 2021年以广东为基准粤鲁工业分行业增加值差距

注：数据来源于2022年《山东统计年鉴》、2022年《广东统计年鉴》。横轴编号代表的行业与表3-4相同。

（三）以山东为基准的粤鲁两省行业差距分析

参照前述分析思路，本书将以2021年山东省工业增加值前十名的行业为基准，得到粤鲁两省化学原料和化学制品制造业等十个具体细分行业的相关数据，并据此制作了表3-5及图3-12、图3-13。

由表3-5可知，2021年山东省增加值排名前十位的工业行业分别为化学原料和化学制品制造业，电力、热力生产和供应业，石油、煤炭及其他燃料加工业，非金属矿物制品业，汽车制造业，黑色金属冶炼及压延加工业，医药制造业，农副食品加工业，专用设备制造业，通用设备制造业，以上十个行业累计增加值为1.69万亿元，仅比广东高4935.3亿元，约占全部规模以上工业行业产值的62%。相应地，广东在上述十个行业的累计增加值为1.22万亿元，约占广东省全部规模以上工业产值的32.05%。由此可以更加清晰地看出，山东省工业优势主要是体现在重化工和资源型产业。

表3-5　2021年以山东为基准粤鲁规模以上工业分行业增加值及占比

编号	行业	山东 增加值（亿元）	占比（%）	广东 增加值（亿元）	占比（%）
1	化学原料和化学制品制造业	3487.18	12.80	1416.87	3.80
2	电力、热力生产和供应业	2451.92	9.00	1603.18	4.30
3	石油、煤炭及其他燃料加工业	2179.49	8.00	1084.33	2.91
4	非金属矿物制品业	1498.40	5.50	1607.23	4.31
5	汽车制造业	1389.42	5.10	2007.74	5.38
6	黑色金属冶炼及压延加工业	1280.45	4.70	469.24	1.26
7	医药制造业	1225.96	4.50	702.36	1.88
8	农副食品加工业	1144.23	4.20	405.51	1.09
9	专用设备制造业	1116.99	4.10	1454.63	3.90
10	通用设备制造业	1116.99	4.10	1204.59	3.23
	合计	16891.0	62.00	11955.7	32.05

注：数据来源于2022年《山东统计年鉴》、2022年《广东统计年鉴》。

分行业看，在增加值排名前十位的行业中，山东领先广东的有6个，其中优势最大的化学原料和化学制品制造业领先广东2070.1亿元；其次是石油、煤炭及其他燃料加工业，增加值领先广东1095.2亿元；排名第三的是电力、热力生产和供应业增加值比广东高出848.7亿元。从相对差距角度看，山东上述三个产业增加值与广东的比值分别为2.5倍、1.5倍和2.0倍，而广东排名前三的行业增加值则分别是山东的9.5倍、6.3倍和1.4倍，粤鲁两省头部行业差距可见一斑。

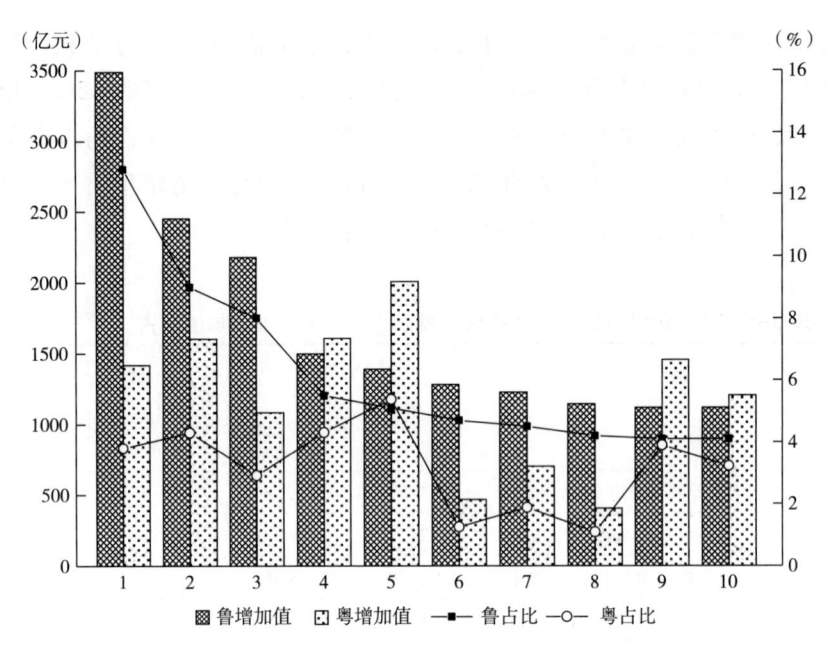

图 3-12　2021 年以山东为基准粤鲁工业分行业增加值及占比

注：数据来源于 2022 年《山东统计年鉴》、2022 年《广东统计年鉴》。横轴编号代表的行业与表 3-5 相同。

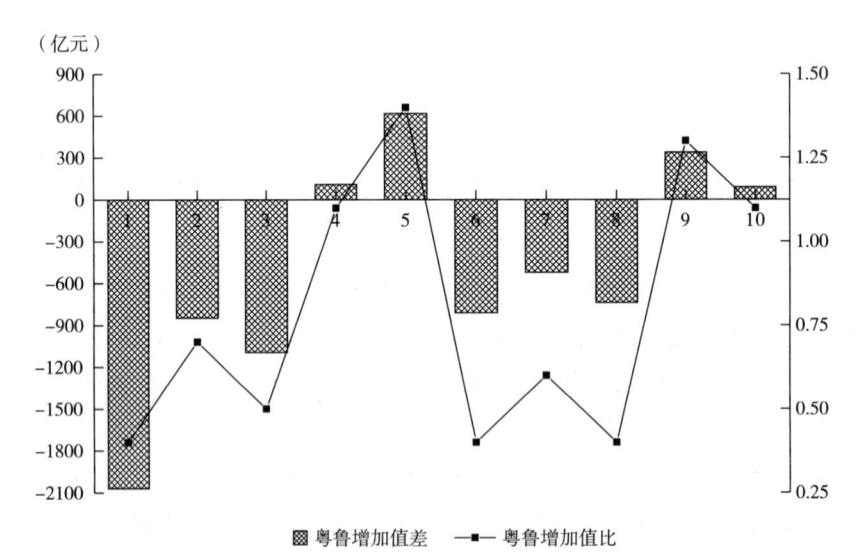

图 3-13　2021 年以山东为基准粤鲁工业分行业增加值差距

注：数据来源于 2022 年《山东统计年鉴》、2022 年《广东统计年鉴》。横轴编号代表的行业与表 3-5 相同。

此外，山东非金属矿物制品业、汽车制造业、农副产品加工业和通用设备制造业四个产业的增加值还分别落后于广东省108.8亿元、618.3亿元、337.6亿元和87.6亿元，更加凸显两者的巨大差距。

三　粤鲁两省第三产业分行业差距分析

第三产业是指除第一、第二产业以外的其他各行业，具体包括四个层次：一是流通部门，包括交通运输、仓储和邮电通信业、批发和零售业、餐饮业；二是为生产和生活服务的部门，包括金融保险业、地质勘探业等；三是为提高科学文化水平和居民素质服务的部门，包括教育、文化艺术及广播电视电影业等；四是为社会公共需要服务的部门，包括国家机关、警察等。从产业变迁的规律来看，发达国家在完成工业化后，逐步向后工业化阶段过渡，高新技术产业和服务业日益成为国民经济的主导部门。因此，从某种程度上而言，第三产业占比较高的国家和地区，其经济发展程度相对较高。从我国实际看，目前我国三次产业结构也已经变为"三、二、一"，第三产业特别是服务业已成为创造国民财富、吸纳劳动就业最主要的渠道。本部分将沿用前述分析思路，以广东和山东分别代表南方地区和北方地区，对两省服务业内部结构进行对比分析。

（一）粤鲁两省规模以上服务业行业分布

服务业是现代市场经济的主要形态之一。通过提供各种中介和租赁服务，服务业有效降低了市场经济的运行成本。而作为市场经济的主体和服务业的"细胞"，服务业企业在行业发展中发挥着重要作用。从某种程度上而言，一个地区服务业是否发达，从服务业企业数量上就能够窥知一二。

表3-6的相关数据显示，2021年广东省规模以上服务业企业个数高达3.35万家，同期山东只有1.14万家，落后广东2.21万家，仅为广东省的1/3，二者差距可见一斑。

表3-6　2021年以粤鲁规模以上服务业分行业企业数量分布　　单位：家

编号	行业	广东	山东	粤鲁差	粤鲁比
1	租赁和商务服务业	8935	2462	6473	3.63

续表

编号	行业	广东	山东	粤鲁差	粤鲁比
2	房地产业	5357	921	4436	5.82
3	信息传输、软件和信息技术	5338	912	4426	5.85
4	交通运输、仓储和邮政业	5309	3621	1688	1.47
5	科学研究和技术服务业	3940	1610	2330	2.45
6	居民服务、修理和其他服务业	1324	362	962	3.66
7	文化、体育和娱乐业	1219	455	764	2.68
8	教育	864	203	661	4.26
9	卫生和社会工作	638	398	240	1.60
10	水利环境和公共设施管理业	569	409	160	1.39
	合计	33493	11353	22140	2.95

注：数据来源于 2022 年《山东统计年鉴》、2022 年《广东统计年鉴》。

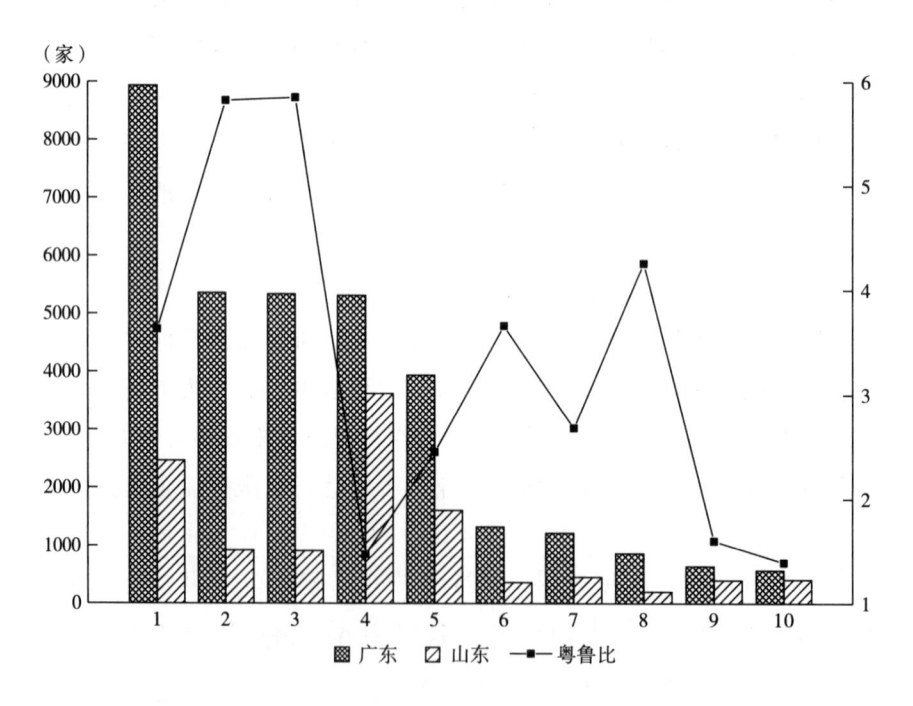

图 3-14 2021 年粤鲁两省规模以上服务业企业分布状况

注：数据来源于 2022 年《山东统计年鉴》、2022 年《广东统计年鉴》。横轴行业与表 3-6 相同。

从规模以上服务业分行业企业数量的绝对差距看，广东在所有10个服务业细分行业上的企业数量均高于山东，其中差距最大的是租赁和商务服务业，广东共计8935家，山东只有2462家，两者相差6473家；其他绝对差距比较大的行业还包括房地产业（4436家）、信息传输、软件和信息技术（4426家），差距最小的是水利环境和公共设施管理业，粤鲁两省分别有569家、409家，相差160家。从绝对差距角度看，粤鲁两省差别最大的是信息传输、软件和信息技术，广东省规模以上企业数量是山东的5.85倍，其他相对差距比较大的还包括房地产业（5.82倍），教育（4.6倍），居民服务、修理和其他服务业（3.66倍），租赁和商务服务业（3.63倍），差距最小的是水利环境和公共设施管理业，广东大约是山东的1.39倍。

（二）粤鲁两省规模以上服务业分行业主要财务指标

现行统计资料给出了规模以上服务业分行业的主要财务指标。2021年广东和山东两省规模以上服务业分行业主要财务指标如表3-7所示。

表3-7　　2021年粤鲁两省规模以上服务业分行主要财务指标　　单位：%

行业	广东 营收毛利率	广东 成本费用利润率	广东 营业净利率	山东 营收毛利率	山东 成本费用利润率	山东 营业净利率
房地产业	38.56	16.55	19.58	27.34	13.49	14.79
科学研究和技术服务业	29.57	9.31	12.13	26.87	8.64	10.44
信息传输、软件和信息技术	35.22	7.06	11.52	28.44	12.20	-3.21
居民服务、修理和其他服务业	25.81	10.68	7.69	26.20	9.48	4.03
卫生和社会工作	32.21	4.11	4.38	24.11	1.12	1.60
交通运输、仓储和邮政业	26.51	28.15	3.18	14.69	5.44	-2.11
文化、体育和娱乐业	28.66	2.46	2.47	23.00	4.94	3.47
教育	35.30	-1.26	-0.86	34.81	0.92	1.65
租赁和商务服务业	8.66	2.69	-1.96	7.84	3.48	-1.92
水利环境和公共设施管理业	26.02	0.86	-5.63	29.31	-1.59	-3.81

注：数据来源于根据2022年《山东统计年鉴》、2022年《广东统计年鉴》计算得到。

由表 3-7 可以看出，尽管粤鲁两省规模以上服务业分行业主要财务指标都有着良好的表现，但从整体上看，广东的优势无疑更加明显。从数据上看，广东在十个细分行业上的营收毛利率、成本费用利润率和营业净利率三项财务指标整体高于山东。特别是在体现经营成果的营业净利率上，广州有六个行业明显高于山东。其中优势最为明显的是信息传输、软件和信息技术业，广东高出山东14.73个百分点。即使是领先优势最小的科学研究和技术服务业，广东也高出山东1.69个百分点。

反观山东，仅有四个行业的营业净利率较广东具有优势。其中优势最大的为教育，领先广东2.52个百分点，领先优势最小的租赁和商务服务业，仅有0.05个百分点。其余两个行业是水利、环境和公共设施管理业及文化、体育和娱乐业，分别为1.82个百分点和1个百分点。

（三）粤鲁两省规模以上服务业分行业平均单家企业主要财务指标

如果说总体比较或有偏差，那么从平均角度出发，根据现有数据计算得到粤鲁两省规模以上服务业平均每家企业的财务数据，或许更能凸显两省在服务业上的差距。为进一步分析广东和山东两省规模以上服务业分行业财务指标的差距，根据相关数据测算结果，整理得到表 3-8。

表 3-8　　2021 年粤鲁两省规模以上服务业分行业单家企业主要财务指标　　单位：万元

行业	广东 营业收入	广东 利润总额	广东 应付职工薪酬	山东 营业收入	山东 利润总额	山东 应付职工薪酬
交通运输、仓储和邮政业	21456.36	589.32	3056.81	16656.6	590.40	2061.90
信息传输、软件和信息技术	28302.32	3765.9	5015.90	23167.05	2663.50	3777.91
房地产业	6678.27	417.21	1211.33	4768.52	600.21	1336.27
租赁和商务服务业	8751.09	2385.3	2006.41	7457.65	414.55	1404.74

续表

行业	广东 营业收入	广东 利润总额	广东 应付职工薪酬	山东 营业收入	山东 利润总额	山东 应付职工薪酬
科学研究和技术服务业	9747.82	797.26	2592.34	7769.32	600.96	1818.77
水利环境和公共设施管理业	11307.03	1114.6	2314.94	10618.60	966.14	1430.43
居民服务修理和其他服务业	3368.35	80.82	1301.89	2886.98	137.81	681.09
教育	5455.44	-69.44	2462.50	3941.24	35.70	1539.00
卫生和社会工作	8868.18	348.43	2810.50	6830.75	75.28	2011.09
文化、体育和娱乐业	4570.30	41.59	1275.39	4238.27	-70.07	900.58

注：数据根据2022年《山东统计年鉴》、2022年《广东统计年鉴》计算得到。

由表3-8可以看出，即使从单个企业角度而言，广东省服务业的主要财务指标也整体高于山东。从具体的财务指标看，广东省所有细分行业单家企业平均营业收入均高于山东，其中信息传输、软件和信息技术高5135.27万元，交通运输、仓储和邮政业高4799.8万元，即使是差值最小的文化、体育和娱乐业，也高出山东332.03万元。

在利润总额上，广东房地产业，信息传输、软件和信息技术单家企业平均比山东高1970.73万元、1102.37万元，优势最为明显。此外，广东在租赁和商业服务业，科学研究和技术服务业以及文化和社会工作三个行业的领先优势也在百万元以上。反观山东，领先优势最大的房地产业单家企业利润总额仅比广东高183万元，领先优势最小的交通运输、仓储和邮政业仅为1.08万元。

此外，除房地产业外，广东其余九个行业单家企业的应付职工薪酬也高于山东。其中，交通运输、仓储和邮政业高出山东994.91万元，优势最为显著；文化、体育和娱乐业则高出374.81万元，领先优势最小。

总体来看，相较于山东省，广东省服务业不仅具有总体优势，而且在企业上优势更为明显。

第四节　基于变异系数的三次产业分解

前述对南北地区三次产业及三次产业内部分行业差距的描述性分析，为还原南北经济差距形成的过程与原貌提供了基于结构视角的证据。但上述有关分析只是从某一个具体产业出发，得出的结论也只是对南北差距某一具体镜像的深描，缺乏对南北地区三次产业差距形成的综合分析。为了弥补这一不足，本部分将引入变异系数对南北地区三次产业差距的演化趋势进行综合分析，以期化繁为简，更加直观和清晰地展示产业结构视角下南北经济差距的来源及其变化趋势。

一　测算公式及其变量含义

受地理区位、自然条件、发展基础等多方面因素影响，各省区三次产业发展存在巨大差异。数据显示，2022年我国第二产业产值最高的省区是江苏省，其产值高达55888.7亿元，而产值最低的西藏自治区仅为804.67亿元，仅为前者的1.44%。即便是在南方省区内部，2022年江苏第二产业产值也是海南省的42.63倍。为了尽量消除这种数量级过大所带来的影响，本书在前述多个图像的分析中也加了断点。但仅依靠上述分析很难还原南北地区三次产业的真实差距，在数量差异如此巨大的情况下，更难分辨三次产业贡献度，因此必须引入新的分析方法。

在众多分析区域经济差距的方法中，变异系数能够观察数值的异质性和差异性，应用较为广泛。

变异系数（Coefficient of Variation，CV）又称离散系数，是测度数据变异程度的相对统计量，用于比较平均数不同的两个或多个样本数据的变异程度。相比于其他的统计指标，变异系数主要用于比较不同组别数据的离散程度。当进行两个或多个样本数据变异程度的比较时，如果计量单位与平均数相同，可以直接利用标准差来比较；如果计量单位或平均数不同时，比较其变异程度就不能直接采用标准差，而采用变异系数来比较。通常，变异系数的绝对值越小，说明数据的变异程度越小；反之，变异系数的绝对值越大，说明数据的变异程度越大。

变异系数的计算公式如下：

$$CV = \frac{sd(y)}{\bar{y}} \qquad 公式（3-1）$$

$$sd(y) = \frac{\sum_{i=1}^{n}(y_i - \bar{y})^2}{n} \qquad 公式（3-2）$$

$$\bar{y} = \frac{\sum_{i=1}^{n} y_i}{n} \qquad 公式（3-3）$$

公式（3-1）、（3-2）和（3-3）中，y_i 表示一组数据具体的观测值，$\bar{y}$ 表示这组观测值的平均值，$sd(y)$ 表示这组数据的标准差，n 代表样本数量，CV 是变异系数的简写。

依据公式（3-1），本部分将对南北地区三次产业之间的差距进行测度分解，具体结果和分析过程详见后文分析。

二 南北地区三次产业变异系数演进趋势

（一）三次产业间变异系数演进趋势

依据相关统计数据，根据公式（3-1），本部分测算了1952—2022年南北地区三次产业的变异系数，其中三次产业间变异系数的演进趋势参见图3-15。

由图3-15可见，新中国成立以来，南北地区三次产业间变异系数整体呈上升趋势，说明南北地区三次产业间的差距总体上在不断扩大。从趋势上看，新中国成立以来南北地区三次产业间变异系数的演进可分为四个阶段。

第一个阶段为1952—1984年，南北地区三次产业间变异系数波动较为剧烈，但数值相对较低，说明南北差距尚保持在一定范围内。从数值上看，这一阶段南北三次产业间变异系数维持在0.30—0.50之间，说明南北的发展较为均衡，这与新中国成立以来长期实施的区域平衡发展战略密切相关。在区域平衡发展战略下，区域间、产业间差距被限定在一定范围内，因此总体呈均衡发展态势。

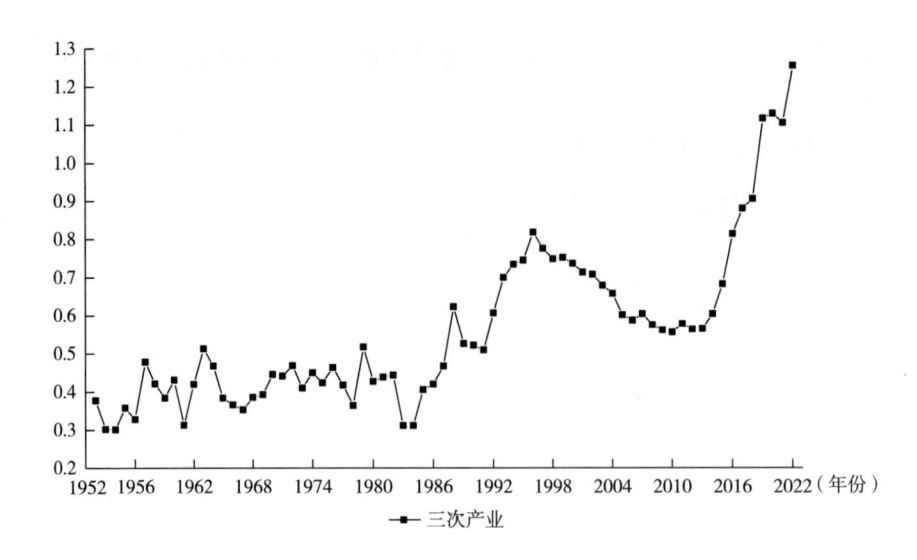

图 3-15　1952—2022 年南北地区三次产业间变异系数演进趋势

第二个阶段是 1984—1996 年，变异系数迅速抬升，南北地区三次产业间的差距逐步扩大。数据显示，这一时期南北地区三次产业间的变异系数从 1984 年的 0.3119 快速上升至 1996 年的 0.8177，年均增速达 8.36%。从历史角度看，这一时期恰好是改革开放初期到社会主义市场经济体制初步建立时期，在效率优先的原则下，南方地区凭借良好的区域条件，开始大力发展对外贸易，南北差距也被迅速拉开。

第三个阶段是 1996—2010 年，南北地区三次产业间差距不断降低，南北差距有所缩小。数据显示，这一时期三次产业间变异系数从 1996 年的 0.8177 逐步下降至 2010 年的 0.5561，年均降幅约 2.79%。20 世纪 90 年代中后期，随着区域经济差距的不断扩大，党和国家实施了一系列旨在缩小区域经济差距的政策。从 2000 年开始，国家先后实施了西部大开发、振兴东北老工业基地等一系列区域协调发展政策，北方地区成为区域协调发展政策的密集实施区域，由此带动南北三次产业间差距逐渐缩小。

第四个阶段是 2010—2022 年，南北地区三次产业间变异系数再次快速抬升，至 2022 年已经达到 1.2548，创新中国成立以来的最高纪录。数据显示，这一时期三次产业间的变异系数以 7.02% 的速度快速拉升，尽管在增速上不及第二阶段，但考虑到这一时期的基数比第二阶段大得多，因此在曲线上表现得更加陡峭。在经济发展新常态的背景下，南北经济社会发展日益呈现多元化、异质性的特征，两者经济发展的内在逻辑、推进动力乃至政策取向都存在较大差异。南方地区在经历 2007 年美国次贷危机后，渐次实施"腾笼换鸟"战略，积极进行产业结构调整和产业布局，推动经济发展逐步迈入高质量发展阶段。北方地区则受制于体制机制等束缚，经济发展动能转换不足，三次产业发展遭遇困境。正是在上述背景下，南北地区三次产业间的差距再次迅速拉开。

（二）第一产业变异系数演进趋势

图 3-16 展示了 1952—2022 年南北地区三次产业变异系数的演进趋势。

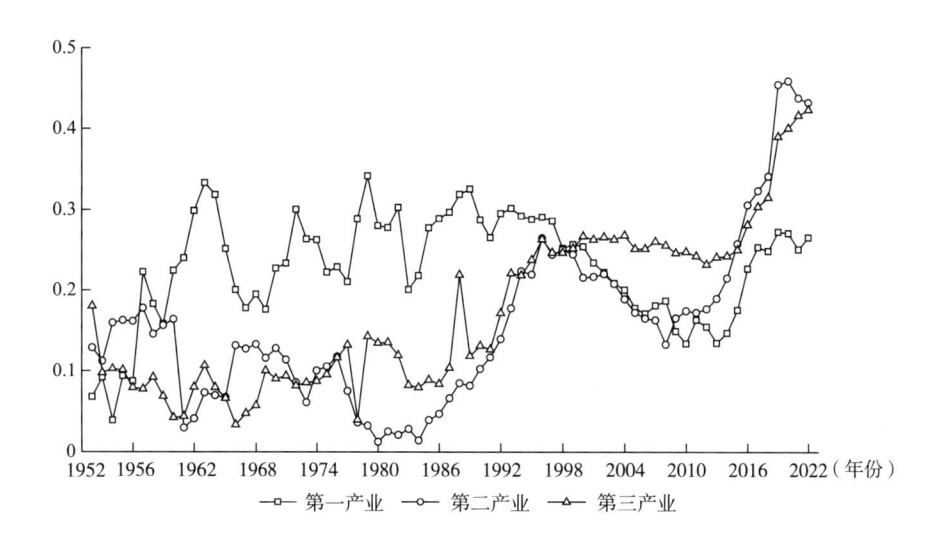

图 3-16　1952—2022 年南北地区三次产业变异系数演进趋势

图中可见，南北地区第一产业变异系数总体呈上升趋势，大致可分为四个阶段。其中第一个阶段为 1952—1963 年，南北地区第一产业变异系数由 1952 年的 0.068 快速上升至 1963 年的 0.3329，年均增速达 15.53%。这一时期，在重工业优先发展的战略下，第一产业发展特别是种植业受到极大的抑制。由于北方地区的山东、河南、河北和东北三省是我国农业发展的重点区域，受政策影响波动幅度更大，导致这一时期变异系数迅速攀升。第二个阶段为 1963—1993 年，南北地区第一产业产值系数呈剧烈波动态势，仅在这一时期就形成两轮从倒"U"形到"U"形的转换。第三个阶段是 1993—2010 年，南北地区第一产业变异系数呈明显下降趋势，年均降幅达到 8.36%，这一阶段包含社会主义市场经济体制初步建立、西部大开发、振兴东北老工业基地等重大区域经济发展政策，从而对变异系数的走势产生了深远影响。第四个阶段是 2010—2022 年，南北地区第一产业变异系数再次拉升，其数值也由 0.1343 上升至 0.2654，年均增速达 5.84%。这一时期，我国经济步入新常态，南方地区将用于工业和服务业发展的经验移植于农业发展，取得良好效果。北方地区特别是山东、河南等农业大省尽管具备一定农业优势，但在现代农业发展模式和运作机制上开始凸显出短板和差距，进而导致南北地区第一产业差距呈扩大趋势。

（三）第二产业变异系数演进趋势

1952 年以来，南北地区第二产业变异系数整体呈上升趋势，其演进过程大致形成三个渐次升高的"U"形。

第一个"U"形开始于 1952 年，结束于 1973 年，历时 22 年。这一时期，在区域均衡发展战略和重工业优先发展的时代背景下，北方地区的东北、华北等地率先建成重工业基地，南北地区第二产业变异系数在初期迅速提升（1952—1957 年）。出于平衡国民经济比例、国防战略安全等因素的考虑，从"二五"计划开始，我国开始适度加大对西南地区工业建设的投资力度，南北地区第二产业变异系数逐步降低（1958—1961 年）。此后，国家经济社会发展的重心偏移，更加强调国防战略安全，一大批东南沿海地区的工业搬迁至西北、西南内陆，南北地区第二产业变异系数再次拉升（1961—1973 年）。

第二个"U"形开始于 1973 年，结束于 1996 年，历时 24 年。这一时期，南北地区第二产业变异系数经历了一个明显的"先降后升"的过程。1973—1984 年，南北地区第二产业变异系数总体呈下降趋势，其主要原因在于改革开放初期南北地区第二产业差距尚未拉开，在改革开放的带动下，北方地区原有的工业优势开始乏力。1984—1996年，南北地区第二产业变异系数呈快速上升趋势。这一时期改革开放进入破冰期，南方地区的广东、江苏、浙江、上海等地先行先试，大力发展乡镇企业和对外贸易，产品涵盖电子、机械、纺织等轻工业和农业深加工等各个方面，极大丰富了市场的物品供应，也带动了地方经济的发展。而北方地区受体制、机制、产业模式等影响，第二产业特别是工业发展以国有企业为主，民营企业发展不足。这一时期恰好又处于第三次产业革命的发展期，北方地区在20世纪五六十年代建立的工业体系难以适应国际市场的需要，陷入发展困境。

第三个"U"形开始于1996年并延续至今，历时26年。这一时期国家开始重视区域经济差距问题，出台了一系列区域经济协调发展政策，尤其是北方的西北地区和东北地区，是国家相关扶持政策的密集实施区，"西气东输""西电东送"等重大工程的落地实施一定程度上带动了北方地区的工业发展。加之进入21世纪以来，国际经济、政治形势发生深刻变化，系统性经济风险不断累积，最终导致2008年国际金融危机的爆发。受此影响，南方地区第二产业发展也呈现波动甚至短期下滑态势。国际国内两个因素相互叠加，导致这一时期南北地区第二产业变异系数呈下降趋势（1996—2008年）。2008年后，南方地区开始积极进行产业结构调整和地区优化布局，逐步淘汰以纺织、电子元器件等为代表的传统工业，大力发展以计算机、汽车、信息科技等为代表的新兴产业。而北方地区产业结构仍呈现出明显的资源型和重化工特征，调整难度较大。如此一来，南北地区第二产业差距越发扩大，变异系数迅速抬升。

（四）第三产业变异系数演进趋势

1952年以来，南北地区第三产业变异系数呈明显上升趋势。数据显示，1952年南北地区第三产业变异系数仅为0.1805，截至2022年年底已上升至0.4215。从演进趋势看，南北地区第三产业变异系数在波动中上升，大致可分为三个阶段。

第一个阶段是1952—1990年，这一时期，南北地区第三产业变异系数波动剧烈，但数值大体维持在0.40上下，表明南北地区第三产业差距控制在一定范围内。由于这一时期时间跨度较大，包含众多的历史事件和影响因素，其影响机制和路径与第一、二产业也大体类似，因此不再对波动原因进行具体分析。

第二个阶段是1990—2012年，南北地区第三产业变异系数先是以递减的速率上升，随后又小幅下降。其中1990—1996年是南北地区第二产业变异系数快速拉升时期。数据显示，这一时期的变异系数由1990年的0.5213快速攀升至1996年的0.8177，年均增速达7.79%。这一时期是改革开放加速期，南方地区的区位优势和比较优势得到充分发挥，以苏南模式、粤南模式、闽浙模式等为代表的外向型经济极大地提升了南方地区第三产业的发展。此后南方地区第三产业发展进入了饱和期，北方地区第三产业也在逐渐发展，南北地区第三产业变异系数维持在0.68上下。2008年国际金融危机后，我国经济发展遭遇困境，南方地区较之于北方地区受影响更大。由于国际市场需求迅速萎缩，南方地区以外贸为主的产业模式受到严重冲击，南北地区第三产业变异系数随即呈现逐步缩小趋势。

第三个阶段是2012—2022年，南北地区第三产业变异系数自2012年开始呈快速攀升态势，至2022年已达0.4235，创新中国成立以来的最高值。数据显示，这一时期南北地区第三产业变异系数年均增速为6.2%。南北地区因体制机制差异所导致的区域经济差距更加凸显，北方地区不仅在企业数量上远远落后于南方地区，在一些服务业细分领域的主要财务指标上也落后于南方地区。特别是南方地区以民营经济为主的业态迸发出极大的适应性和创造力，北方地区以国有经济为主的产业模式不仅难以吸引民营企业进入，而且在营商环境上也和南方存在一定差距，对民营企业产生了强烈的驱离效果，南北地区第三产业差距迅速扩大。

三　南北地区三次产业变异系数的贡献度

为了进一步分析三次产业内部及三次产业间变异系数对南北地区三次产业差距的整体影响，本部分绘制了1952—2022年南北地区三次产业变异系数贡献度示意图（见图3-17）。

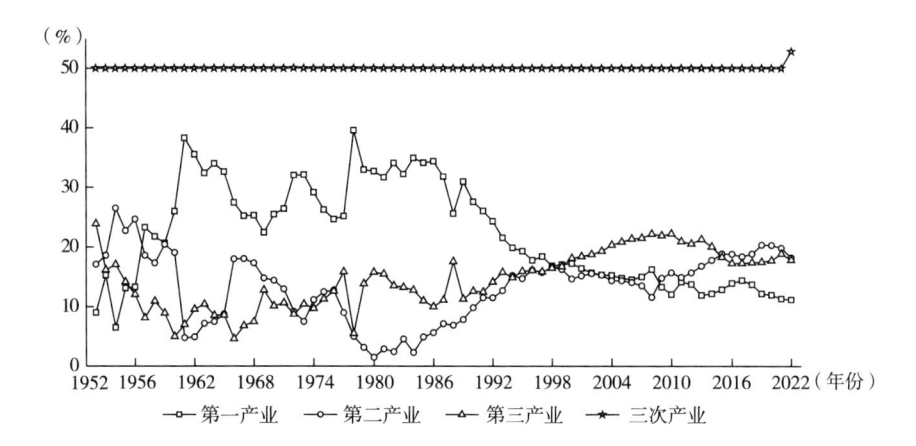

图 3-17　1952—2022 年南北地区三次产业变异系数贡献度

从图 3-17 可以看出，1952 年以来，南北地区三次产业间贡献度始终维持在 50% 左右，对南北地区三次产业差距起着决定性作用。事实上，这一结果恰好体现了三次产业的巨大差异。根据配第·克拉克定律，随着国民经济的发展，一个国家的经济重心将由第一产业转向第二、三产业。从现实当中看，一个国家和地区第二、三产业的发展已经成为衡量其经济实力的重要依据。加之三次产业在物质来源、生产模式、价值含量上存在巨大差异，因此，不同地区间产业结构的差异往往导致巨大的地区经济差距。

从南北地区三次产业内部差距贡献率的变动趋势上看，第一产业变异系数的贡献率逐步下降，而第二、第三产业的贡献率逐步上升。截至 2022 年年底，三次产业变异系数的贡献率排序为"二、三、一"，这与南北地区三次产业的结构差异相吻合。

三次产业贡献率的演化趋势大致可分为两个阶段。第一个阶段是 1952—1999 年，尽管三次产业贡献率波动剧烈，但在整体上保持了"一、二、三"的排序格局。但与此同时，第一产业贡献率逐步下降，二、三产业贡献率逐步上升的趋势已经形成。第二个阶段是 1999—2022 年，这一阶段三次产业变异系数对南北差距的整体贡献率已经发生实质性改变，第一产业贡献率已经低于二、三产业，逐渐形成

"二、一、三"或"三、二、一"的排序格局。

第五节　基于泰尔指数的三次产业分解

如果说变异系数为理解南北经济差距的形成过程提供了综合性的观察指标，那么泰尔指数（Theil index）则进一步明确了南北经济差距的来源到底是三次产业间还是三次产业内。在衡量地区收入不均等的指标当中，泰尔指数可将区域经济差距分解为组内差距和组间差距，并进一步测算出组内差距、组间差距对总差距的贡献程度，从而更加精准地明确区域经济差距的来源，为制定区域协调发展政策提供了重要依据。本部分在前述分析基础上，进一步利用泰尔指数对三次产业进行分解。

一　测算公式及其变量含义

泰尔指数是一个衡量经济不平等程度的统计量，其最大优点是可以将区域经济差距分解为组内差距和组间差距，进而测度组内差距和组间差距对区域经济差距的贡献程度。为全面分析南北地区三次产业差距，本部分将利用1952—2022年各省区三次产业增加值和人口数据，计算南北地区三次产业的泰尔指数，以进一步揭示南北经济发展差异因素。

泰尔指数计算公式如下：

$$T = \sum_{i=1}^{n} y_i log_2 \frac{y_i}{p_i} \quad 公式（3-4）$$

上式中，n 代表样本地区数量，y_i 和 p_i 分别表示 i 地区 GDP 和人口占其所在区域的比重。为测度组内差距和组间差距对区域经济差距的贡献程度，泰尔指数又可进一步分解为：

$$T = T_{WR} + T_{BR} = \sum_i \left(\frac{Y_i}{Y}\right) \sum_j \left(\frac{Y_{ij}}{Y_i}\right) log_2 \left(\frac{Y_{ij}/Y_i}{P_{ij}/P_i}\right) +$$

$$\sum_i \left(\frac{Y_i}{Y}\right) log_2 \left(\frac{Y_i/Y}{P_i/P}\right) \quad 公式（3-5）$$

从三次产业角度看，上式将南北地区三次产业差距进一步分解为两项：等号右侧第一项表示南北地区三次产业差距，等号右侧第二项表示南北地区三次产业间差距。与变异系数相比，泰尔指数考虑了不同地区产值和人口比重的差异，能够更好地反映南北地区三次产业差距。关于权重选择，多数研究采用经济总量比重，本部分将沿用这种方式。同时，为了剔除物价波动因素的影响，本处将采用1978年为定期的可比价计算泰尔指数。具体结果及分析见后续内容。

二　南北地区三次产业间泰尔指数演进趋势

（一）三次产业间泰尔指数演进趋势

依据相关统计数据，根据公式（3-4），本部分测算了1952—2022年南北地区三次产业的泰尔指数，其中三次产业间变异系数的演进趋势参见图3-18。

图3-18　1952—2022年南北地区三次产业间泰尔指数

由图3-18可见，新中国成立以来，南北地区三次产业间泰尔指数总体呈下降趋势。数据显示，1952年南北地区三次产业间泰尔指数值为0.6258，截至2012年年底已下降为0.536。从演进趋势上看，南北地区三次产业间泰尔指数呈现两阶段倒"U"形渐次降低的特征。

第一个阶段为1952—1978年，南北地区三次产业间泰尔指数呈现"先升后降"的倒"U"形特征。其中1952—1961年，南北地区三次产业间泰尔指数由 0.6258 升至 1.0915，年均增速为 6.38%。这一时期，在"重工业优先发展"方针的指导下，北方地区特别是东北地区凭借良好的工业基础率先获得了发展，国家大部分建设资金都投向了北方，东北、华北等地率先建成了我国早期的重工业基地。相对于北方地区，南方地区获得的建设资金较少，导致这一时期南北地区三次产业特别是工业差距有所扩大。

1961—1978 年，南北地区三次产业间泰尔指数在到达高位以后呈逐年下降趋势，至 1978 年已经降至 0.8671，年均降幅约 1.36%。这一时期，国民经济比例失衡问题逐渐引起党和国家关注，一方面，1961 年中共八大提出"调整、巩固、充实、提高"的"八字方针"，南北地区工业比例失衡的问题有所缓解。另一方面，由于战略战备和国防安全的需要，我国于 20 世纪 60 年代启动了"三线建设"，将东部沿海地区的一部分工业迁移至西北、西南地区，西南地区工业获得较快发展，在一定程度上缩小了南北地区三次产业间的差距。

第二个阶段是 1979—2022 年，南北地区三次产业间泰尔指数呈现"先缓慢上升，后逐年下降"的倒"U"形特征。其中 1979—1990 年，南北地区三次产业间泰尔指数呈上升趋势，其数值由 0.8819 升至 1.0548。原因在于这一时期恰好处于改革开放初期，在效率优先原则的指导下，南方地区率先发展，南北地区三次产业差距逐渐拉开。1990—2022 年，南北地区三次产业间泰尔指数呈下降趋势，其数值由 1.0548 降至 0.5361。这是由于进入 20 世纪 90 年代后，面对不断扩大的区域经济差距，我国区域发展战略由"效率优先"转为"协调发展"，并出台了西部大开发、东北老工业基地振兴等一系列区域经济发展政策，在一定程度上缩小了南北地区三次产业发展差距。

（二）第一产业泰尔指数演进趋势

图 3-19 展示了 1952—2022 年南北地区三次产业泰尔指数的演进趋势，从中可见，1980 年以前，南北地区三次产业泰尔指数波动剧烈，1980 年之后则相对平稳。

从图 3-19 可见，新中国成立以来，南北地区第一产业泰尔指数总体呈下降趋势。数据显示，1952 年，南北地区第一产业泰尔指数为

0.3777，截至 2022 年年底已经下降至 0.0091。从演进趋势上看，南北地区第一产业泰尔指数变化大体可以分为两个阶段。

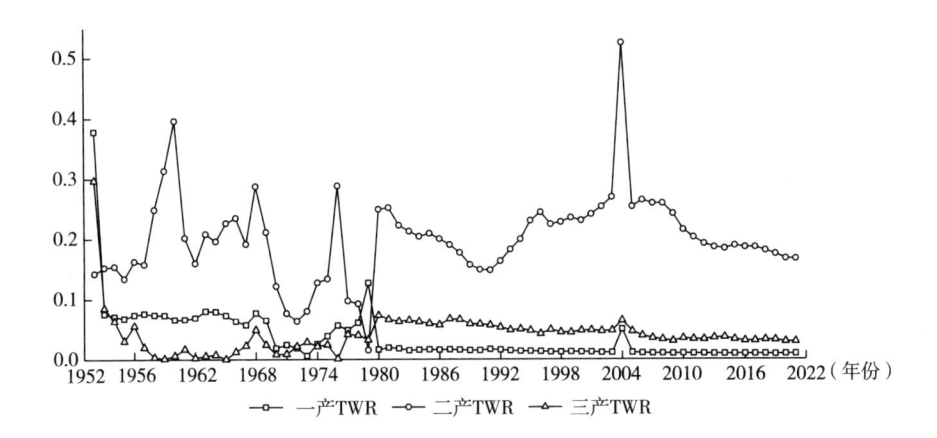

图 3-19　1952—2022 年南北地区三次产业泰尔指数

第一个阶段为 1952—1979 年，泰尔指数在波动中大体呈"U"形变化特征。其中 1952—1967 年，泰尔指数已呈渐进下降趋势；1968—1973 年泰尔指数明显下行，逐步到达谷底；1973—1979 年又止跌反弹，并在短时间内达到相对峰值，整个时期内泰尔指数的变化呈现"先降后升"的"U"形变化特征。由于这一阶段跨度长达 27 年，整体处于改革开放前政策密集调整区，泰尔指数驱动原因多因并发，本书不再做详细分析。

第二个阶段为 1980—2022 年，抛开个别年份的极端值，南北地区第一产业泰尔指数整体呈缓慢下行态势。数据显示，这一时期泰尔指数由 1980 年的 0.019 逐步调整为 2022 年的 0.0091。从泰尔指数的具体数值看，这一阶段可进一步划分为两个时期：一是 1980—2008 年，泰尔指数整体维持在 0.01 上下，总体呈缓慢下降趋势；二是 2009—2022 年，泰尔指数整体跌破 0.01 关口，在前一阶段基础上继续缓慢下跌。泰尔指数的这一变化特征，反映了改革开放后南北地区第一产业差距的逐步缩小，可能的原因包括：（1）随着科技进步，南方地区农业发展在很大程度上突破了光热水土等自然条件的限制，南北差距逐步缩小；（2）农业生产存在普遍的"边际收益递减"规律，经过多年开发，北方地区原有的农业优势区可供发掘的潜力已经十分有限，甚至已经达到承载力的阈值；（3）南方地区将管理第二、三产业的先进经验用于农业，在农业组织模式、生产方式等方面优化升级，进一步释放了南方地区农业生产潜力。

（三）第二产业泰尔指数演进趋势

图 3-19 显示，新中国成立以来，南北地区第二产业泰尔指数整体呈上升趋势。数据显示，1952 年泰尔指数为 0.1427，截至 2022 年年底已经上升至 0.1668。从演进趋势上看，南北地区第二产业泰尔指数的变化大致可分为三个阶段。

第一个阶段为 1952—1979 年，泰尔指数波动剧烈，形成相对独立的周期性变化特征。其中 1952—1960 年，泰尔指数从 0.1427 快速上升至 0.3958，年均增速达 13.6%。主要原因是在"重工业优先"原则的指导下，北方地区特别是东北地区凭借良好的基础，率先实现了工业的快速发展，南方地区所获建设资金相对不足。1960—1968 年，泰尔指数在波动中下降，数值从高位的 0.3958 逐步调整至 1968 年的 0.2867。这一阶段国家对工业生产进行了结构调整和区域布局，南北差距有所减小。1968—1979 年，泰尔指数呈"先降后升"的"U"形特征，主要在于前期政策调整的效果"边际递减"，南北方内在的基础差异重新开始起主导作用。

第二个阶段为 1980—2004 年，南北地区第二产业泰尔指数再次呈先降后升的"U"形特征。其中 1980—1991 年，泰尔指数从 1980 年的 0.279 逐步下降至 1991 年的 0.1447。这一时期南方地区率先改革开放，江苏、浙江、广东等南方省区乡镇企业异军突起，有力地带动了当地二、三产业的发展，南北差距呈缩小趋势。1992—2004 年，泰尔指数再次缓慢上升，至 2003 年达 0.2689。这一时期党和国家敏锐意识到迅速扩大的区域经济差距，区域经济发展战略也由过去的"非均衡发展"调整为"协调发展"，并出台了一系列旨在缩小区域经济差距，重点面向西北、东北和西南地区的区域帮扶政策。然而经过改革开放的"洗礼"，南方地区凭借灵活的市场经济体制机制，不仅吸引了大量海外产业专业，而且自身积累了内生发展的动力机制。北方地区整体还处于外部"输血式"的发展阶段，内生发展动力不足、机制不畅。由此导致国家原本向中西部和东北地区倾斜性政策积累的资金、技术甚至人才，在巨大的区域经济落差诱导下又回流到东南沿海，致使这一时期的南北经济差距非但没有缩小，反而进一步拉大。

第三个阶段为2005—2022年，泰尔指数呈明显下降趋势。数据显示，这一时期泰尔指数从2005年的0.2532逐步下降至2022年的0.1668。与此同时，国家在"协调发展"原则指导下，先后出台了振兴东北老工业基地、西部大开发、中部崛起等一系列偏向于中西部和北方的发展战略。此外，在理念上，更加注重帮扶地区从"输血式"向"造血式"转变。2018年11月，中共中央、国务院印发《关于建立更加有效的区域协调发展新机制的意见》，提出了基本公共服务均等化、基础设施通达程度比较均衡、人民基本生活保障水平大体相当三大目标。随着近年来一系列促进城乡区域经济协调发展的大动作、大举措的实施，我国区域发展形势稳中向好，区域发展平衡性持续增强。与此同时，党的十八大以来，我国区域协调发展战略也从原有的"大区式"转向"模块式"，区域协调发展机制不断完善，协同共进的区域协调发展新格局逐步形成。

（四）第三产业泰尔指数演进趋势

数据显示，新中国成立以来，南北地区第三产业泰尔指数由1952年的0.2971降至2022年的0.0292，总体呈下降趋势。从演进趋势上看，南北地区第三产业泰尔指数的变化大致可分为两个阶段。

第一个阶段为1952—1980年，南北地区第三产业泰尔指数呈现"先降后升"的"U"形变化特征。其中1952—1965年，泰尔指数不断下降，数值从高位的0.2971（1952年）逐步下降至低点的0.0003（1965年）。1965—1980年，南北地区第三产业泰尔指数从0.0003逐步回调至0.0732，呈上升趋势。这段时期，由于国家尚处于发展初期，经济基础薄弱，大部分民众尚未完全解决"温饱"问题，因此国家经济建设的重心主要在一、二产业。在"以粮为纲"和"重工业优先"的战略下，第三产业偶有发展也属于自发性的，缺乏系统性的规划和政策支撑，导致泰尔指数波动性较高。

第二个阶段为 1981—2022 年，南北地区第三产业泰尔指数从相对高位开始缓慢下降。数据显示，这一时期泰尔指数从 1981 年的 0.0658，缓慢下降至 2003 年的 0.0473，并进一步下降至 2022 年的 0.0292。这一时期，在改革开放的带动下，南北经济均得到长足发展。北方地区在政策带动下，第三产业获得快速发展，泰尔指数不断降低。但由于南北方第三产业发展基础、内部结构甚至运作机制存在较大差别，泰尔指数下降仍无法掩盖南北地区第三产业差距巨大的事实。

三　三次产业泰尔指数贡献度分析

为了进一步分析三次产业内部及三次产业间泰尔指数对南北地区三次产业差距的整体影响，绘制了 1952—2022 年南北地区三次产业泰尔指数贡献度示意图（见图 3-20）。

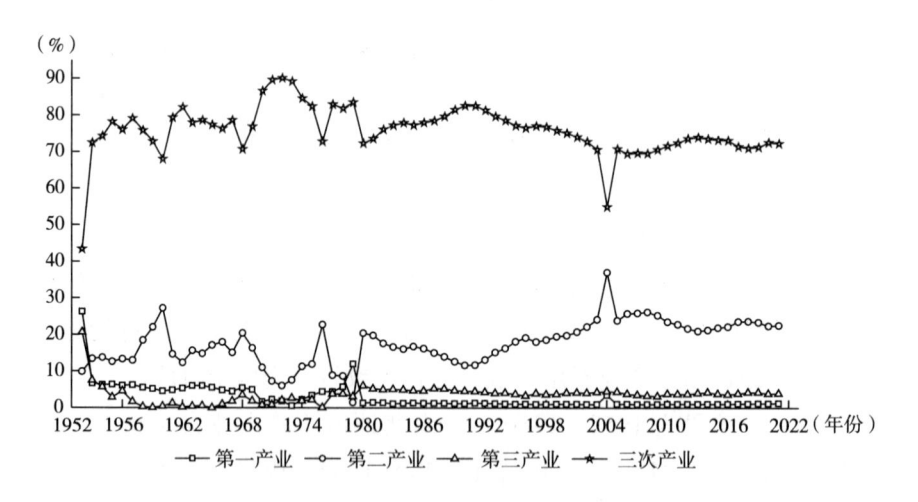

图 3-20　1952—2022 年南北地区三次产业泰尔指数贡献度

由图 3-20 可见，新中国成立以来，尽管在不同历史时期南北地区三次产业泰尔指数的贡献度有所波动，但南北地区三次产业间泰尔指数的贡献度始终维持在 70% 左右，说明三次产业间的差距始终在整体差距中处于绝对主导地位。三次产业泰尔指数的变化则大致分为两个阶段：1980年以前，三次产业内部差距对整体差距的贡献度排名整体保持了"二、一、三"的格局，即第二产业泰尔指数的贡献率最高，第一产业次之，第三产业最末；1980年，第三产业贡献率开始超过第一产业，三次产业内部差距对整体差距贡献度的排序随之调整为"二、三、一"，并一直维持到2022年。从变动趋势上看，1980年之后，南北地区三次产业差距变动的主要来源是三次产业间差距和第二产业差距，表现为三次产业间泰尔指数贡献度不断降低，第二产业泰尔指数贡献度持续上升。

总体来看，新中国成立后，三次产业间差距是南北地区三次产业差距的主要来源，但其贡献度呈缓慢下降趋势。与此同时，第二产业泰尔指数的贡献度持续上升，表明第二产业内部差距正成为南北差距的主要来源之一，地位不断上升。第一产业和第三产业贡献度大致稳定。从政策启示角度看，未来若以三次产业协同带动南北地区协调发展，需要加大三次产业结构优化调整、加快第二产业发展。

第四章　空间板块视角下南北经济差距的分解

近年来，南北经济差距呈现全面扩大趋势，北方地区不仅经济增速、经济总量落后于南方，甚至在产业结构、经济发展新旧动能转换等方面也处于劣势。在要素层面，全国要素流动呈现"南入北出"格局，人口、资金、技术等从北方地区加速析出，向南方地区聚集的规模、速度甚至质量等不断提高。由此可见，解析南北经济发展的动因，也必须从多个维度出发。本书前述研究已从产业视角对南北经济发展进行了分解，为充分理解南北经济差距变动趋势提供了基于结构视角的证据。从区域层面看，南北经济差距大概率不止于南北板块之间，南方地区和北方地区次级板块影响更需深入发掘。从区域经济差距研究的普遍规律来看，地理单元划分越细，就越能发现导致区域经济差距波动的细化原因和基础元素，进而提出具可操作性和针对性的政策建议。

基于上述分析，本章将从空间板块视角，将南方地区和北方地区进一步划分成更加细致的次级板块；在此基础上，引入一阶和二阶泰尔指数，将南北经济差距分成组内差距和组间差距，接着根据描述性统计分析对南北经济差距的来源及变动趋势等进行深入分析，以进一步观察空间因素对南北经济差距的影响。根据本书第一章对南北地区划分的结果，本处所讲的北方地区共包括四个次级板块，分别是东北地区（黑、吉、辽）、北部沿海（京、津、冀、鲁）、黄河中游地区（晋、陕、蒙、豫）以及大西北地区（甘、宁、新、青、藏）；南方地区则包括东部沿海（苏、沪、浙）、南部沿海（闽、粤、琼）、西南地区（云、贵、川、渝、桂）及长江中游地区（湘、鄂、赣、皖）。为与前文研究保持一致，本章研究的时间段依然是1952—2022年，根据相关曲线的变化规律，探索各个时期南北经济差距演变的特征与空间动因。

第一节 南北地区次级板块经济规模及增速分析

从空间角度看,南北经济分化或与两者内部次级板块间差距密切相关。为了进一步分析经济规模"南高北低"、经济增速"南快北慢"的原因,有必要将南北分化问题延伸至南北地区内部次级板块,利用经济规模、经济增速和人均 GDP 等具体指标对南北经济差距再次解构,探寻南北经济差距演化的空间"密码"。

一 南北地区次级板块经济规模及演进趋势

一个国家或地区的经济规模通常用国内生产总值(GDP)表示,是地区经济实力最直接的体现。为分析新中国成立以来南北经济规模扩大的动因,本书将对南北地区的经济规模按照次级板块进行分解(见图 4-1 和图 4-2)。

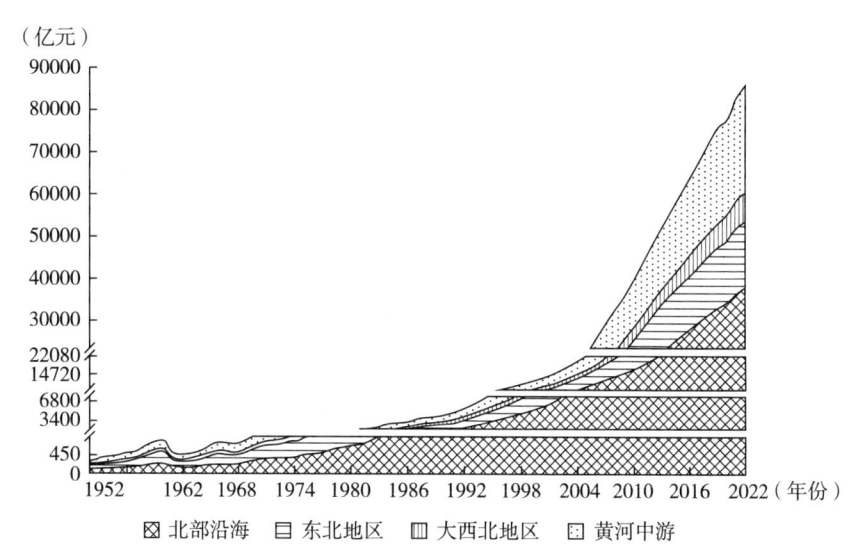

图 4-1 新中国成立以来北方地区内部次级板块 GDP 演进趋势

注:(1)在 1983 年、2003 年和 2013 年三个年份设置断点,便于完整观察数据演进趋势;(2)数据来源于《中国统计年鉴》《新中国六十年统计资料汇编(1949—2008)》及各省区市历年统计年鉴,以 1978 年为基期将名义 GDP 处理为实际 GDP。

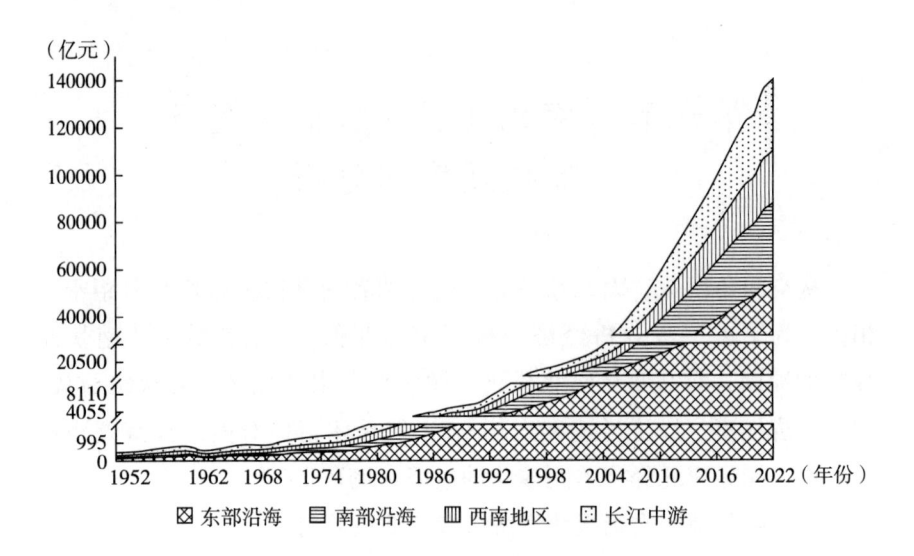

```
（亿元）
140000
120000
100000
 80000
 60000
 40000
 20500
  8110
  4055
   995
     0
      1952  1962  1968  1974  1980  1986  1992  1998  2004  2010  2016  2022（年份）
              ▨ 东部沿海   ▤ 南部沿海   ▥ 西南地区   ▦ 长江中游
```

图 4-2　新中国成立以来南方地区内部次级板块 GDP 演进趋势

注：（1）在 1983 年、2003 年和 2013 年三个年份设置断点，便于完整观察数据演进趋势；（2）数据来源于《中国统计年鉴》《新中国六十年统计资料汇编（1949—2008）》及各省区市历年统计年鉴，以 1978 年为基期将名义 GDP 处理为实际 GDP。

由图 4-1 可以看出，新中国成立以来，北方地区内部的北部沿海、黄河中游、东北地区和大西北地区四个板块的地区生产总值（GDP）均呈现明显增长态势。数据显示，北部沿海地区 GDP 由 1952 年的 110.84 亿元增加至 2022 年的 37789.01 亿元，增加约 339.93 倍，年均增长率约为 8.69%；黄河中游地区 GDP 由 1952 年的 98.81 亿元增加至 2022 年的 25636.6 亿元，增加约 258.45 倍，年均增长率约为 8.26%；东北地区 GDP 由 1952 年的 89.09 亿元增加至 2022 年的 15613.71 亿元，增加约 174.28 倍，年均增长率约为 7.66%；大西北地区 GDP 由 1952 年的 28.54 亿元增加至 2022 年的 6781.52 亿元，增加约 236.61 倍，年均增长率约为 8.27%。

从排序看，1952 年，北部沿海地区 GDP 为 110.84 亿元，排名四大板块之首；黄河中游地区 GDP 为 98.81 亿元，排名第二位；东北地区 GDP 为 89.09 亿元，排名第三位；大西北地区 GDP 为 28.54 亿元，排名最末。这种排序一直保持到 2022 年。相关数据计算结果显示，以北部沿海地区为参照，1952年黄河中游地区的GDP相当于北部沿海地区的89.15%，东北地区为80.17%，大西北地区仅为25.75%。可见，从新中国成立之初，北部地区四大板块就面临发展不平衡的问题。截至2022年年底，仍以北部沿海地区为基准，排名第二位的黄河中游地区仅为其经济总量的67.84%，比1952年降低约21.31个百分点；排名第三位的东北地区GDP仅为北部沿海的41.32%，比1952年降低约48.85个百分点；排名最末的大西北地区仅为17.52%，比1952年提升约4.52个百分点。总体来看，北方地区内部四大板块差距在原有基础上进一步扩大，特别是东北地区、黄河中游地区经济占比下降较快。

从经济增速上看，1952—2022年，四大板块中北部沿海地区年均增长率最高（8.69%）、大西北地区次之（8.27%）、黄河中游地区居中（8.26%）、东北地区最末（7.66%）。可见东北地区比重快速下降的直接原因在于其经济增长落后于其他地区，东北地区经济增长失速问题值得关注。

图4-2展示了新中国成立以来南方地区内部四大板块地区生产总值（GDP）的演进趋势，从中不难看出，1952年以来东部沿海、南部沿海、西南地区及长江中游四大板块GDP也呈明显增加态势。数据显示，东部沿海地区GDP由1952年的127.34亿元增加至2022年的53423.57亿元，增加约418.53倍，年均增长率约为9.01%；南部沿海地区GDP由1952年的64.38亿元增加至2022年的33931.49亿元，增加约527.05倍，年均增长率约为9.60%；西南地区GDP由1952年的94.08亿元增加至2022年的22175.76亿元，增加约234.71倍，年均增长率约为8.12%；长江中游地区GDP由1952年的151.06亿元增加至2022年的30589.94亿元，增加约201.5倍，年均增长率约为7.88%。与北方地区四大板块对比，南方地区四大板块均衡度更高、经济发展基础更好、经济增速更快。

从排序看，1952年，长江中游地区GDP为151.06亿元，排名四大板块之首；东部沿海地区GDP为127.34亿元，排名第二位；西南地区GDP为94.08亿元，排名第三位；南部沿海地区GDP为64.38

亿元，排名最末。以长江中游地区为参照，1952年东部沿海地区的GDP相当于其GDP总量的84.3%，西南地区为62.28%，南部沿海地区仅为42.62%。可见，新中国成立之初，南方地区四大板块同样面临发展不平衡的问题，但从相对差距来看，南方地区四大板块区域经济均衡度高于北方地区。截至2022年年底，南方地区四大板块的排序已演变为"东部沿海-南部沿海-长江中游-西南地区"。仍以2022年GDP排名最高的东部沿海地区为基准，排名第二位的南部沿海地区已达其经济总量的63.51%，比1952年提升20.89个百分点；排名第三位的长江中游地区GDP相当于东部沿海的41.51%，从1952年的排名第一位降至第三位；排名最末的西南地区为41.51%，比1952年降低约20.77个百分点。总体来看，南方地区四大板块GDP在原有基础上进一步分化，特别是长江中游地区、西南地区经济占比下降较快。

从经济增速上看，1952—2022年，四大板块中南部沿海地区年均增长率最高（9.60%）、东部沿海地区次之（9.01%）、西南地区居中（8.12%）、长江中游地区最末（7.88%）。可见长江中游地区、西南地区比重快速下降的直接原因在于其经济增长落后于东部沿海和南部沿海地区，特别是长江中游经济增长失速问题值得关注。

为了进一步分析南北地区次级板块经济地位的演进趋势，本书制作了图4-3，用百分比堆积面积图的方式，分析各板块在全国经济中的占比及其变化情况。

从图4-3可以看出，新中国成立以来，东部沿海、南部沿海GDP占全国的比重呈现扩张趋势。数据显示，东部沿海和南部沿海GDP占比由1952年的16.98%、8.58%，上升至2022年的23.64%、15.02%，东部沿海GDP占比提升约6.66个百分点，南部沿海地区提升约6.44个百分点。北部沿海、黄河中游、大西北、西南地区占比变化不大，其中北部沿海地区大致稳定在16%左右，黄河中游地区保持在11%上下，大西北和西南地区分别维持在3%、10%左右。GDP占比下滑明显的有两个板块：一个是东北地区，其GDP占比由17.9%的峰值（1960年）逐步下降至6.91%（2022年），下降近11

个百分点；另外一个是长江中游地区，其GDP占比由1952年的20.14%（居八大板块之首）下降至2022年的13.54%，下降近7个百分点。东北地区和长江中游地区占比下滑均出现在改革开放之后，特别是20世纪90年代以来，下降趋势更加明显。综合判断，以上两个板块GDP占比下降与其市场经济进程密切相关，尤其是两个板块均是我国钢铁、机械、重化工产业的聚居区，经济转型更加困难。

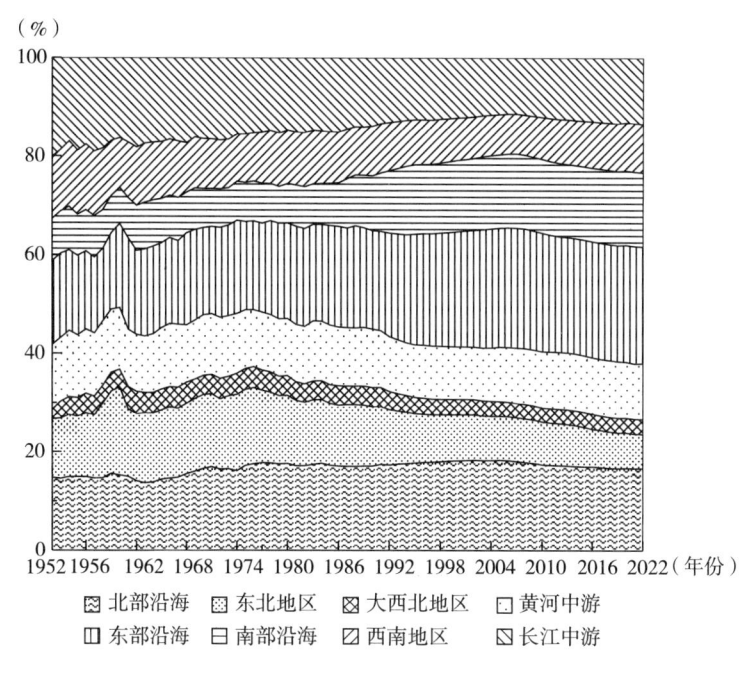

图4-3 新中国成立以来南北地区次级板块GDP占比

注：数据来源于《中国统计年鉴》《新中国六十年统计资料汇编（1949—2008）》及各省区市历年统计年鉴。

总体来看，新中国成立以来南北经济均出现分化趋势，北方地区和南方地区内部板块GDP原本就呈现不均衡态势。特别是大西北板块GDP规模较小，使得北方地区内部乃至南北经济差距更加明显。改革开放以来，东部沿海地区率先发展，使得原本存在的三大地带差距更加凸显，"沿海-内陆"差距更加突出。无论是北方地区内部黄河中游和东北地区GDP相对规模的快速下降，还是南方地区长江中游地区和西南地区的攻守易位,本质上都是"沿海-内陆"差距的具体体现。但从 GDP 及增速来看,北方地区不均衡程度更高、GDP 增速更慢、GDP 相对规模下降速度更快,这在一定程度上助推了南北经济的分化。

表 4-1 展示了 1952 年和 2022 年南北地区八个板块的 GDP 排序状况。从中可以看出,南方地区始终占据八大板块排名前两位,其中 1952 年为长江中游和东部沿海,2022 年则是东部沿海和南部沿海。北部沿海排序稳定在第三位,但是与头部两强特别是东部沿海差距极大。北方地区其他板块的排序均呈下降趋势。其中大西北地区 GDP 排序始终居于最末,尽管经济增速尚可,但是与其他板块特别是南部地区次级板块绝对差距越来越大。数据显示,1952 年大西北地区 GDP 仅为东部沿海地区的 22.41%,截至 2022 年年底这一数值下降了 9.72 个百分点。黄河中游地区 GDP 排序从 1952 年的第四位降至 2022 年的第五位,东北地区的排序则从 1952 年的第六位下降至第七位。截至 2022 年年底,在排名最末的四个板块中,除了长江中游地区外,其余三个次级板块都隶属于北方。因此,仅从这一点看,南北地区差距也呈分化态势。

表 4-1　　1952 年和 2022 年南北地区八大板块 GDP 排序

排序	1952 年			2022 年		
	所属区域	次级板块	GDP（亿元）	所属区域	次级板块	GDP（亿元）
1	南方	长江中游	151.06	南方	东部沿海	53423.57
2	南方	东部沿海	127.34	南方	南部沿海	33931.49
3	北方	北部沿海	110.84	北方	北部沿海	37789.01
4	北方	黄河中游	98.81	南方	长江中游	30589.94
5	南方	西南地区	94.08	北方	黄河中游	25636.3
6	北方	东北地区	89.08	南方	西南地区	22175.76
7	南方	南部沿海	64.38	北方	东北地区	15613.71
8	北方	大西北地区	28.54	北方	大西北地区	6781.52

注:数据来源于《中国统计年鉴》《新中国六十年统计资料汇编(1949—2008)》及各省区市历年统计年鉴,以 1978 年为基期将名义 GDP 处理为实际 GDP。

二 南北地区次级板块经济增速及演进趋势

从空间角度看,南北经济分化的直接动因是南北经济规模的变化,而经济规模变化体现的则是次级板块经济增速的差异。图4-4、图4-5展示了新中国成立以来南北地区次级板块经济增速的演进趋势。

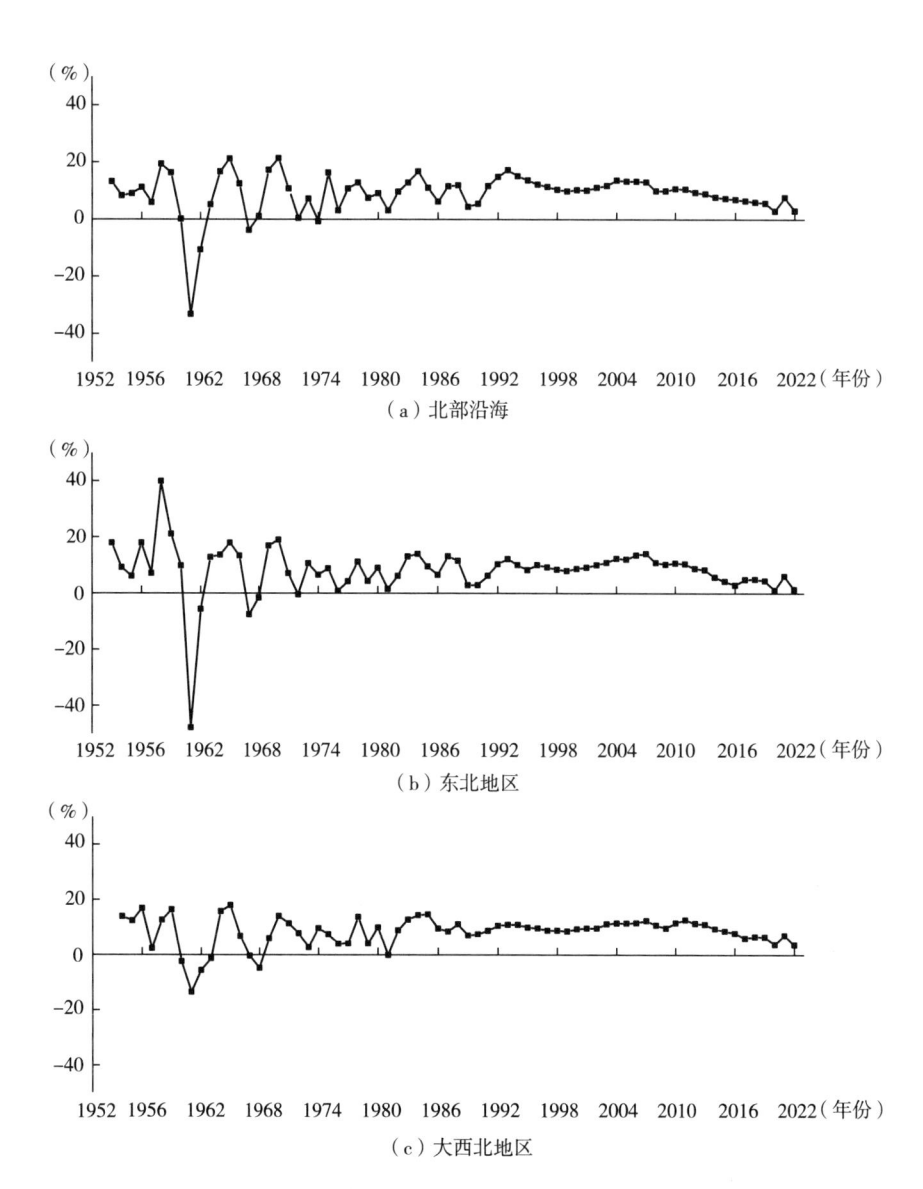

(a)北部沿海

(b)东北地区

(c)大西北地区

图4-4 新中国成立以来北方地区内部次级板块GDP增速

(d) 黄河中游

图 4-4　新中国成立以来北方地区内部次级板块 GDP 增速（续）

注：数据来源于《中国统计年鉴》《新中国六十年统计资料汇编（1949—2008）》及各省区市历年统计年鉴，以 1978 年为基期计算得到年度增长率。

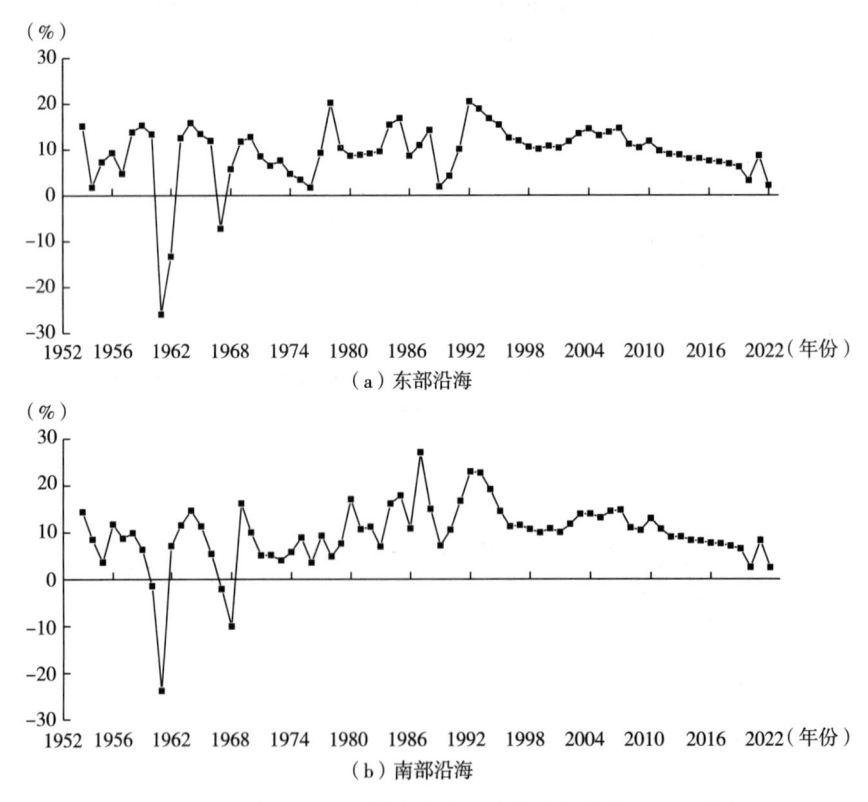

(a) 东部沿海

(b) 南部沿海

图 4-5　新中国成立以来南方地区内部次级板块 GDP 增速

(c) 西南地区

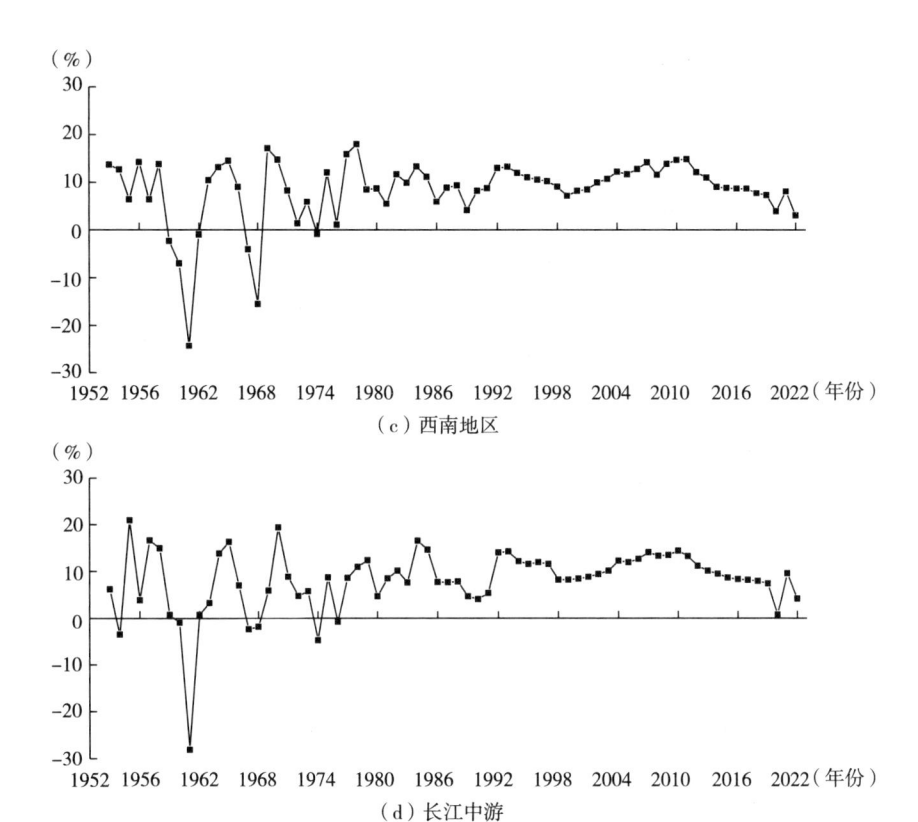

(d) 长江中游

图 4-5　新中国成立以来南方地区内部次级板块 GDP 增速（续）

注：数据来源于《中国统计年鉴》《新中国六十年统计资料汇编（1949—2008）》及各省区市历年统计年鉴，以 1978 年为基期计算得到年度增长率。

1990 年以前，北方地区次级板块经济增长呈现剧烈波动态势。尤其是东北地区，既出现过年度增长 39.89% 的高峰（1958 年），也出现过负增长 47.85% 的低谷（1961 年），反映出这一时期北方地区经济增长稳定性不强。进入 20 世纪 90 年代后，随着社会主义市场经济体制的建立和完善，北方地区经济增长进入平稳期，波动幅度较前阶段大大降低，但也呈现周期性变化，每个周期大概十年。

第一个周期是 1990—2000 年。这一时期，改革开放进入调整期，社会主义市场经济体制初步建立并完善。在政策等因素的作用下，北方地区次级板块先是迎来经济的高速增长，经济增速从 1990 年的 5%

左右快速提升至两位数。如北部沿海地区 1990 年的 GDP 增速仅为 5.44%，至 1993 年已上升至 17.32%。经济的快速增长，使得北方地区次级板块 GDP 规模快速增加，但同时也累积了投资过热等发展风险。于是，宏观经济政策开始偏紧，经济增速逐步回调，至 2000 年北部沿海已经下调至 10% 左右。

进入 21 世纪后，国家实施了一系列偏向于北方的区域发展战略，西部大开发、中部崛起等发展战略的实施极大地促进了中西部地区的经济增长。加之我国加入世界贸易组织，国际经济也处于快速增长时期，北方地区次级板块经济增长重新回到 13% 以上的高位。特别是以资源型经济为主的山西等黄河中游省区，在煤炭等国际大宗商品价格大幅上涨的带动下，经济增速一度领跑北方地区。

然而，随着 2007 年美国次贷危机的爆发与蔓延，国际经济虚拟化和泡沫化弊端显露无遗，对我国经济造成严重影响。特别是北方以资源型和重化工业为支柱产业的省区，随着能源价格的下降，进入了经济的深度调整期。而 2008 年的四万亿投资计划也仅仅使北方地区经济增长维持了两年的上升趋势，从 2010 年开始，北方地区次级板块经济开始失速，经济增速大幅下调，一度跌穿 3% 的增速（2016 年）。此后随着疫情的暴发，北方地区次级板块经济增速再次陷入波动状态，东北地区一度接近 1%（2020 年）。

总体来看，北方地区经济增速在 2010 年以后开始集体进入下行通道。尤其是东北地区，一度出现了经济失速状况。从外部环境看，北方地区经济增速的调整与世界经济周期的转变密切相关。但从内部因素看，产业结构不合理、体制机制不完善等深层次因素才是这一时期北方经济增速下调的主要原因。尤其值得关注的是，自 1990 年我国建立社会主义市场经济体制以来，东北地区经济增速始终在北方内部处于末位，近年来更是频频创下经济增速新低，在一定程度上暴露出经济失速的风险。

南方地区经济增速演进趋势与北方大体相似，但也略有不同（见图 4-5）：一是相比北方，南方地区经济增长稳定性更强，体现为增长曲线波动幅度相对更小；二是在主要的历史时期，南方地区次级板块经济增速整体上高于北方地区，且这种状况在南北地区头部板块和末位板块对比中体现得更为明显（见表4-2）；三是近年来经济增速下滑的主要原因略有差异，南方地区经济增速下滑主要是受外部经济特别是国际经济波动的影响，北方地区则主要在于产业结构不优、体制机制不活等内部成因。如果进一步考虑到南方地区原本就在经济规模上占优势，经济增速的差异将使南北经济分化趋势更加明显，表现为南北差距特别是绝对规模差距呈现持续扩大态势。

表4-2　　　　不同时期南北地区八个板块GDP增速　　　　单位：%

时段	北部沿海	东北地区	大西北地区	黄河中游	北方地区	东部沿海	南部沿海	西南地区	长江中游	南方地区
1952—2022年	8.69	7.66	8.27	8.26	8.35	9.01	9.37	8.12	7.88	8.59
1978—2022年	9.87	8.20	9.24	9.98	9.45	10.56	11.78	9.78	9.81	10.46
1952—1978年	6.71	6.74	9.11	5.42	6.51	6.44	5.39	5.36	4.70	5.51
1978—1990年	9.08	7.82	8.96	9.61	8.84	9.83	13.08	8.74	8.85	9.90
1990—2010年	12.20	10.26	10.30	11.92	11.50	13.13	13.79	11.16	11.33	12.54
2010—2022年	6.88	5.25	7.77	7.19	6.71	7.10	7.28	8.54	8.26	7.60

注：数据来源于《中国统计年鉴》《新中国六十年统计资料汇编（1949—2008）》及各省区市历年统计年鉴，以1978年为基期计算得到各时期平均增速。

三　南北地区次级板块人均GDP及演进趋势

如果说GDP是一个地区经济实力的象征，反映了一个地区的经济地位，那么人均GDP则是地区经济发展水平的具体表现。一个国家和地区的GDP受众多因素影响，其中人口就是最为重要的因素之一。人均GDP综合考虑了GDP总量和人口规模的影响，从人均视角反映了一个地区真实的经济发展水平。

由图4-6不难看出，新中国成立以来南北地区八大板块人均GDP呈显著增长态势。以南方地区为例，数据显示，1952—2022年，东部沿海地区人均GDP从105.17元增加至30409.78元，增加约154.81倍，年均增速达到7.48%。南部沿海地区人均GDP从145.36元增加至18986.03元，增加约129.62倍，年均增速达到7.21%。西南地区人均GDP由81.57元增加至18986.03元，增加约106.95倍，年均增速达到6.92%。长江中游地区人均GDP由141.92元增加至13240.69元，增加约92.3倍，年均增速达到6.69%。北方地区大体如此，各个板块人均GDP都呈现明显增长态势。

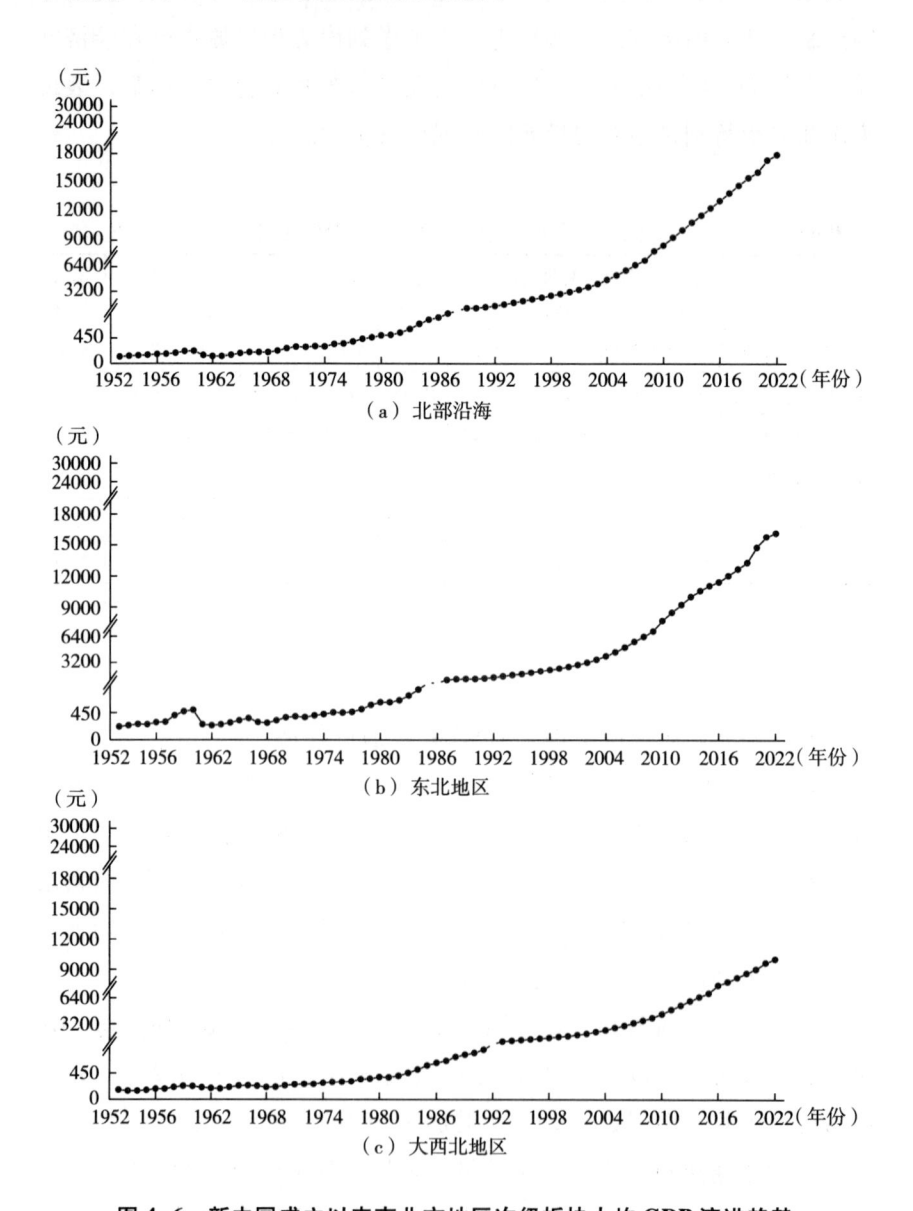

图4-6 新中国成立以来南北方地区次级板块人均GDP演进趋势

(d) 黄河中游

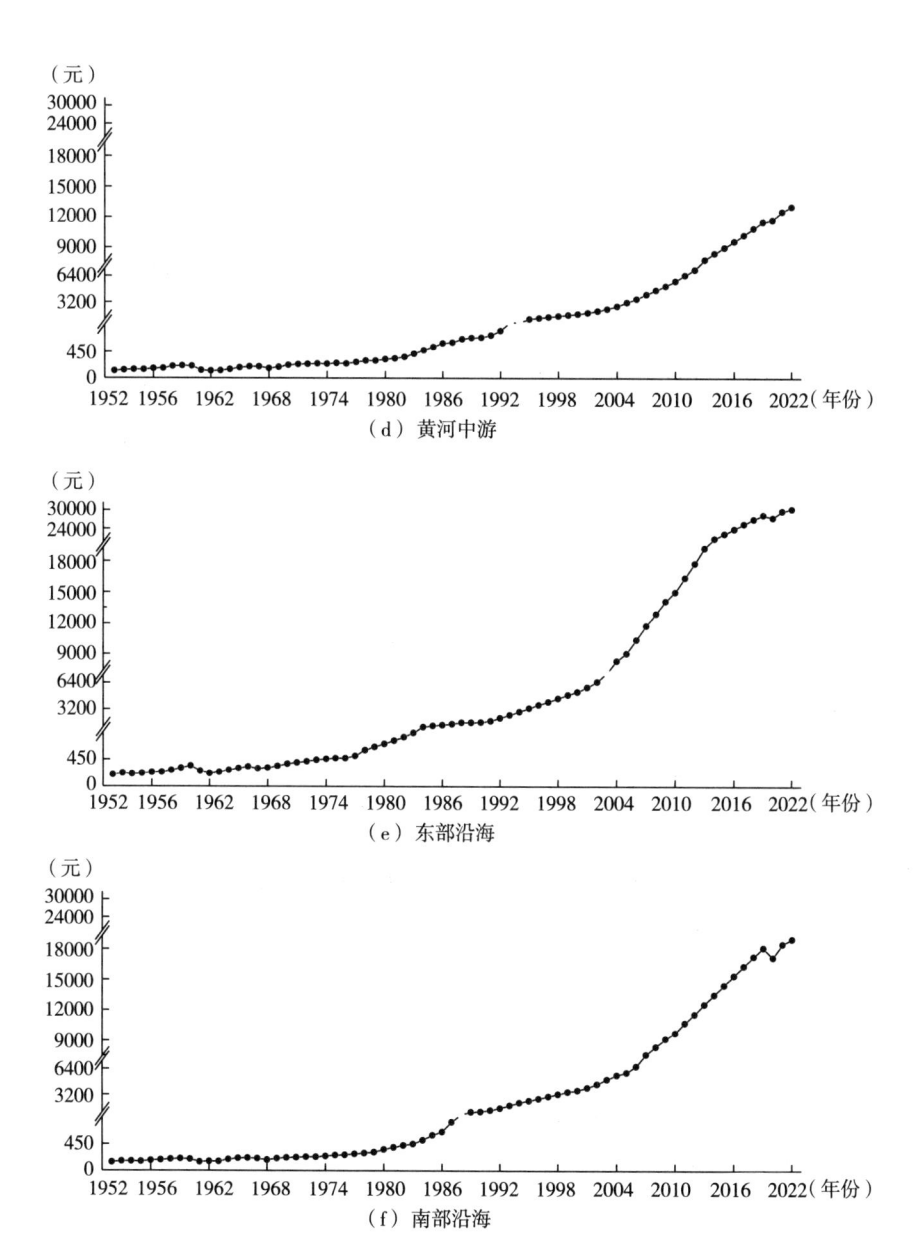

(e) 东部沿海

(f) 南部沿海

图 4-6 新中国成立以来南北方地区次级板块人均 GDP 演进趋势（续）

(g) 西南地区

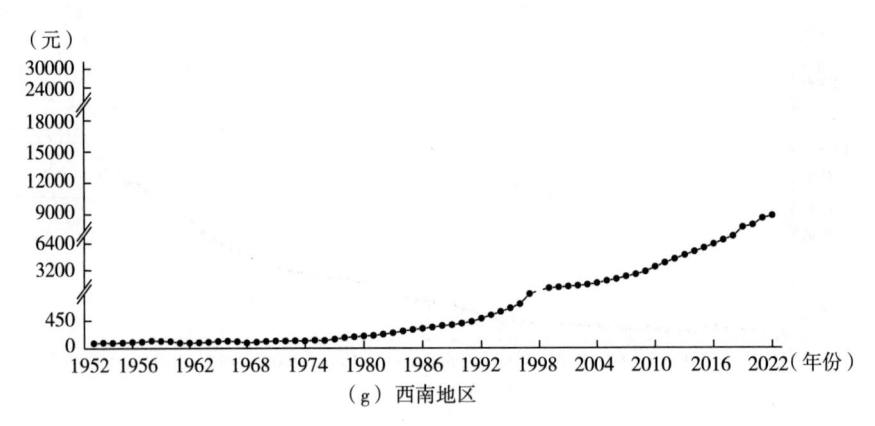

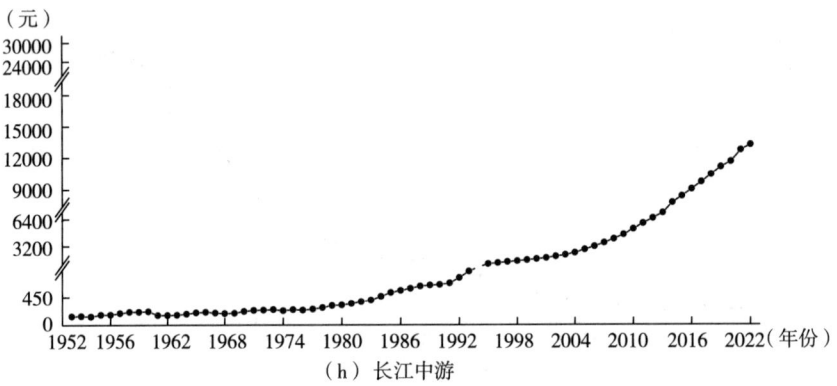

(h) 长江中游

图 4-6　新中国成立以来南北方地区次级板块人均 GDP 演进趋势（续）

注：(1) 在 1983 年、2003 年和 2013 年三个年份设置断点，便于完整观察数据演进趋势；(2) 数据来源于《中国统计年鉴》《新中国六十年统计资料汇编（1949—2008）》及各省区市历年统计年鉴，以 1978 年为基期将名义 GDP 处理为实际 GDP。

从演进趋势上看，以 1983 年、2003 年、2013 年三个时间节点为界，南北地区八大板块人均 GDP 增长呈现不同的变化特征，相对位次也发生明显改变。1952—1983 年，东北地区和东部沿海地区人均 GDP 交替领先，特别是 1952—1967 年，东北地区人均 GDP 居八大板块之首，东南地区次之；1967 年之后，东部沿海地区超越东北地区，人均 GDP 位列八大板块第一，并将领先优势一直保持到 2022 年。尽管如此，东北地区人均 GDP 仍具有明显优势，稳居第二位。除此之外，北方地区的北部沿海、大西北地区也明显高于南方地区其他板块。可见，在改革开放之初，北方地区人均GDP整体上具备一定优势。

改革开放之后，南部沿海地区经济快速发展，其人均GDP在1992年先后超越北部沿海和东北地区，上升到八大板块第二位，并将领先优势一直保持到2022年。与此同时，东北地区人均GDP先后被南部沿海和北部沿海超越，名次掉落至八大板块第四位。同时，大西北地区人均GDP也逐渐被黄河中游地区超越，从第三位落至第六位。总体来看，改革开放后至21世纪初，南方地区次级板块人均GDP上升速度更快，北方东北地区、大西北地区位次不断下降。

2003年以后，随着我国加入世界贸易组织，东南沿海地区进一步发挥经济优势，人均GDP与北方次级板块差距逐渐拉大，八大板块的差序格局进一步固化。截至2022年年底，东部沿海地区人均GDP以绝对优势排名八大板块首位，南部沿海次之，北部沿海第三位，东北地区第四位，长江中游地区上升到第五位，黄河中游地区退居第六位，大西北地区和西南地区分列第七、八位。

从增速看，新中国成立以来，南北地区八大板块人均GDP增速呈现波动增长态势，但在多数年份仍保持了正增长。1990年之前，南北地区增长均呈波动态势，相比之下南方次级板块波动幅度更大。1990年之后，八大板块增长波动趋缓，开始步入平稳增长区间。在北方，四大板块人均GDP增速相对趋同，除东北地区长期落在末尾，其他三个板块交替领先。在南方，南部沿海和东部沿海两个板块处于领先地位，2000年之后西南地区异军突起，人均GDP增速一度领先，但依靠大规模基础设施建设和公共投资拉动模式也给经济可持续发展埋下隐患，近年来贵州等西南省区债务问题引发社会各界关注，值得注意。

(a) 北部沿海

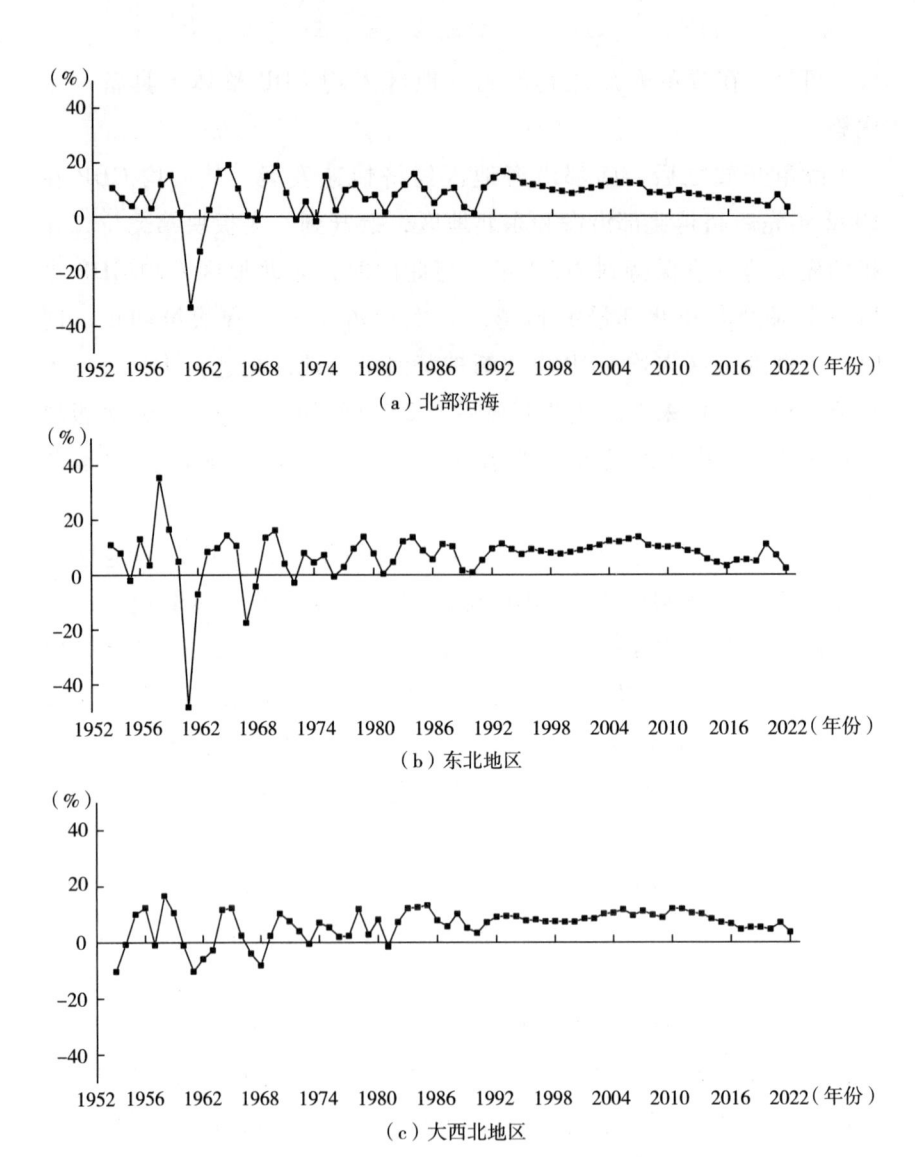

(b) 东北地区

(c) 大西北地区

图 4-7 新中国成立以来北方地区次级板块人均 GDP 增长情况

(d）黄河中游

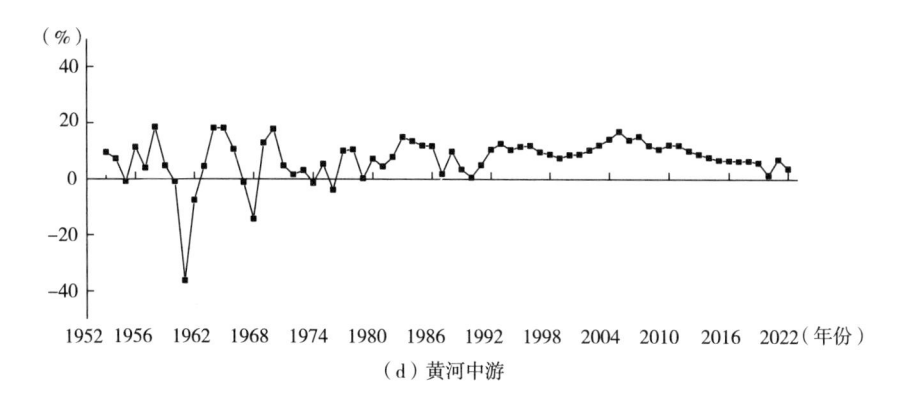

图 4-7　新中国成立以来北方地区次级板块人均 GDP 增长情况（续）

注：数据来源于《中国统计年鉴》《新中国六十年统计资料汇编（1949—2008）》及各省区市历年统计年鉴，以 1978 年为基期算得到实际增长率。

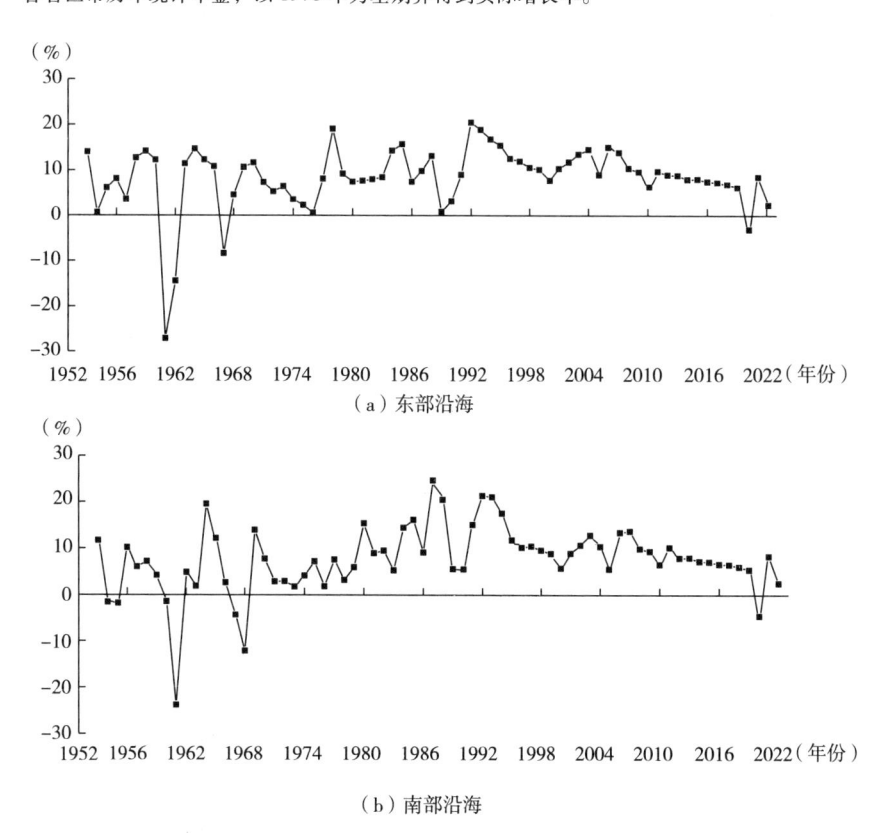

(a）东部沿海

(b）南部沿海

图 4-8　新中国成立以来南方地区次级板块人均 GDP 增长情况

(c) 西南地区

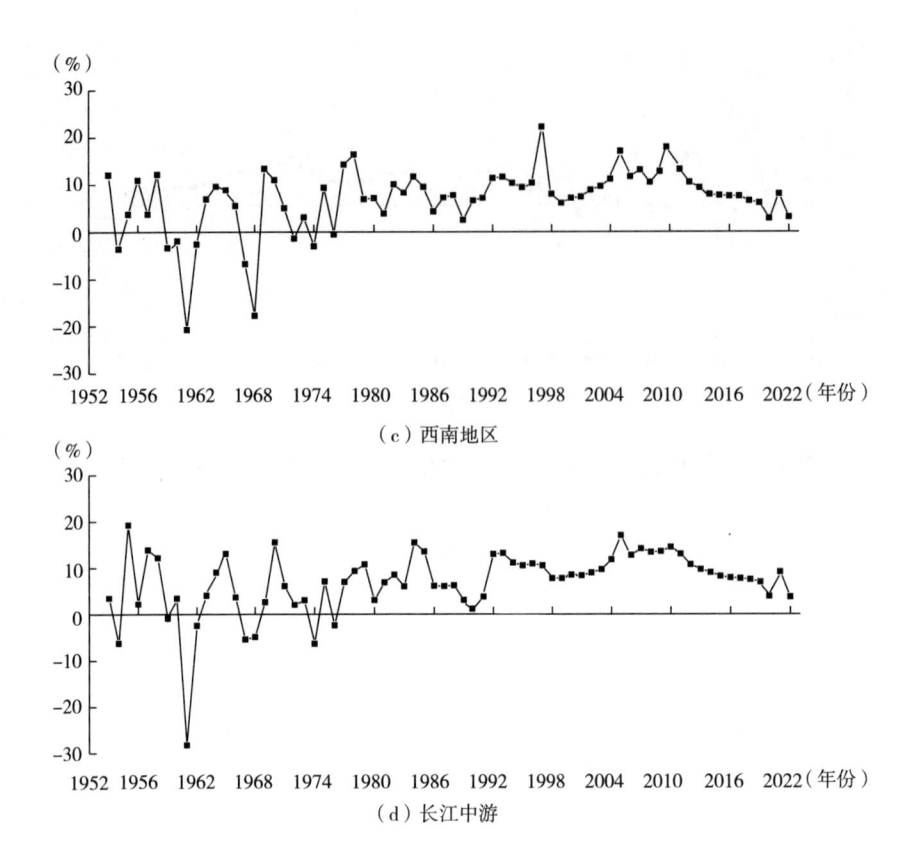

(d) 长江中游

图 4-8　新中国成立以来南方地区次级板块人均 GDP 增长情况（续）

注：数据来源于《中国统计年鉴》《新中国六十年统计资料汇编（1949—2008）》及各省区市历年统计年鉴，以 1978 年为基期算得到实际增长率。

由表 4-3 也可看出，南方地区次级板块人均 GDP 增速在多数历史时期高于北方地区次级板块。在改革开放以前，北方地区各次级板块人均 GDP 增速尚有一定优势；但改革开放后，南方地区优势更加明显，北方地区次级板块优势不再，逐渐被南方地区超越。尤其需要注意的是，东北地区从新中国成立之初的人均 GDP 排名第一位，逐步掉落至第四位，在一定程度上蕴含了经济发展失速的风险。

另外需要关注的是，在 2003—2013 年高速发展期间，西南地区年均 13.33% 的人均 GDP 增速位列八大板块之首，带动南北经济差距逐渐扩大。即使是在基数效应作用下，南北地区普遍越过了人均 GDP

高增长的阶段，西南地区仍以 5.39% 的年均增速位列长江中游地区之后，位居 2013—2023 年八大板块年均增长第二。

表 4-3　不同时期南北地区八个板块人均 GDP 增速　　单位：%

时段	北部沿海	东北地区	大西北地区	黄河中游	东部沿海	南部沿海	西南地区	长江中游
1952—2022 年	7.38	6.35	6.36	6.88	7.48	7.21	6.92	6.69
1952—1983 年	5.31	4.00	3.94	3.98	5.02	3.72	3.61	3.42
1983—2003 年	10.11	8.24	8.21	9.10	11.10	12.87	9.15	8.67
2003—2013 年	9.98	10.89	10.57	12.70	10.16	9.49	13.33	12.84
2013—2022 年	4.64	4.45	4.73	4.74	4.24	3.82	5.39	5.81

注：数据来源于《中国统计年鉴》《新中国六十年统计资料汇编（1949—2008）》及各省区市历年统计年鉴，以 1978 年为基期计算得到各时期平均增速。

经济快速增长固然重要，但是在创新驱动发展背景下，经济增长的动力来源直接关系经济发展的质量。有关西南地区经济高速增长的评论性文章颇多，但或多或少都忽视了高速增长背后的隐忧。以贵州为例，自 2015 年起迈入万亿元行列，贵州经济增速连续两年居全国第一位，连续八年位居全国前三名，经济增速持续领跑全国。然而贵州经济高速增长的背后，债务问题也随之浮现。

第二节　基于变异系数的南北差距空间板块分解

为了更加直观地展示南北地区次级板块经济差距，本部分按照前述对南北地区次级板块的划分结果，以及变异系数的计算公式，从 GDP 总量和人均 GDP 两个视角，测算了新中国成立以来南北地区次级板块的变异系数，从而为诊断南北经济差距的根源提供更加直接和更具说服力的证据。

一 南北地区变异系数及演进趋势

图 4-9 展示了 1952 年以来基于省域单元数据的南北地区之间、北方地区内部和南方地区内部 GDP 变异系数的演进趋势。

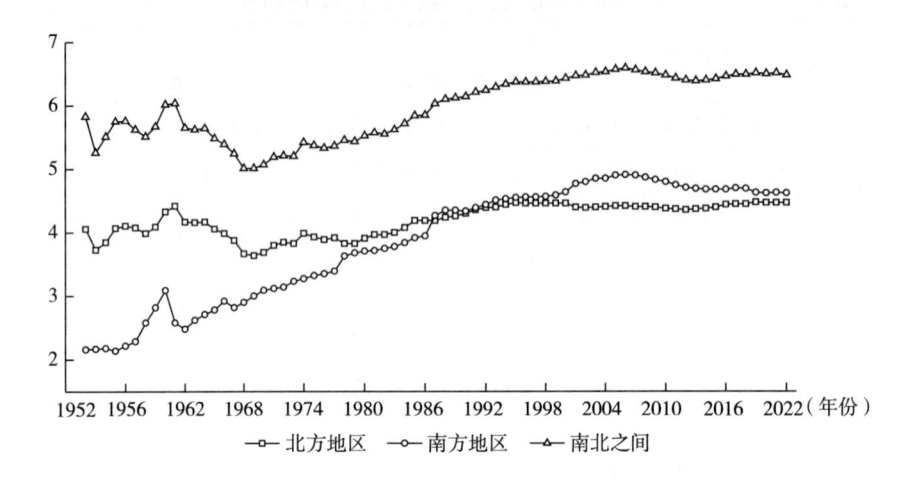

图 4-9 新中国成立以来南北地区 GDP 变异系数

从图 4-9 可以看出，新中国成立以来，南北地区之间、北方地区内部和南方地区内部 GDP 变异系数总体呈上升趋势。数据显示，1952 年，以省域 GDP 为基本单元的南北地区变异系数为 5.83，说明在新中国成立之初，从演进趋势上看，南北地区各省区 GDP 变异系数大致呈现"先降-后升-趋缓-又升"四个阶段。其中，1952—1969 年，南北各省区 GDP 变异系数呈现总体下降趋势，其数值从 1952 年的 5.83 逐步下降至 1969 年的 5.01。随后 1969—2007 年，各省区变异系数进入上升区间，逐步达到历史高位的 6.59（2006 年）。2007—2014 年，各省区变异系数再次进入下降区间，数值逐步降至 6.40。此后至 2002 年，又缓慢上升至 6.48。整体来看，当前各省区 GDP 变异系数处于高位，反映出各省区 GDP 规模差异巨大。

1952—2022 年，北方地区 GDP 变异系数整体呈上升趋势，其数值由 1952 年的 4.06 缓慢上升至 2022 年的 4.47，说明北方地区内部各省区 GDP 差距变动不大，但从具体数值看，南北差距水平依然较高。在演进趋势上，北方地区变异系数与南北地区各省区变异系数变动特征大体类似，本处不再赘述。另外从图4-9可以看出，1952年以来南方地区GDP变异系数呈明显上升趋势，其数值由1952年的2.16上升至2022年的4.62，上升幅度较为明显。1988年，南方地区GDP变异系数开始超过北方，说明南方地区内部各省区差异开始超过北方。

图4-10　新中国成立以来南北地区人均GDP变异系数

与GDP变异系数相比，无论是南北地区各省区之间，还是南方地区内部和北方地区内部，其人均GDP变异系数波动都更为剧烈。以1978年为界，改革开放之前，南北地区人均GDP变异系数在波动中上升，并在1978年后达到历史高位。改革开放后，南方地区内部人均GDP变异系数呈下降趋势，北方地区人均GDP变异系数呈波动式变化，但整体上变化不大。在南北地区共同作用下，改革开放后各省区人均GDP变异系数总体呈下降趋势。从人均GDP角度而言，南北地区差距有所缩小；但从具体数值看，南北地区人均GDP变异系数均在4以上，其中南部地区之间的变异系数更是高达6左右。可见，相比于总量差距，南北地区人均GDP差距更大。

二　南方地区次级板块变异系数及演进趋势

由前述分析可知，新中国成立以来南北地区变异系数总体呈上升趋势，也从侧面反映出南北经济差距整体呈扩大趋势。为了探寻这种差异的空间来源，本书将对南北地区次级板块的变异系数进行测度和展示。图4-11展示了1952年以来南方地区四个次级板块变异系数的演进趋势。

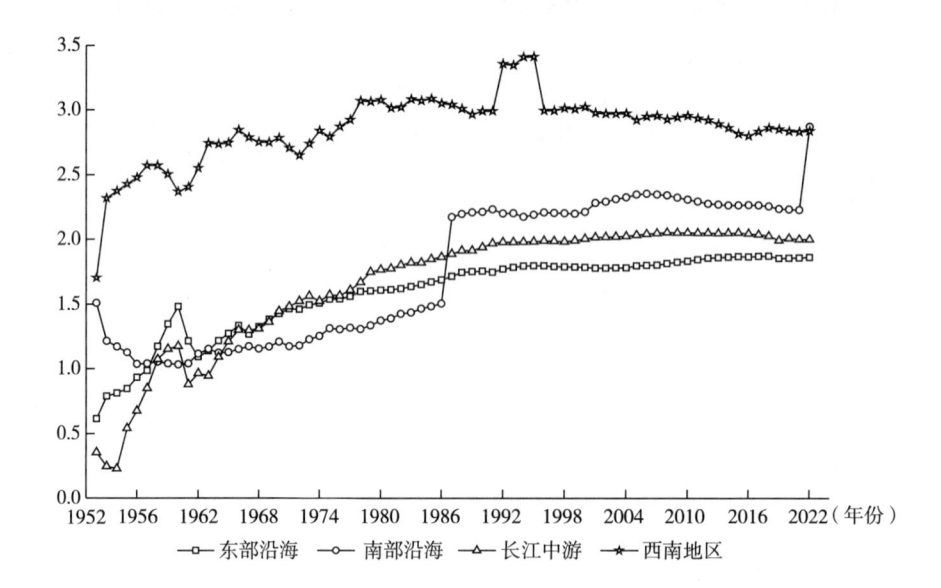

图 4-11　新中国成立以来南方地区次级板块 GDP 变异系数

如图4-11所示，新中国成立以来，南方地区四大次级板块GDP变异系数总体呈上升趋势。数据显示，东部沿海地区GDP变异系数从1952年的0.61上升至2022年的1.86；历史同期，南部沿海变异系数从1.51上升至2.87，长江中游地区从0.35上升至2.0，西南地区从1.70上升至2.84。这反映出南方地区四个次级板块GDP差距总体呈扩大趋势。横向对比来看，西南地区GDP变异系数明显高于其他三个板块，且领先幅度较大，说明西南地区内部各省区经济差距程度较高。南部沿海地区变异系数在1987年出现跃升，之前长期排在南方四大板块末位，1987年后上升到第二位。东部沿海和长江中游地区以改革开放为界，之前GDP变异系数快速上升，之后上升速度趋缓。

如图4-12所示，新中国成立以来，南方地区次级板块人均GDP

变异系数波动幅度较大，各板块异质性较强。其中西南地区变异系数呈下降趋势，且在1978年出现跳跃性变化。1978年以前，西南地区变异系数总体呈缓慢上升趋势，其数值从2.27持续上升至2.69。1978年，西南地区变异系数从2.69的高位陡然下降至2.04，此后大致保持在2.0上下。长江中游地区变异系数总体呈上升趋势，其中1978年之前上升速度较快，之后上升速度趋缓。改革开放之前，东部沿海和南部沿海地区变异系数快速抬升，但改革开放以后总体呈下降趋势，反映出两个地区在经济发展的同时，地区差距控制在合理范围内，从某种程度上初步实现了地区层面的共同富裕。

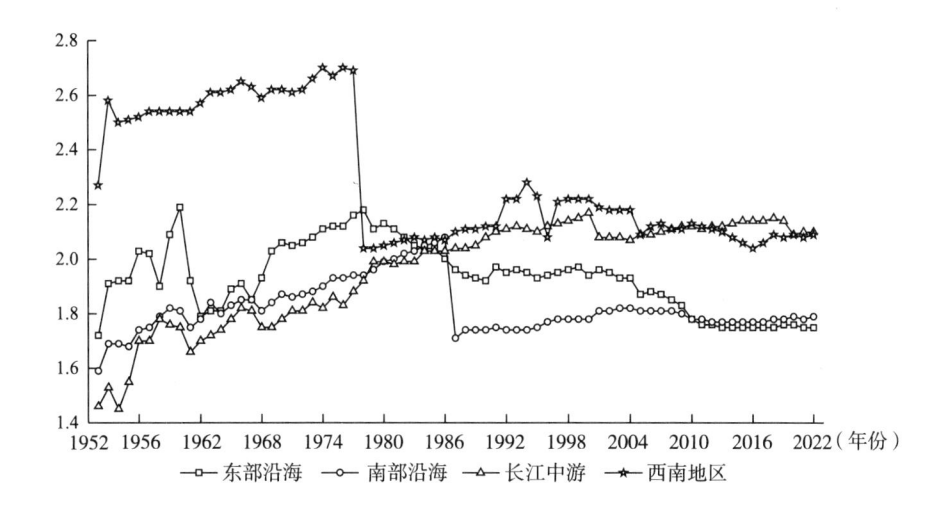

图 4-12　新中国成立以来南方地区次级板块人均 GDP 变异系数

三　北方地区次级板块变异系数及演进趋势

图 4-13 展示了新中国成立以来北方地区四个次级板块 GDP 变异系数的演进趋势。由图可见，新中国成立以来北方地区次级板块 GDP 变异系数整体呈上升趋势。数据显示，北部沿海地区 GDP 变异系数由 1952 年的 1.22 逐步上升至 2022 年的 2.71，东北地区由 0.63 上升至 1.84，黄河中游地区由 1.02 上升至 2.04，大西北地区由 1.90 上升至 3.44。

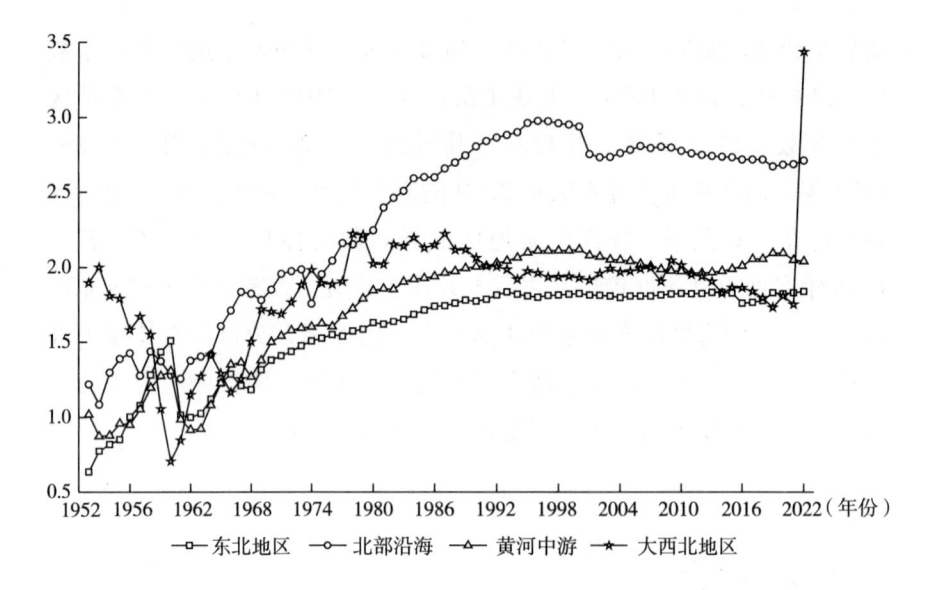

图 4-13　新中国成立以来北方地区次级板块 GDP 变异系数

从具体板块的演进趋势上看，东北地区变异系数虽呈上升趋势，但至改革开放前，其数值始终保持在相对较低的水平，说明东北地区内部各省区发展相对均衡。改革开放后，东北地区变异系数有所上升，表明地区差距有所扩大，但总体来看仍然保持相对合理的水平，其变异系数长期位于北方四大板块末位。

北部沿海地区变异系数不仅在数值上明显高于其他板块，且上升速度更快。数据显示，北部沿海地区变异系数在1974年尚维持在1.76的水平，但至1998年已经拉升至2.96，年均增速为2.42%。1998年以后，北部沿海地区变异系数有所降低，但至2022年依然高达2.71，居于北方地区首位。

大西北地区变异系数呈现"先升后降"的变化特征，从1960年的0.7快速拉升至1987年的2.22，年均增速高达5.37%。此后大西北地区变异系数呈阶梯式下降趋势，2021年已经降至1.75左右。黄河中游地区变异系数总体呈上升趋势，变化特征与东北地区相似，不再赘述。

此外，从人均GDP角度看，北方地区次级板块变异系数整体呈上升趋势（见图4-14）。尤其是东北地区、黄河中游地区和大西北地区上升幅度较大，表明这些地区不仅经济总量相对较低，且内部不均衡程度更高。相比之下，北部沿海地区虽总体呈上升趋势，但自2000年后变异系数增长趋缓甚至略有下降，这一点与南方地区次级板块中的东部沿海和南部沿海相似。作为八大板块经济总量排名前三位的板块，三大沿海地区不仅实现了经济总量的快速增长，而且在人均GDP层面的差距也小于其他内陆板块，甚至在一定程度上展露出了共同富裕的雏形，再次说明只有改革开放，才能在发展中实现地区经济均衡发展。

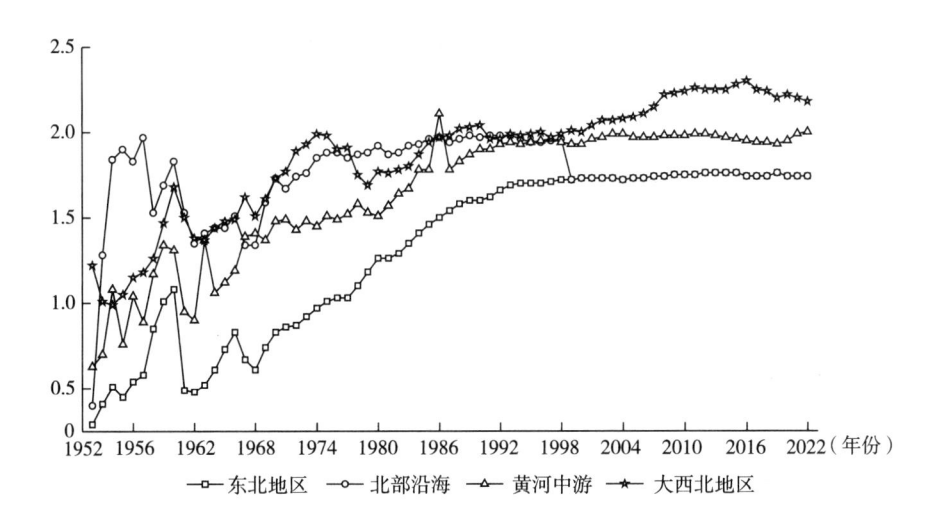

图 4-14 新中国成立以来北方地区次级板块人均 GDP 变异系数

第三节 基于泰尔指数的南北差距空间板块分解

泰尔指数不仅可以测算经济差距的演化趋势，同时还能够将总体差距分为组内差距和组间差距，进一步分析区域经济差距的空间来源。本部分将沿用第三章的思路，运用传统的泰尔指数对南北经济差距进行测度与分解；在此基础上，根据南北地区次级板块的划分结果，对泰尔指数进行二阶嵌套，进一步细化南北经济差距的空间来源。

一 南北地区泰尔指数一阶分解结果及分析

首先，对南北经济差距进行泰尔指数一阶分解，将总体差距划分为南北区间差距、南方区内差距和北方区内差距（见图 4-15）。

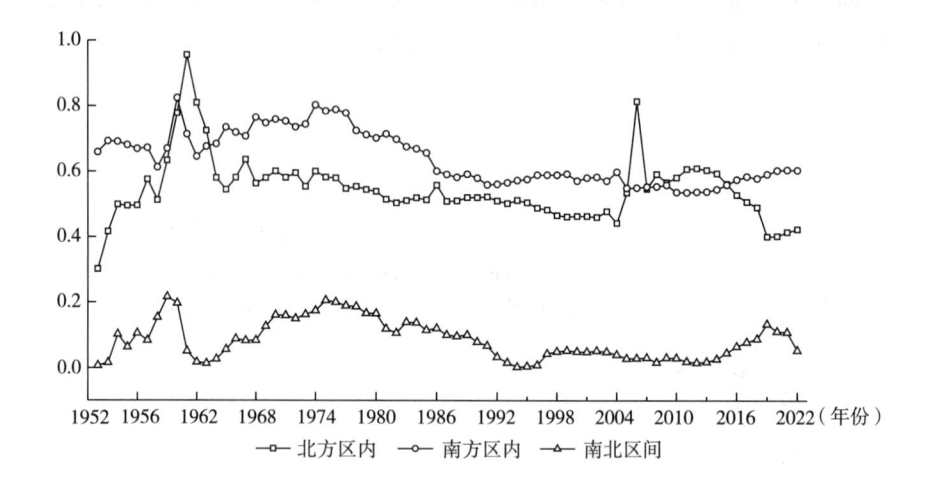

图 4-15 新中国成立以来南北地区一阶泰尔指数分解结果

由图 4-15 可知，新中国成立以来，南（北）地区内部差距始终是南北差距的主要来源，两者合计的泰尔指数贡献率长期维持在 90% 以上（见图 4-16）。分地区来看，南方区内、北方区内和南北之间呈现不同的变化特征。

1952 年以来，南方区内一阶泰尔指数变化大体可分为三个阶段，总体呈"先升—后降—趋缓"的下降趋势。其中 1952—1974 年，南方地区一阶泰尔指数从 0.6585 上升至 0.8028，年均增速达 0.9%，表明这一时期南方区内经济差距有所扩大。随后 1974—1991 年，南方区内泰尔指数逐步回调至 0.5589，年均降幅为 2.15%。此后，南方区内泰尔指数虽略有波动，但整体稳定在 0.60 左右，截至 2022 年年底，南方区内泰尔指数为 0.6035。

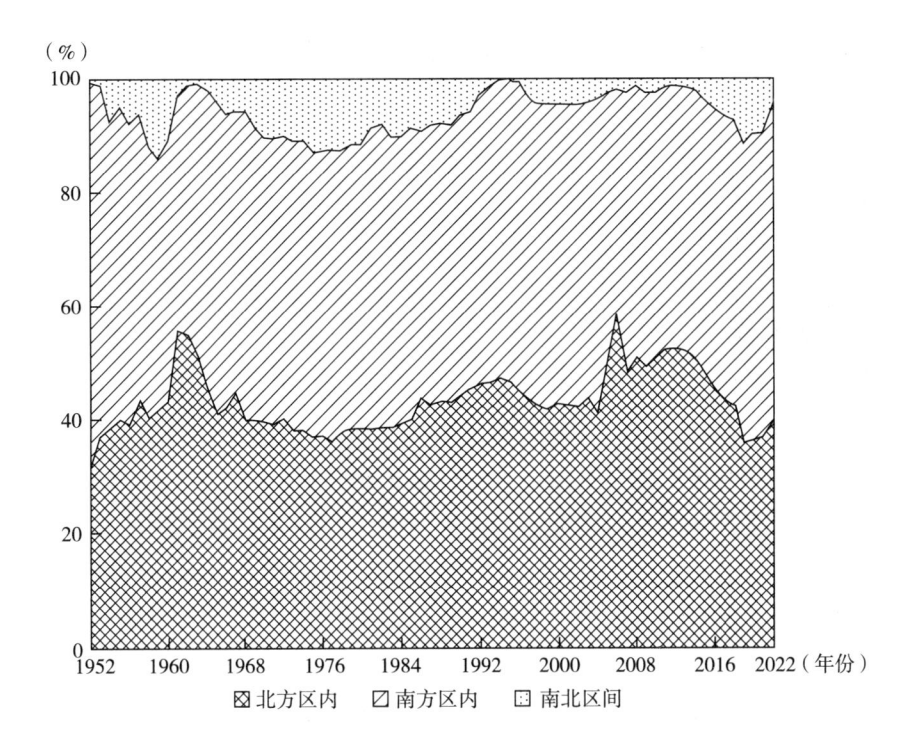

图4-16 新中国成立以来南北地区泰尔指数贡献度

与南方区内相比，北方区内泰尔指数波动幅度较大，但数值整体上不及南方，说明北方区内经济差距相对较小。从趋势上看，北方地区泰尔指数演变也可以划分为三个阶段且整体维持在0.4—0.6的区间。第一个阶段是1952—1965年，泰尔指数经历了"先升后降"的倒"V"形变化。数据显示，1952年北方区内泰尔指数为0.3007，至1961年陡然升至0.9555，年均增速高达13.71%。这一时期，北方东北地区、华北部分地区启动工业化进程，经济快速发展，但是如西北地区等经济发展尚保留有强烈的小农经济特征，由此经济差距迅速扩大。1961年，党的八大提出以"调整"为核心的区域经济发展战略，地区差距有所缓解，因此1961—1965年，北方区内泰尔指数又快速下降至0.5444。第二个阶段是1966—2004年，北方区内泰尔指数步入下降通道，数值从0.5809逐步降至0.4421。从第三个阶段即2004年开始，北方地区泰尔指数再次升高，一度达到0.8142的峰值

(2006年），随后呈现倒"U"形变化特征，泰尔指数先升后降，最终又回归至0.4左右。

南北区间泰尔指数虽呈波动趋势，但数值整体维持在0.1左右，占南北地区差距的份额相对较小。与北方区内泰尔指数类似，南北区间泰尔指数也经历了三个阶段的变化。第一个阶段是1952—1963年，泰尔指数先升后降，呈倒"V"形变化。第二个阶段是1963—1995年，泰尔指数以1975年为峰值，呈典型的先升后降的倒"U"形曲线。第三个阶段是1996—2022年，泰尔指数整体呈缓慢上升趋势，整体维持在0.05左右。

二　南北地区泰尔指数二阶分解结果及分析

为分析次级板块对南北经济差距贡献，对泰尔指数二阶展开，即将南北经济差距分为南北方次级板块区内差距、南北方次级板块区间差距、南北方区间差距三个方面。

图4-17展示了1952年以来南北地区次级板块二阶泰尔指数的变动趋势，整体来看，基于南北地区八大次级板块的泰尔指数虽有波动，但基本维持在1.24上下的水平，数值变化不大。分阶段看，1952—1964年，泰尔指数变动剧烈，以1961年为峰值，呈现先升后降的倒"V"形变化特征。1964—1992年，泰尔指数呈波动下降趋势，其中1962—1967年，泰尔指数从1.7578下降至1.5962，随后1967—1992年，又逐步降至0.93。1992年以后，泰尔指数变动不大，整体维持在1.14左右的水平。

从南北方次级板块区内差距、南北方次级板块区间差距、南北方区间各自的演进趋势可以看出（见图4-18），南北方次级板块区内差距占据绝对主导地位，几乎贡献了南北地区差距的80%以上。此外，南北方次级板块区间差距占比也在10%左右，南北方区间差距的贡献份额也为10%左右。由以上分析可以看出，在对泰尔指数按次级板块进行二阶嵌套后，南北方八大板块内部的差距才是南北差距的主要来源，这与前述变异系数的分解结果一致。从政策启示角度看，南北经济高质量协调发展的首要任务，就是缩小八大板块内部的经济发展差距，特别是西南地区、黄河中游、大西北地区等几个区内经济分化明显的内陆板块，更值得重点关注。对于北部沿海、东部沿海和南部沿海则要侧重典型研究，总结三大沿海地带在经济快速发展同时，又能兼顾地区差距的宝贵经验。

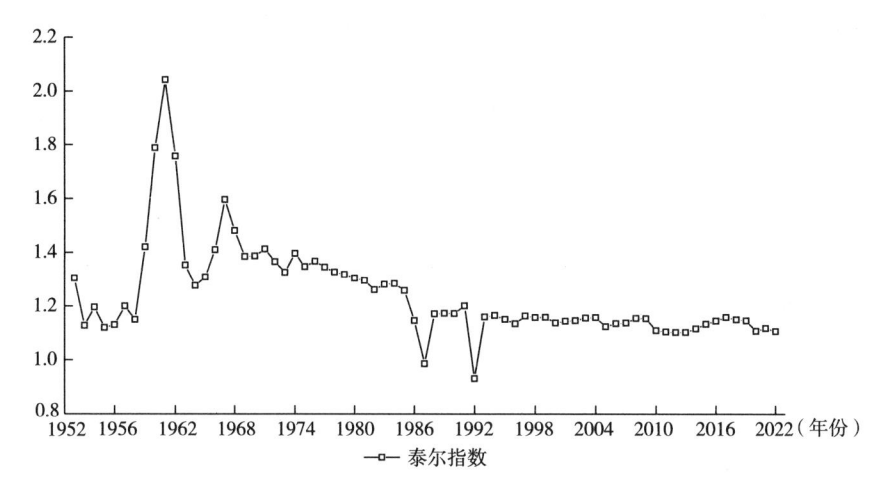

图4-17　新中国成立以来南北地区次级板块二阶泰尔指数

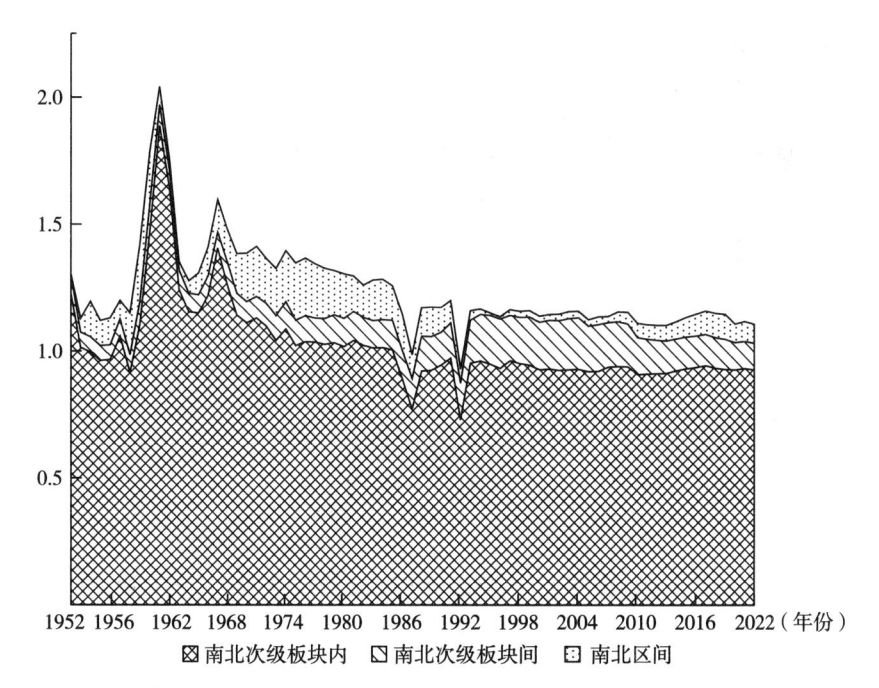

图4-18　新中国成立以来南北地区二阶泰尔指数分解结果

三　南北地区次级板块泰尔指数二阶分解结果及分析

沿用上述思路，进一步将南北地区八大次级板块引入，将南北经济差距划分为北方次级板块区内差距、南方次级板块区内差距、北方次级板块区间差距、南方次级板块区间差距、北方区间差距、南方区间差距。

从图4-19、图4-20可以看出，南北次级板块内部的差距是南北差距的主要来源。数据显示，新中国成立以来，南北次级板块内部的差距对整体差距的贡献率高达80%以上，其中仅南方次级板块内部差距的贡献率就达50%左右。可见，南方次级板块内部差距已经成为整体差距的最主要来源。

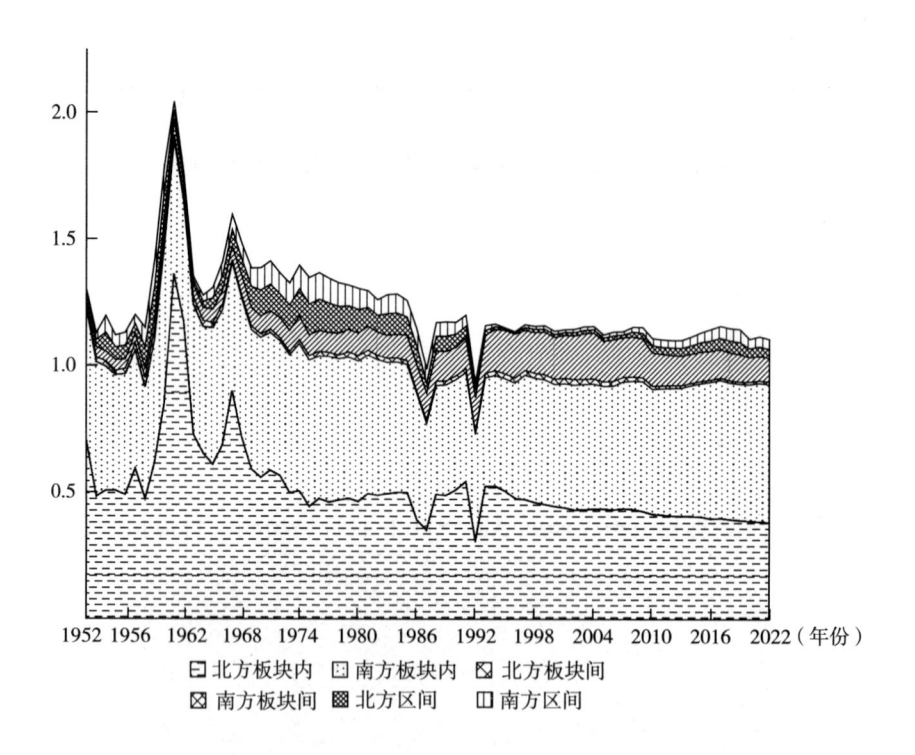

图4-19　新中国成立以来南北地区次级板块二阶泰尔指数分解

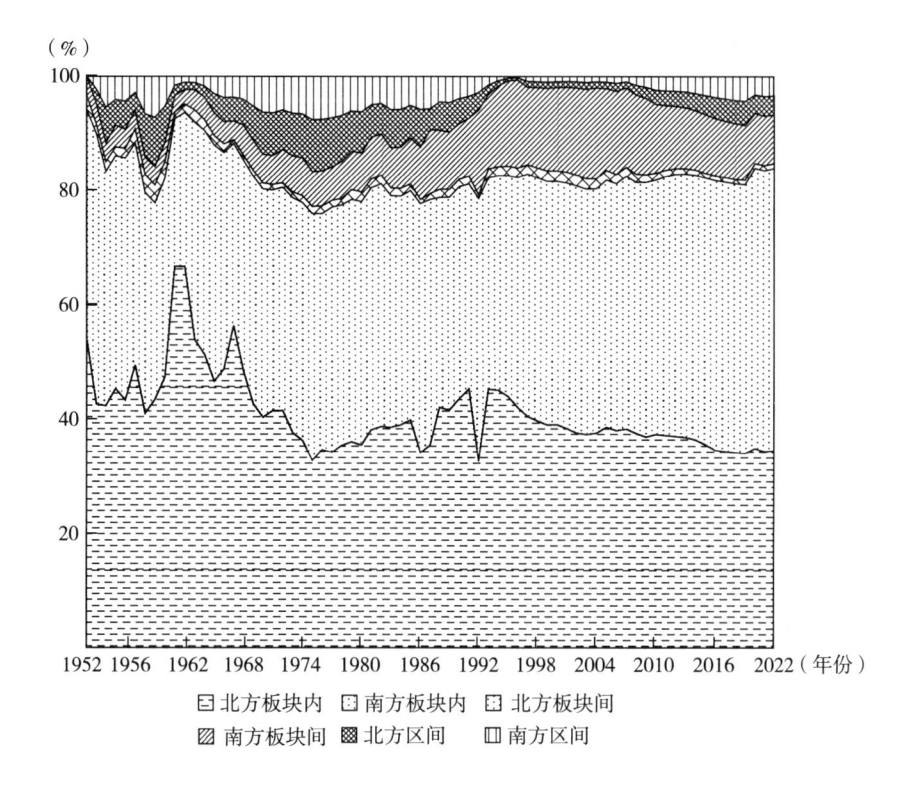

图 4-20　新中国成立以来南北地区次级板块二阶泰尔指数贡献度

事实上，相比于北方地区，南方的西南地区、长江中游地区内部各省区异质性大于同质性。比如同处西南地区的川渝和云贵桂，无论在地形地貌、人文历史乃至发展基础上，均存在较大差异性。川渝地区自古以来就是西南地区的经济、文化乃至政治中心，目前川渝区域协同发展更是上升为国家战略。相比之下，云贵桂三个省区尽管近年来经济发展速度较快，但无论是发展内生动力，还是发展模式均与川渝存在较大差距。对于北方地区次级板块而言，尽管如黄河中游、大西北地区等板块内部也存在一定异质性，但总体上还是以同质性为主。

受南方次级板块内部异质性的影响，南方次级板块间的泰尔指数及份额也明显高于北方地区。数据显示，南方次级板块间的泰尔指数保持在 0.104 左右的水平，但北方次级板块间的泰尔指数仅为 0.018

左右，前者是后者的 5.7 倍。从贡献度看，北方次级板块间差距对总体差距的贡献度保持在 1.42% 左右，而南方次级板块间差距贡献度为 8.73%。此外，基于此次级板块南北之间二阶泰尔指数对整体差距的贡献度保持在 10.16% 左右。

上述结果说明，缩小南北经济差距，实现南北经济高质量发展的落脚点，是在保持经济可持续发展的基础上，平衡各板块内部过大的经济差距，进而通过区域一体化发展，实现某个板块乃至整个区域的协调发展。从现实角度而言，南北经济差距本身也是一个多维的概念，如同一枚硬币的两面，南北经济差距不仅体现在两者的经济总量上，更取决于各自的产业结构、发展速度乃至体制机制等深层次问题。因此，本章基于 GDP 和人均 GDP 的分解，只是为观察南北地区差距提供了一个视角，其目的在于通过明确南北差距的来源，探寻南北地区高质量协调发展的关键节点，即首先平衡各次级板块内部的经济发展。对于制度创新推动南北地区高质量协调发展这一话题而言，需要进一步拓展的空间依然较大。

第五章　南北经济差距背后的制度因素

人类历史伴随着国家兴衰与文明更替。无论是18世纪初全世界普遍存在的"马尔萨斯陷阱",还是两次工业革命后世界经济增长的"大分岔";抑或是两次世界大战后战争与和平的纷扰,以及2007年美国次贷危机,人类社会重大历史演变尽管由多维力量推动,但如果用"剥洋葱"的方法分析,大概率会发现经济增长与发展才是一个国家或地区兴衰荣辱的"内核"。因为经济增长与发展关系到政治稳定、民生福祉与文明进步。千百年来,寻求经济增长的源泉并合理配置资源,不断提高生产力水平,促进自身经济快速、持续、健康发展是世界各国经济研究和实践永恒的主题。

经济增长是如此重要,以至于自"经济学之父"亚当·斯密以来,经济学家们就没有停止对它的关注和探索。但遗憾的是,作为人类社会基本的运行规则和经济法则,制度因素长期为主流经济学家所忽略。无论是滥觞于20世纪40年代的新古典经济增长理论,还是兴起于20世纪90年代的内生增长理论,都将制度视为已知给定的外生变量,视为制度"自然状态",或者干脆将制度因素视为"黑箱"。对此,新制度经济学代表人物、1993年度诺贝尔经济学得主道格拉斯·诺斯(North,1991)批驳道:"那些原因……创新、规模经济、教育、资本积累等……并不是经济增长的原因,它们乃是增长。我们的观点是,有效率的经济组织是经济增长的关键。除非现行的经济组织是有效率的,否则经济增长不会简单地发生。"[1]

---

[1] [美]道格拉斯·C.诺斯:《经济史中的结构与变迁》,陈郁、罗华平译,上海三联书店1994年版。

为了弥补现有研究忽略制度因素的缺陷，特别是提高南北经济差距成因的解释力，本章的研究内容将由以下四个部分组成：首先，从历史视角出发，考察中国南北经济分化的原因；其次，基于理论和现实，试图从制度角度解读南北经济分化现象；再次，借鉴产业经济学"市场结构—市场行为—市场绩效"（SCP）的思路，沿着制度分析的基本脉络，尝试建立基于制度视角的"制度变量—市场结构—市场行为—市场绩效"的"ISCP"分析框架，并进一步演化为基于社会主流价值观的"社会主流价值观—制度因素—经济绩效"（VIP）分析框架；最后，根据研究需要重新设定 C-D 生产函数，建立制度内生化的经济增长模型。

第一节　历史视角下南北经济分化的成因探析

经济增长是宏观经济学的核心问题，也是经济学家和各个国家始终关注的话题之一，它不仅是宏观层面国家的兴衰荣辱，同时也是微观层面人民生活水平和健康状况的具体写照。2003 年诺贝尔经济学奖得主、美国经济史学家安格斯·迪顿认为，人类历史就是不断试图逃脱贫困、早夭，去争取更好生活的历程。从互联网搜索结果来看（截至 2019 年 2 月），"经济增长"在一众经济话题的搜索热度中，以超过 59 亿条相关结果稳居第一，远超"收入分配""经济政策"等经济话题。为了能从更加宏大的历史视野探寻中国南北经济分化的原因，本部分由以下三个在逻辑上层层递进的内容构成：（1）公元元年后世界范围内的经济增长状况；（2）中国经济增长的比较历史分析；（3）南北经济分化成因的历史考察。

一　公元元年后世界范围内的经济增长状况

经济增长一般是指经济总量或者人均收入的增长，通常用 GDP 或人均 GDP 的增长率来考察。经济增长的意义不言而喻，它不仅关系到宏观层面的国家兴衰，更关系到微观层面的悲欢离合与民生福祉。人类社会的发展史，从某种程度上看就是为了不断突破各种束缚，追求经济增长的过程。

从表5-1中可以看出，自公元1000年以来，世界主要国家和地区的GDP都呈现出增加态势。以中国为例，公元1000年中国GDP大致为275亿元，2008年已经增加至89089亿元。尽管从数量上来看增加幅度很大，但是如果考虑漫长的历史周期，其增长率依然很低，特别是在公元1000年至1700年长达700年的时间里。中国GDP以极低的速度增长，始终没有突破1000亿元。这一状况同样存在于日本、欧洲、美国、印度、苏联[1]以及世界其他国家和地区。

表5-1　　公元1000—2022年中国和其他主要地区GDP
（十亿，1990年不变价国际元）

年份	中国	日本	欧洲	美国	苏联	印度	其他地区
1000	27.5	3.2	13.5	0.5	2.8	33.8	39.9
1500	61.8	7.7	50.9	0.8	8.5	60.5	58.1
1600	96.0	9.6	74.8	0.6	11.4	74.3	64.6
1700	82.8	15.4	92.6	0.5	16.2	90.8	73.1
1820	228.6	20.7	184.8	12.5	37.7	111.4	98.8
1952	305.9	202.0	1730.7	1625.2	545.8	234.1	1269.1
1978	935.1	1446.2	5268.2	4089.5	1715.2	625.7	4889.1
2003	6188.0	2699.3	8643.8	8430.8	1552.2	2267.1	11132.2
2008	8908.9	2904.1	9728.7	9485.1	2242.2	3415.2	14289.7
2022	22594.1	4228.8	20620.0	25464.5	2215.8	3377.0	25771.1

资料来源：金星晔等：《中国在世界经济中相对地位的演变（公元1000—2017年）》，《经济研究》2019年第7期。其中，2022年数据为笔者根据当年价计算得到。

人类社会真正步入大规模增长时代是在1820年以后，即工业革命发生后。也正是从1820年以后，世界主要国家和地区开始了大分

---

[1] 在不同历史时期当今俄罗斯先后有俄罗斯帝国（简称俄国）、苏维埃俄国（简称苏俄）、苏维埃社会主义共和国联盟（简称苏联）、俄罗斯联邦（简称俄罗斯）等称谓。其中，苏联是其经济、军事等最强的历史时期。为了行文统一，本书借鉴麦迪逊的观点，将苏联成立前及解体后的疆域范围统称为苏联。后文同。

流。以欧美为代表的资本主义国家，凭借两次科技革命的东风，迎来了 GDP 飞速发展的时代。而在古代一直处于世界领先地位的中国、印度等国家却落后于世界步伐，逐渐沦为"落后就要挨打"的"差等生"。数据显示，在 1820—1952 年长达 133 年的时间内，中国的 GDP 仅增加了 773 亿元，印度仅增加 1227 亿元。而同期美国和欧洲则分别增加 16127 亿元、15459 亿元，一跃从"跟跑者"成为"领跑者"。时至今日，欧美依然在国际经济中占有重要地位。

从表 5-2 和图 5-1 可以看出，人类社会的经济增长并非一帆风顺的。在相当长的历史时期内，世界主要国家和地区经济增长均相当有限。西欧作为最早发展起来的地区，其公元 1000 年之后的经济增长却十分缓慢。在此前的漫长岁月里，全球经济几乎没有明显的增长。而世界范围内的快速增长时期也只是出现在 1820 年以后。1820—1870 年这 50 年间，全球人均 GDP 增速平均约为 0.54%，比 1500—1820 年高出近 0.5 个百分点。正是从这个时候开始，世界范围内的经济增长开始出现分化，西欧和以美国为代表的西方旁支国家开始进入长期稳定增长的区间，而包括中国在内的广大发展中国家则陷入增长的困境。直到 20 世纪 50 年代后，世界各国才重新步入稳定增长的区间。尤其是以中国、日本为代表的东亚国家，创造了人类历史上前所未有的增长奇迹，经济增速显著高于同时期其他国家和地区。但横向对比看，即使是在人类共同发展的 1973—2001 年间，世界不同国家和地区的经济增长状况也呈现出巨大的差异。其中，人均 GDP 增长最快的中国能够达到 5.32% 的增速，而苏联却陷入负增长区间。

表 5-2　公元 1—2001 年世界主要国家和地区人均 GDP 增速　　单位：%

地区	1—1000 年	1000—1500 年	1500—1820 年	1820—1870 年	1870—1913 年	1913—1950 年	1950—1973 年	1973—2001 年
西欧	-0.01	0.13	0.14	0.98	1.33	0.76	4.05	1.88
东欧	0	0.04	0.1	0.63	1.39	0.6	3.81	0.68
苏联	0	0.04	0.1	0.63	1.06	1.76	3.35	-0.96
美国等西方旁支	0	0	0.34	1.41	1.81	1.56	2.45	1.84

续表

地区	1—1000年	1000—1500年	1500—1820年	1820—1870年	1870—1913年	1913—1950年	1950—1973年	1973—2001年
拉丁美洲	0	0.01	0.16	-0.03	1.82	1.43	2.58	0.91
日本	0.01	0.03	0.09	0.19	1.48	0.88	8.06	2.14
中国	0	0.06	0	-0.25	0.1	-0.62	2.86	5.32
印度	0	0.04	-0.01	0	0.54	-0.22	1.4	3.01
亚洲其他国家和地区	0	0.05	0.01	0.19	0.74	0.13	3.51	2.42
亚洲（除日本）	0	0.05	0	-0.1	0.42	-0.1	2.91	3.55
非洲	0	-0.01	0	0.35	0.57	0.92	2	0.19
全球	0	0.05	0.05	0.54	1.3	0.88	2.92	1.41

资料来源：Maddison（2001）。

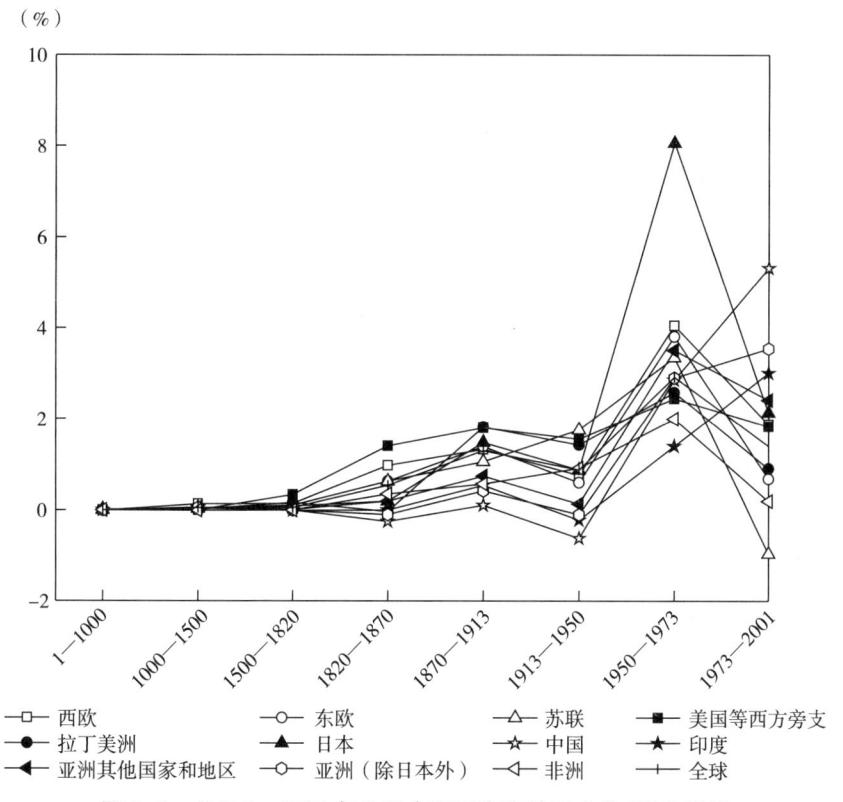

图5-1 公元1—2001年世界主要国家和地区人均GDP增速

资料来源：Maddison（2001）。

如要对上述现象作出科学的解释，主要回答以下两个问题：第一，如何解释经济的长期增长？第二，如何解释不同国家和地区的收入差距？对此，现代经济学进行了大量的理论和经验研究，形成了新古典增长理论、新增长理论及新制度经济学等众多流派。相关解释因素包括资源配置、技术进步、要素积累、宏观经济稳定、制度创新与变迁等。与此同时，种种新的解释还在继续涌现，人类对经济增长源泉的探索似乎永远不会停止。这些史实和理论为本书研究南北经济差距提供了理论指引和思路启示。

二 中国经济增长的比较历史分析

一个国家和地区在世界经济当中的经济比重，是其国家影响力的重要体现。改革开放以来，中国经历了经济高速增长时期，在很长一段时间内都是世界上增长最快的经济体。尽管自2012年以来，中国进入经济增速调整和动力换挡时期，经济增速有所下滑，但仍然是世界上增长最快的经济体之一。从历史上看，在更早的历史时期，中国经济就已经创造了辉煌的成就。

由表5-3、图5-2可以看出，自公元1000年以后的很长一段历史时期，作为世界文明古国的中国和印度始终在世界经济舞台上占据重要地位。尤其是古代中国，自公元1000年至公元1820年长达820年的时间内，GDP占世界的比重呈持续上升趋势。至1820年年底，中国GDP占世界的比重已经上升至32.9%，达到历史巅峰。截至1820年年底，欧洲GDP占世界的比重为26.6%，印度为16%，美国为1.8%，日本为3.0%，苏联为5.4%。然而，上述数据的背后，却隐藏了不为人知的历史密码。尽管在GDP占比上，中国处于绝对优势地位，但如果从纵向历史考察，中国却陷入了"内卷化"（involution）的局面。

表5-3　公元1000—2022年中国和其他主要地区经济占比　　单位：%

年份	中国	日本	欧洲	美国	苏联	印度	其他地区
1000	22.7	2.6	11.1	0.4	2.3	27.9	32.9
1500	24.9	3.1	20.5	0.3	3.4	24.4	23.4

续表

年份	中国	日本	欧洲	美国	苏联	印度	其他地区
1600	29.0	2.9	22.6	0.2	3.4	22.4	19.5
1700	22.3	4.1	24.9	0.1	4.4	24.4	19.7
1820	32.9	3.0	26.6	1.8	5.4	16.0	14.2
1952	5.2	3.4	29.3	27.5	9.2	4.0	21.5
1978	4.9	7.6	27.8	21.6	9.0	3.3	25.8
2003	15.1	6.6	21.1	20.6	3.8	5.5	27.2
2008	17.5	5.7	19.1	18.6	4.4	6.7	28.0
2022	18.1	4.2	20.7	25.5	2.2	3.4	25.9

资料来源：金星晔等：《中国在世界经济中相对地位的演变（公元1000—2017年）》，《经济研究》2019年第7期。其中，2022年数据为笔者根据当年价计算得到。

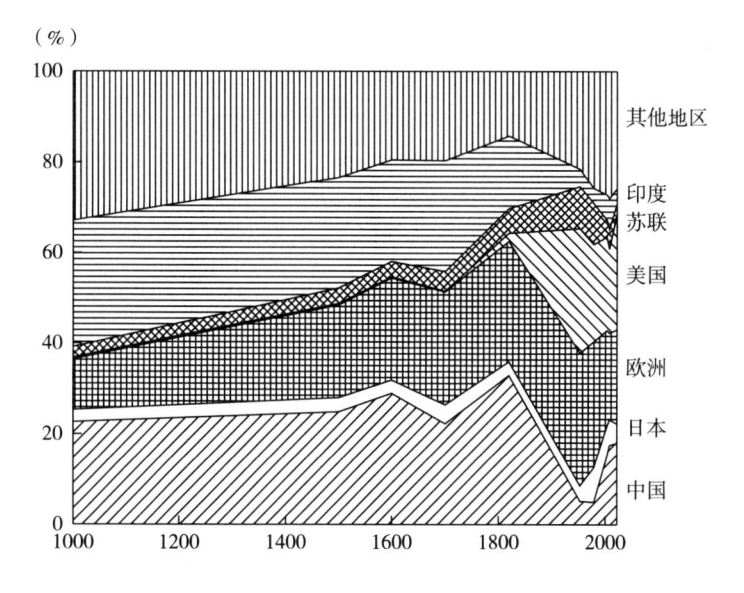

图 5-2 公元1000—2020年中国和其他主要地区经济占比

资料来源：Maddison（2001）。

表5-4的数据显示，中国的人均GDP在公元1000年为466美元，公元1500年上升到600美元，此后直到1820年几乎没有任何增长。对于这种现象，黄宗智（2020）认为，自明清以来，由于人口爆

炸式增长，激增的人口吞噬了绝大多数经济发展的成果，封建社会的小农经济逐渐演变成为一种所谓的"糊口"经济。自宋朝以来的商品经济的发展也不是所谓的"资本主义萌芽"，而是农民为了生存而产生的不得已的商品交换行为，商品经济在宋明时期的繁荣发展反而固化了小农经济的体制，从而导致了不断的内卷化。在古代中国经济增长陷入"内卷化"的同时，西欧、东欧、美国等西方旁支国家却取得了显著的经济增长，其中美国自1820年以后经济始终保持着1.5%的稳定增长态势，到1950年后，更是进一步达到了2%。正是凭借着长达200余年的经济正增长态势，美国才逐渐积累了雄厚的经济实力，并在第二次世界大战之后一跃超越英国，成为世界头号经济强国。

表5-4 公元1000—2020年中国和其他主要地区人均GDP

（1990年不变价国际元）

年份	中国	日本	欧洲	美国	苏联	印度	其他地区
1000	466.1	426.7	420.6	384.6	394.4	450.7	467.8
1500	600.0	500.0	718.9	400.0	500.0	550.0	483.4
1600	600.0	518.9	824.7	400.0	550.7	550.4	498.1
1700	600.0	570.4	923.2	500.0	609.0	550.3	503.1
1820	600.0	667.7	1090.3	1250.0	688.0	533.0	530.0
1952	537.6	2335.3	4341.9	10312.2	2936.0	629.3	1499.4
1978	978.1	12586.6	10973.1	18371.5	6559.1	965.6	3062.2
2003	4802.9	21220.9	16751.6	29041.7	5397.1	2159.1	4094.1
2008	6724.7	22813.0	18651.6	31180.5	7903.4	2974.9	4786.8
2022	12432.0	33642.0	27625.9	76172.6	15197.5	2407.0	6973.3

资料来源：金星晔等：《中国在世界经济中相对地位的演变（公元1000—2017年）》，《经济研究》2019年第7期。其中，2022年数据为笔者根据当年价计算得到。

中国在1820—1950年长达130年的时间里，不仅遭遇列强的轮番侵袭，而且现代化的进程也被迫中断。中国再次迎来经济增长是在1950年以后，特别是1978年改革开放后。相关数据显示，1978年改革开放前期，中国人均GDP只有222美元。至2001年中国人均GDP

首次突破1000美元大关，达到了1042美元，增长了近5倍，远远快于同期世界人均增速2.5倍。截至2022年年底，中国人均GDP已上升至12741美元，超过2001年的10倍，年均增速达12.66%。因此，从公元1000年以后长达1000多年的历史发展来看，1978年的改革开放是自公元1600年以来中国经济的首次历史性复兴，改革开放的历史意义应得到充分认证。

三 中国古代经济重心南移的主要原因

中国古代经济重心的南移始于唐代而终于两宋，大体上人口大规模向南方迁移的三次浪潮紧密相连。从时间维度看，经济重心南移的过程基本上可分为三个阶段：一是自三国两晋南北朝开始，随着北方人口大量迁入南方，江南经济得到开发，为经济重心南移奠定了基础；二是隋唐时期，伴随着国土统一和京杭大运河的开通，南北经济并驾齐驱，长江流域发展水平追平黄河流域，经济重心南移趋势明显；三是两宋时期，随着宋室迁都临安府（今浙江杭州），"只把杭州作汴州"，经济重心南移完成。之后"南盛北衰"的局面得到确立并不断固化，经济重心不可逆转地远离了北方。

有关中国古代经济重心南移的原因，学界众说纷纭。如果参照后世学者对于经济增长因素的分解，大体上可分为自然因素、社会因素、政治因素、人口因素乃至制度因素等。按照上述逻辑，参照有关事实和相关研究，本部分将对中国古代经济重心南移的原因进行探究。

需要说明的是，在两晋南北朝以前，也有一些"北人南迁"的零星历史记载。但从秦汉至两晋南北朝，中国历史呈现的是另一种形态的"南北分化"，即发轫于蒙古高原的游牧文明与中原地区农耕文明之间的冲突与融合，这与本书所讲的以"秦岭—淮河"一线为分界的"南北分化"有本质的差别，不在讨论范围内。本部分讨论的经济重心南移和南北分化问题，主要是指魏晋南北朝以来的历史。

（一）自然因素对经济重心南移的影响

农业是古代封建王朝主要的经济来源，关系着人口多寡、邦交礼仪等的社会变迁。正所谓"仓廪足而知礼节"，农业不仅在中国古代占据极其重要的地位，直到今天，也依然是我国国民经济的基础性产业，"三农"问题依然是党和政府重点关注的问题，自 2004 年算起，中央一号文件已连续聚焦"三农"工作 20 年。

在农业社会中，气候是决定经济状况的主要因素。我国气候的演变大致是冷暖交替，但总体趋势是由暖变寒。现有历史气象资料表明，唐五代时期处于温暖期，而两宋基本上处于寒冷期，唐宋之际均经历了由暖转寒的气候变化。气候变化首先影响了粮食作物的生长期，导致原有的生产体系紊乱。现有资料表明，北宋时期谷物收获区大大迟于唐代；至南宋时期，江南地区的冬小麦也要迟至五月才成熟。麦收的延迟势必影响其他作物的播种，导致生产周期缩短。在古代的生产力条件下，如果粮食作物不能够及时收割作为口粮，可能会导致饥荒等问题的发生，从而影响整个社会的稳定秩序。

气候变化进一步影响了粮食作物的产量。相关研究发现，在我国气温变化 1℃，粮食作物产量变化约为 10%，可见气候条件的冷暖变化会导致粮食作物产量大幅波动。历史资料表明，唐五代温暖期，北方地区小麦的单位面积产量比前代增长了 10.3%。而宋金冷期则比前段减少了 8.3%。宋代南北地区普遍变冷，但南方变幅小于北方，加上其他有利条件，因此粮食亩产量普遍高于北方地区。

降水这一气候要素的变化对农业生产也有重大影响。南宋与金对峙时期的北方恰好处于既寒冷又干旱的时期，黄河流域降水量普遍减少，漠北草原的作物产量下降更大，由此驱动金朝不断对南宋发动进攻。南方则不然，长江流域雨量不降反增，推动南方地区持续开发和农业发展。因此，自唐朝中期后，南方农业持续发展，而北方农业停滞不前甚至趋于衰落，与南北两地雨量的变化密切相关。

此外，植被、水温、土壤等自然条件对农业生产也有极大影响，本部分不再深入探讨。总体来看，宋朝以后南方经济超过北方，不仅是南北方社会生产力互为消长的结果，也是南北方自然环境优劣互逆的产物。当然，此处优劣是指按不同阶段生产力所能适应的标准来判断的。与前代相比，唐宋时期的南方自然环境对于提高经济社会发展具有积极的作用，而北方地区自然环境的变化则导致农业生产停滞甚至衰落。如果再将社会经济因素与自然因素叠加考虑，不难看出在当时的条件下，北方土地、森林等资源的开发利用已接近承载力的极限，导致大量人口由北往南迁移，进而引发经济重心、人口中心南移。

（二）战争因素对经济重心南移的影响

稳定是经济发展的前提，这是亘古不变的道理。在历史周期律的支配下，中国历史大约每隔700年便有一次治乱兴衰的交替，但自东晋十六国开始至明朝统一，中国的王朝更迭之频繁、战争之惨烈、破坏之巨大远超其他历史时期。两晋南北朝时期，中国经历了近300年的南北对峙和分裂，成为自秦统一以来最长的分裂时期。公元588年，隋朝攻灭南陈，中国历史迎来了难得的大一统时期。此后唐承隋制，开创"贞观之治""开元盛世"等治世，但"安史之乱"的爆发，又使得唐朝陷入长达150余年的内乱时代。随后的五代十国（907—979年）更是纷争不断，"你方唱罢我登场""城头变幻大王旗"。宋朝虽短暂实现了国土统一与相对和平，但1127年宋室南迁再一次开启了南北地区长达152年的军事对峙局面。总之，自两晋南北朝以来至南宋灭亡，中国处于历史上罕见的分裂、动荡和变革时代。而以黄河流域为核心的中原地区，恰好是这一时期历史纷争的中心地区。

东西之争和南北对峙是中国历史上的两个突出现象。东西相争，必有一条纵贯南北的轴线作为双方争夺的前沿地带；南北对峙，则必有一条横贯东西的轴线作为双方对抗的前沿地带。东西之争的中间轴线大致是中国地势的第二级阶梯东部边缘地带；南北对峙的中间轴线则是淮河至秦岭一线。南北对峙的前沿地带常常随着南北双方力量的强弱变化而在淮河南北有一定的摆动幅度，尤其以在淮河与黄河之间的摆动为最频繁，以洛阳为中心的中原腹地是东西之争的中间轴线与南北对峙的中间轴线的交汇地带。因此，无论是东西之争还是南北对峙，中原都必定是双方争夺的一个交汇之处。

魏晋南北朝时期，随着北方各游牧民族纷纷建立政权，与中原地区的西晋政权发生激烈的冲突，北方地区成为角力的主战场。在战乱的影响下，北方的经济遭受重创，人口损失严重，曾经繁华的都市成为一座座废墟。在这种情况下，北方经济和社会秩序短时期内难以恢复，不能够满足古代政权维持运转的基本需求。因此，从西晋"永嘉之乱"开始，在皇室宗亲和士家大族的带领下，大量的北方人口开始进入南方，北方很多地区甚至出现"空城"现象。唐朝"安史之乱"再一次重创了北方的经济和社会发展，北方人口大量迁移南方。直到北宋末年，国家动荡不安，宋室南迁，人心浮动，更是让数以千万计的中原士人和百姓陆续南迁。大量来自原黄河流域的人口迁入江南地区，极大地推动了当地生产力的发展，使得南方地区在经济和人口上超越北方。

（三）技术进步对经济重心南移的影响

技术进步是推动经济增长的动力之一。中国古代经济重心南移、人口南迁的过程中，始终伴随着技术进步。例如，如果南移的劳动力缺乏技术训练，素质低，就难以对南方农业生产起到促进作用，反而加剧人地矛盾，于农业生产发展不利。此外，无论是生产工具改进，还是生产工艺（比如灌溉）都离不开新技术的应用。

两晋南北朝以前，尽管南方地区具备农业生产的水土优势，但是由于人口稀少，技术进步不足，未进行有效开发，因此整体上处于"江南卑湿，丈夫早夭"的发展阶段，生存环境相对恶劣。此外，铁制农具和牛耕在北方早已普及，但是南方大部分地区的生产力水平还很落后，普遍实行"火耕水耨"的耕作模式。

两晋南北朝时期，北方地区战乱不断，北方人口大量南迁，为南方地区带来了先进的农业生产技术。首先，牛耕和铁制工具逐渐普及，农具性能和种类也有了较大的改进，为大规模经济开发提供了有利条件。其次，水利事业的技术进步推动了大规模的荒地开垦，改善了已有农田的灌溉条件，对建设稳产高产农田起了重要作用。最后，水稻、桑树、茶树等耕作技术和农作物栽培管理技术也一并从北方传入应用。这些技术改进使南方地区生产力水平明显提高，改造自然的能力和环境承载能力极大增强。伴随着大量人口和劳动力的涌入，南方地区大面积的林地得到开发，其天然的农业优势也逐步显现出来。

凭借着技术进步带来的发展红利,南方地区在经济上逐步赶上甚至超过了北方地区。

在农业生产技术进步的同时,南方地区的手工业技术也在提高,主要表现为南方地区的桑蚕业和丝织业开始兴盛。加之北方地区受气候变化、战乱等多重因素影响,棉花这种原本在北方地区大量种植的经济作物开始式微,中国纺织品形成"棉盛丝衰"的现象。北宋时期,南方地区在丝织业取得重大技术突破的同时,其强大的经济吸引力使得棉纺织业重心也由北方地区转移至东南沿海地区。

随着农业和手工业技术的进步与发展,南宋时期南方先后建立了以浙江沿海"丝织业"和江西地区"制陶业"为代表的两大手工业聚集地,充分发挥了人口聚集和规模经济优势,使得南方地区经济结构开始呈现多元化发展态势。在手工业发展的基础上,南方地区的贸易也开始兴起,进一步带动造船和航运工艺的改进。随着人类社会进入航海时代,在技术进步的加持下,南方地区的水陆交通优势更加明显,其盛产的丝绸和瓷器广受海外市场欢迎。因此,从宋朝后期开始,南方地区逐渐成为我国古代对外贸易开展的重心,福建的泉州、厦门、福州等地成为"海上丝绸之路"的重地,南方地区的经济优势和地位进一步得到巩固。

(四)制度变迁对经济重心南移的影响

关于中国古代经济重心南移的相关研究,目前多停留在"术"和"器"的层面,即重点探讨技术进步或者某项具体的农业发明对历史进程的影响,对于制度因素的重要作用却有所忽略。对此,诺斯在《经济史中的结构与变迁》一书中提出,经济组织的变迁及相应的激励"应该包含着有目的的制度改变"。

由此观之,魏晋南北朝后中国经济重心的南迁,必然也包含着某些制度因素,比如"中央集权下放"。唐代前期,中央集权制度可以说很完善;唐代后期则有所变化,最明显的变化是地方权力的扩大。罗让在元和元年(806年)的对策中,有两点精辟的见解:其一说国家"根本实在于江淮";其二说"臣以为今之郡县长帅之官,最关生人性命。用在百里之父母,莫如县宰;君乎千里之父母,莫如刺史;

列城之父母，莫如郡统。一得之必小康；二得之必中康；三得之必大康矣"。① 从实践角度看，这种"得自为治"的观点反映了中央集权的下放，与江南社会经济运行有着直接关系，从中不难体会到江南社会经济运行和唐后期江南地方治理得失的关系，此即所谓制度变迁与经济重心南移密不可分者。唐代后期的"央地分权"体现为以下四个方面。

一是立法上的"得自为治"。表现为地方在民事和经济上的自主权限扩大。柳宗元在柳州刺史任内，"因其土俗，为设教禁，州人顺赖"。王仲舒任江西观察使，"奏罢榷酤钱九千万"，"三年法大成，钱余于库，粟余于廪，人享于田庐，讴谣于道途"。二是社会环境的治理。王仲舒任苏州刺史，"变其屋居，以绝火延；堤松江路，害绝阻滞。秋夏赋调，自为书与人为期，吏无及门而集，政成为天下守之最。"② 三是因地制宜地进行经济建设。池州刺史张严，"在任三年，辟田加户"，池州的社会经济得到持续发展。四是从改善财政收入入手，促进生产和经济发展。如李方元"出为池州刺史。始至，创造籍簿，民被徭役者，科品高下，鳞次比比，一在我手，至当役之。其未及者，吏不得弄"；"复订户税，得与豪猾沉浮者凡七千户，哀入贫弱，不加其赋。"③

需要说明的是，由于笔者不是经济史方面的学者，此处仅是对中国经济重心南移的制度因素进行初步探讨，以抛砖引玉，期待更多学者关注制度因素。

第二节　制度因素驱动经济增长的理论框架

在主流经济学的框架下，要素投入（包括物质资本和人力资本）、技术进步、制度因素被视为经济增长和区域经济差异的源泉。然而在

---

① 《文苑英华》卷489，罗让《对才识兼茂明于体用策》。
② 《文苑英华》卷48，常衮《授李栖筠浙西观察使制》。
③ 《全唐文》卷622，李冉《举前池州刺史张严自代表》。

区域经济演进的历史中，这些因素都是相对易变的，它们均会对空间差异做出适应性调整，进而引发诱致性变迁。对于长期经济增长而言，上述因素的变迁并不足以解释地区经济兴衰更替的全部历史。因此能否从某一地区相对稳定的制度乃至文化因素中，探寻经济增长及其地区差异根源呢？

事实上，如果按照诺斯的定义，制度是"为决定人们的相互关系而人为设定的一些制约"，那么"文化"也是一种制度。文化对经济增长的影响是一个古老的经济命题，古典经济学家斯密、穆勒、马歇尔等均在其著作中提及文化对经济的作用。但早期影响最大的当数马克斯·韦伯提出的"资本主义有灵论"，他指出西方国家资本主义经济的快速增长很大程度上是"资本主义精神"的结果。此后，诺斯等制度经济学家将文化作为非正式制度的重要组成部分，提出文化因素通过影响正式制度的构成对经济绩效产生重要影响。发展经济学家缪尔达尔（1968）在探讨亚洲国家贫困问题时也曾指出，传统价值观与现代化理念之间的冲突是南亚国家经济发展的重要障碍，只有大规模、迅速地变革才能破除传统价值观对经济现代化的阻碍。

随着经济快速发展，中国学者也逐渐重视文化因素对经济增长的影响。如李国璋和肖锋（2013）基于软投入理论，提出文化软投入组合矢量的方向和大小最终决定经济增长方式和速度，因此文化是经济增长最根本的解释变量；杨渊浩（2014）认为，加强文化机制建设，重塑道德文化与政治文化，对于中国社会结构的重组、社会资源的合理配置具有重要作用。无独有偶，一些研究表明，地域文化对区域经济发展具有重要的影响，如杨洪泽（2013）等认为文化软实力对辽宁经济社会发展具有极其重要的战略意义，刘清平（2012）认为西口文化是山西、内蒙古等区域经济发展的重要因素之一，徐晓望（2013）认为闽粤海洋文化是台湾海洋经济产生的原因，也是台湾经济能够迅速走在中国前列的根本因素。

一 制度驱动经济增长的 VIP 分析框架

在主流经济学的有关论述中，产业经济学中"市场结构—市场行为—市场绩效"（简称 SCP）分析范式提供了一个既能深入具体环节，又有逻辑体系的经济绩效分析范式。这一分析范式的逻辑起点是市场结构，通过市场行为中介变量的传导，最终对市场绩效施加影响，其政策含义显然在于通过 SCP 的因果逻辑传导，实现经济绩效的改善。然而这一分析框架要求整个宏观经济体制和经济运行秩序保持稳定作为前提，这显然与现实有较大的差距。对此，制度经济学家认为，在人类的行为方式中，制度因素（Institution）是一种比因果关系更为基础性的前提条件。诺斯研究了从农业起源到 20 世纪初万余年的西方经济史后指出，忽略制度因素只是经济学难以全面刻画人类行为的无奈选择，实际上，制度提供了人类行为和经济秩序相互影响的基本框架，并在投入与产出、商品与服务、收入与分配之间充当"过滤器"的角色。因此市场结构并不能自主决定，而是受到宏观制度的影响，同时宏观制度还会直接作用于市场主体行为，进而影响经济绩效。至此，制度因素的引入将传统的 SCP 范式拓展为 ISCP 分析框架。

在社会意识形态中，文化资本所体现的社会主流价值观（Value）决定社会制度框架，社会制度通过规范市场主体的行为影响市场结构、要素投入、技术进步等中介变量，进而决定经济绩效，这一结论不仅为制度经济学家所认同，也为经济发展的史实所充分论证（表5-4）。农业经济社会（几千年前至 18 世纪中叶）以家庭为基本单元，自给自足的小农经济占主导地位，社会主流价值观是以等级制度为核心的重农抑商和官本位思想，从而社会经济制度的基本特点是社会流动性不足、竞争机制不健全、社会变革缓慢，在这种社会经济制度下，市场开放性不足，要素投入呈现大规模水土资源开发的外延式特征，技术进步缓慢，由此决定了其专业化分工程度低、生产规模小的市场（或产业）绩效。工业经济社会（18 世纪中叶至 20 世纪末）采取的是大规模机械使用和能源耗费的社会化生产方式，竞争意识强、崇尚变革、追求科学、探求真理是其社会主流价值观的核心，社会经济制度的基本特点是社会流动性强、竞争激烈、分化剧烈。在"优胜劣汰"的市场机制作用下，掌握专业技能和先进技术成为在激烈的市场竞争中胜出的关键。于是，重视劳动者的基本素质、重视新产品的研发成为优秀企业的理性选择。受上述因素影响,"强者越强、弱者越弱"的马太效应开始在企业间显现,市场结构也开始分化,垄断逐步形成,这就决定了其分工精细、以工业为核心的大规模生产的市场绩效。知识经济时代(20世纪末至21世纪初)以知识、智力等无形资产投入为主要模式的产业形态逐步兴起,客观上形成了以人的全面发展为核心的社会主流价值观,由此决定了社会经济制度的基本特点是鼓励创新、公平竞争、保护知识产权。受此影响,传统的依赖资本、劳动力、土地等生产资料大规模投入的经济增长方式,也必然向重视劳动者的基本素质、专业技能、创新意识等新型生产要素转变。与传统生产要素相比,这些新型要素无疑具有累积时间长、异质性较强的特点,于是在一定的知识产权保护期内,拥有这些要素的企业具有一定的市场领先地位,进而决定了知识经济型企业具有投入产出比高、经济社会效益好的市场绩效。

表 5-5　　　　　　　　　VIP 分析框架的史实说明

社会经济形态	生产方式特征	社会主流价值观(V)	经济制度特征(I)	经济发展绩效(P)
农业经济	自给自足的小农经济	重农抑商,官本位	社会流动性不足,社会变革缓慢	专业化分工程度低,生产规模小
工业经济	大规模机械使用和能源耗费的社会化生产	崇尚竞争变革,追求科学和真理	社会流动性强,竞争分化剧烈	分工精细,大规模生产
知识经济	以知识、智力等无形资产投入为主要模式	追求人的全面发展	鼓励创新、公平竞争、保护知识产权	投入产出比高、经济社会效益好

资料来源:根据陈世清主编的《超越中国主流经济学家》一书中的有关内容整理而得。

上述分析表明,文化资本作用于经济增长的机理并非直接和显现的,而是存在一个由社会主流价值观逐步传导的"路线图"。其中社会主流价值观(Value)是这一"路线图"的"开关"和源动力,它通过影响个体行为的决策方式,决定了某一社会形态政治经济制度(Institution)的主要内容和特点;社会制度在"路线图"中扮演"传感器"的角色,它在吸收和借鉴社会主流价值观某些有益成分的基础上,为社会成员构筑了行为的规范与边界;市场结构、要素投入、技术进步等中介变量相当于"路线图"中的连接器和最后一环,这些变量受社会制度的影响,并直接对产业发展绩效(Performance)产生影响,进而影响某一国家或地区的经济增长态势。这就是本书从产业经济学 SCP 分析范式出发,推演得到的文化资本作用于经济增长的 VIP 分析框架(见图 5-3)。这一分析框架对于理解文化资本对于经济增长的作用机理具有重要的指导意义。

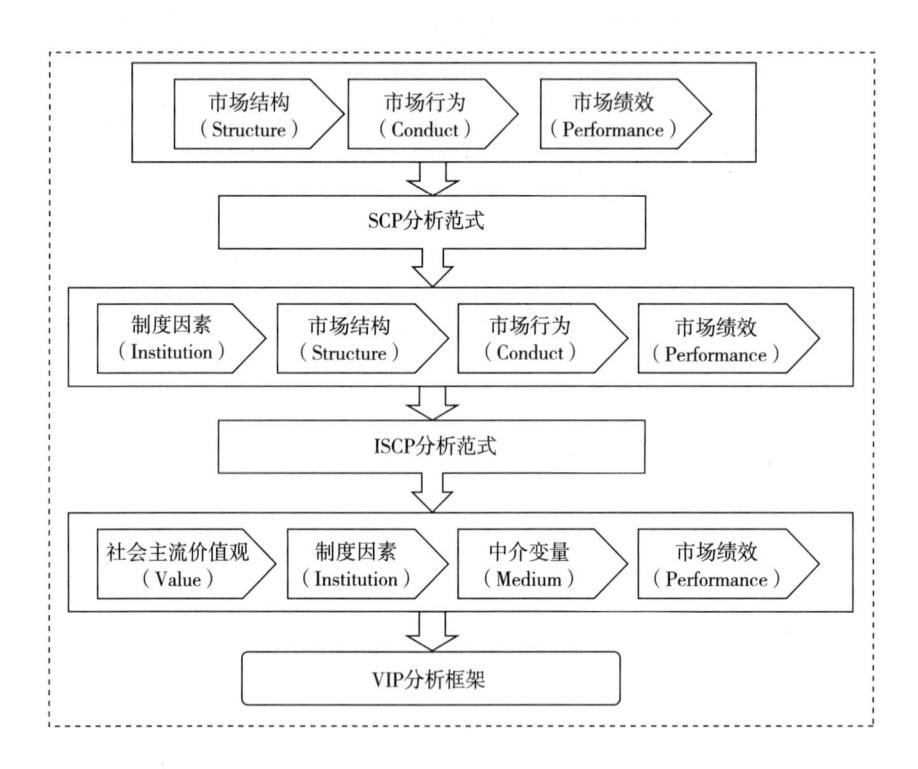

图 5-3 文化资本对于经济增长的 VIP 分析框架推演

注:笔者自绘。

二 制度驱动经济增长的作用机理与路径

精神形态的文化资本,以及受其影响的制度因素并非生产中的直接投入要素,它们对经济绩效的影响是通过要素投入、技术进步等中介变量间接发挥作用的,因此必然存在一个由文化资本出发的传导路径。但是社会主流价值观、制度因素对经济增长的作用机理并非截然分开的,而是相互交错的,但为了更清晰地梳理,需要将文化资本的传导路径加以分解(见图5-4)。

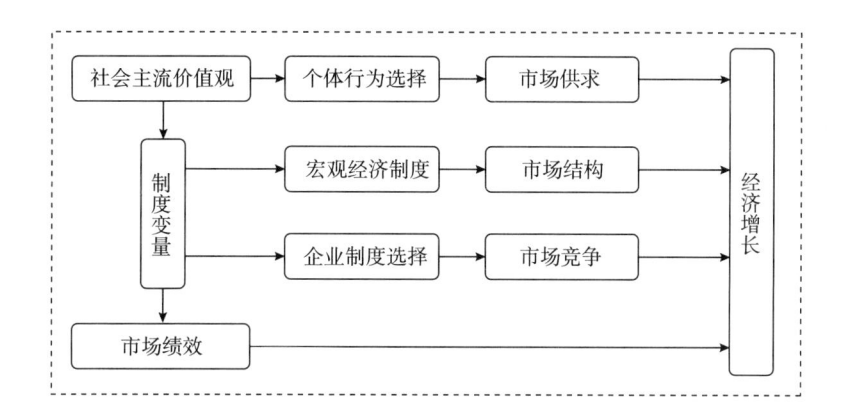

图5-4 社会主流价值观与经济增长作用机理的传导路径

注:笔者自绘。

由图5-4可以直观地看出,文化资本对于经济增长的作用机理主要沿着三条路径进行传导:其一,社会主流价值观通过个体行为选择、市场供求等中介变量间接地作用于经济增长;其二,制度变量从宏观经济制度和企业制度选择两个层面,分别借助市场结构和市场竞争影响经济增长;其三,文化产业市场绩效直接决定了一个国家或地区的经济增长质量。这三条传导路径的具体分析如下。

首先,社会主流价值观决定的作用机理。社会主流价值观通过两种途径影响文化资本对于经济增长的传导路径。从微观层次而言,以信仰、理念、价值追求为核心的文化资本构成了人生观、世界观和价值观的核心内涵,而这些非正式制度对于人们的价值判断、行为规则和决策具有决定性影响,也从根本上决定了人们对于某些产品或服务的认知和偏好,包括某些商品的供求意愿、供求模式以及供求的数量和质量,最终在市场机制作用下,通过市场中介变量决定了经济增长的速度和模式。就宏观层面而言，社会主流价值观通过影响社会制度的基本框架，客观上决定了宏观经济中投入与产出、资源配置效率、收入与分配等重大问题，从而影响着政府、企业、居民等市场主体产品供求行为的选择和市场中介变量，并对经济增长产生深远影响。

其次，制度变量的作用机理分析。制度变量是文化资本作用于经济增长的关键变量，主要通过以下两条路径决定经济增长。一是通过社会资本的构成、经济资源的供求、资源配置等影响经济发展战略、产业发展态势，进而对市场结构、竞争机制等宏观经济制度产生影响，最终通过"市场结构→市场行为→市场绩效"的传导路径作用于经济增长；二是制度变量规定了企业的外部资源的调动范围和内部治理的结构和秩序，在宏观环境稳定和资源储量既定的条件下，会对企业的产权制度、经营管理、策略产生影响，进而决定了企业之间的竞合态势，并对产业绩效和发展态势产生影响。

最后，市场绩效对于经济增长的贡献。在社会主流价值观和制度变量既定的条件下，经济增长就直接决定于市场绩效。知识经济时代，知识、智力、技能等文化资本所形成的影视艺术、动漫制作、工艺设计、广告创意等文化产业，不仅具有价值引领、创新驱动、产业融合以及生态增值功能的本质特征，与传统的产业形态相比，还具有投入产出比高、资源消耗低、环境污染小、经济效益好等特点，因此逐渐成为各国重点发展的产业。更为重要的是，专利制度、产业扶持等在一定程度上塑造了文化产业专业化壁垒高、市场竞争有限的经济特性，从而使其能够享受垄断经营带来的超额利润，这对于那些文化异质性特征明显、区域发展水平较低的后发地区无疑具有较大的吸引力。

三 制度驱动与中国经济增长的现实考察

中国拥有五千年的文明史，传统儒家文化思想源远流长，其中"天道酬勤""勤俭持家""俭以养德"等经营管理思想更是构成中国传统文化的重要特征，这种历史沉淀形成的文化资本在潜移默化中推动着中国经济的增长与发展。改革开放之后，随着中国市场经济制度的不断完善，与之相适应的"竞争意识""创新精神"等市场文化资本逐渐被认知并广泛传播，受此影响的竞争和创新行为客观上推动了中国经济的发展。于是，承载传统文化价值观的传统文化资本和蕴含竞争创新意识的市场文化资本构成了当代中国文化资本的两大来源。但是在市场经济不断深化的背景下，这两种文化在促进经济增长方面却有不同的作用。从这一视角出发，本书通过经验归纳与典型案例相结合的方式，就文化资本作用于经济增长的 VIP 分析框架合理性进行初步考察。

（一）传统文化资本与要素供给

与农业经济时代自给自足的生产方式相适应，传统儒家文化资本中的经济管理理念被普遍认为是一种"家庭管理"理念，这些理念在微观层面对中国经济产生了巨大的影响。一方面，中国传统文化倡导家庭成员辛勤劳作，为家庭积累财富，同时主张将消费水平维持在社会平均的水平上，并将积累下来的财富用于储蓄，这种重积累、轻消费的理念使得中国的居民储蓄率长期维持在40%左右的高位水平，有力支撑了中国以投资为动力的经济增长模式。如李娟伟和任保平（2013）的实证研究表明，人均传统文化资本对人均产出的增长具有显著的正向影响，验证了传统文化资本通过影响物质资本积累的过程，进而推动中国经济增长的事实。

另一方面，传统文化本身也具有价值。当经济发展到一定阶段，往往会形成传统文化的消费需求，相应的文化产业会逐步兴起，这既是传统经济增长方式的转变过程，也是新一轮资本积累形成的过程。传统文化具有非竞争性、网络嵌入性、不可复制性和不可测量性的特征，而中国传统文化的独特性和稀缺性为中国发展文化产业、实现经济结构转型升级提供了得天独厚的优势。在一些多民族聚集地区，利用民俗文化的独特性，以文化标识的智力投入取代传统的自然资源投入，成为振兴民族经济和区域经济的重要手段。

除了影响物质资本的投入和积累，中国传统文化资本对人力资本同样具有重要影响。在封建社会，"学而优则仕"的理念使得中国大量的人力资本投入到非生产领域，专业知识和技能只是通往仕途的跳板，因而教育和人力资本的积累难以带动经济的持续增长。然而近代尤其是改革开放以来，务实致用的理念使得中国教育的重点转向了现代科学技术，人力资本也逐渐由非生产领域转向生产领域，崇尚教育的传统所引致的高人力资本积累对经济发展的促进作用正逐步显现出来。当下一个流行的观点是，第二次世界大战后东亚国家的经济腾飞与其崇尚教育、重视知识的文化传统密切相关，林毅夫（2009）甚至认为，这一特征特别符合知识经济时代的到来。可见，传统文化资本仅通过影响物质资本和人力资本的积累与投入，影响着中国经济的增长与发展态势。

（二）文化资本对技术创新和生产效率的影响

在市场经济体制不断深化和改革的背景下，市场文化资本不仅为各类市场主体提供了竞争压力，而且也激发了其创新动力，使其自动将创新活动作为事业经营，形成科技与经济的良性循环，从而深刻地影响着经济增长的模式。如张优智与党兴华（2013）研究发现专利产出与经济增长之间存在长期的均衡关系，陈雨柯（2012）也指出授权专利数的增加是中国经济增长的原因。为了鼓励创新、维护市场经济秩序，政府需要提供专利制度保护等公共产品，客观上为市场经济发展提供了更为良好的宏观环境，更加激励了各类主体的创新投入。在竞争和创新氛围的影响下，劳动者须不断学习各种技能，取得各种认证和资历，进而也带动了劳动者素质和生产效率的提升。

更为重要的是，在知识经济时代，以知识、智力、创意等无形资本为主要投入要素的文化产业实现了文化资本与经济价值的有效沟通，由于具有科技含量高、经济效益好、环境污染少等优点，正逐步成为中国经济增长方式转变的重要载体。如厉无畏（2012）认为，以人的知识和创意为主导资源的经济增长模式极大地拓展了资源的内涵和外延，通过"无中生有"和"有中生优"的创意转化，突破了有限物质资源的束缚，实现了产品附加价值的提升、经济结构的转化和增长方式的转变。刘明（2014）也指出，文化产业发展的核心是创意，而创意产业具有资源消耗低、资金投入回报高、经济波及效应大的特点，因而是一个国家或地区转变经济增长方式，传递现代价值理念的"低碳产业"和绿色产业。不难看出，对于经济转型和社会转轨时期的中国而言，市场文化资本对于推动中国产业由传统的物质投入型向注重技术创新和效率转变，实现经济可持续增长具有重要作用。

（三）传统文化资本、市场文化资本与制度变迁

制度变迁是影响地区经济增长的重要变量。韦森（2004）认为，制度本身既非人们理性所建构的市场博弈约束规则，也不是人们为节约交易费用的某种生产建制结构，而往往是在一个国家、地区或群体既存文化传统中现实秩序与规则的整合。个体行为的博弈规则（制度）只有根植于一定的文化土壤并建立在一定的伦理道德基础上，才会有现实的约束力，从而为经济增长提供有效的激励。田钊平（2011）以湖北恩施州为研究样本，对其产权、自主财权、市场化进程等政策变量进行了计量分析，结果表明基于民族地区传统文化的价值取向对制度变迁的作用不容忽视，但整体而言，民族地区的政策优势并不明显。原因在于受传统民族文化积淀的影响，民族地区的公众缺乏对改革的预期与心理调节，致使新的制度难以推广，造成政策实施效果大打折扣。

随着经济社会的变迁，传统和市场文化资本的积累与相互借鉴能够实现某些经济个体行为向群体行为的转变，从而将传统文化中的有利部分逐步融合进正式制度，实现交易成本的降低，提高经济效益。在西方国家，以商业信用和创新精神为特征的文化资本，有助于减少企业、居民的交易程序，降低交易成本，而中国传统文化中的自律机制则为进一步降低机会主义行为、维护商业信用和降低交易成本提供了可能，这些都是市场经济文化资本和现代市场制度的传统文化土壤。随着市场经济的发展和市场资本的积累，企业和居民的竞争意识和创新精神不断提高，参与市场经济建设的热情也不断高涨，从而带动地方经济的发展，如江浙地区经济的快速发展即得益于此。这就启示我们在文化资本的积累过程中，要善用传统文化（如忠诚义理）中的有利因素，促进制度的有效安排与实施。

第三节 中国经济南北分化的制度动力

如果将南北经济差距置于同一时空背景下进行对比分析，不难发现南北经济分化乃至差距逐渐拉大的根源性成因，是两者制度质量特别是市场化程度的差距（任泽平，2022）。基于这一判断，本书将根据《中国分省份市场化指数报告》揭示南北经济分化背后的制度动力。

一 南北地区市场化指数差距

中国分省份市场化指数（简称"市场化指数"）是一个通过数据标准化的方式衡量全国各省、自治区和直辖市市场化相对进程的指数体系，目前涵盖了全国 31 个省、自治区、直辖市在 1997—2019 年的市场化相对进程总体评分及排序、各方面指数和分项指数评分及排序（王小鲁等，2013）。2019—2020 年数据根据解学梅、朱琪玮（2021）文章中的方法推算得到。由此，我们得到全国 31 省区市 2003—2021 年的市场化指数。在此基础上，以各省区市 GDP 占全国 GDP 比重为权重，用加权平均法进一步得到南方地区和北方地区 2003—2021 年的市场化指数，结果如图 5-5 所示。

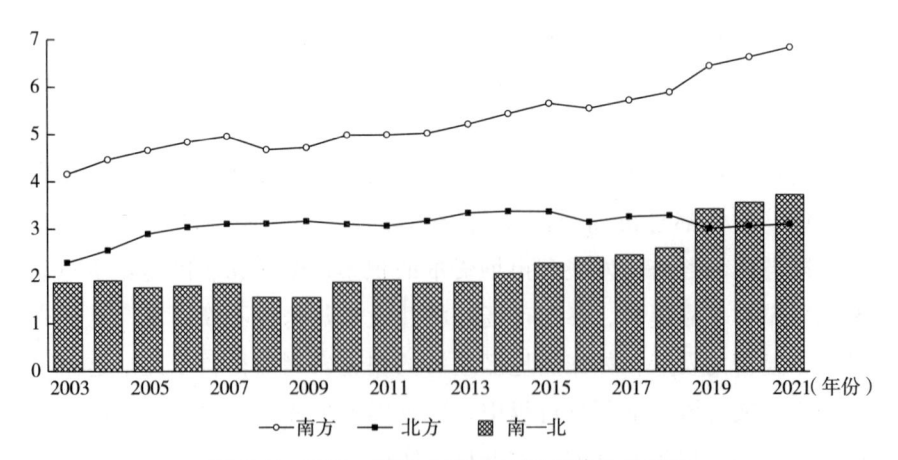

图 5-5　2003—2021 年南北地区市场化总指数

注：数据来源于《中国分省份市场化指数报告（2021）》，2020—2021 年数据根据解学梅、朱琪玮（2021）文章中的方法推算得到。

如图5-5所示，南北地区市场化指数从一开始就存在较大差异，且两者差距总体上呈扩大趋势。数据显示，2003年南方地区市场化指数为4.16，北方地区为2.29，南方地区比北方地区高出1.87。截至2021年年底，南方地区市场化指数上升至6.83，北方地区上升至3.10，但两者差距扩大至3.73。从演进趋势上看，南方地区市场化指数上升速度明显快于北方。2003—2021年，南方地区市场化指数年均增速为2.8%，北方地区为1.7%，南方地区明显快于北方。尤其是2016年后，南北地区市场化指数差距明显扩大。2016—2021年，南方地区市场化指数年均增速为9.2%，北方地区仅为4.25%。受此影响，南北地区市场化指数也由2016年的2.4上升至2021年的3.73。

从各省区市市场化指数排序来看（图5-6），2021年排名前十位的省区市依次是江苏（12.92）、广东（11.96）、浙江（11.10）、上海（11.00）、山东（10.71）、福建（10.17）、湖北（10.06）、辽宁（9.95）、北京（9.75）和安徽（9.65），[①] 其中南方省区市7个，北方

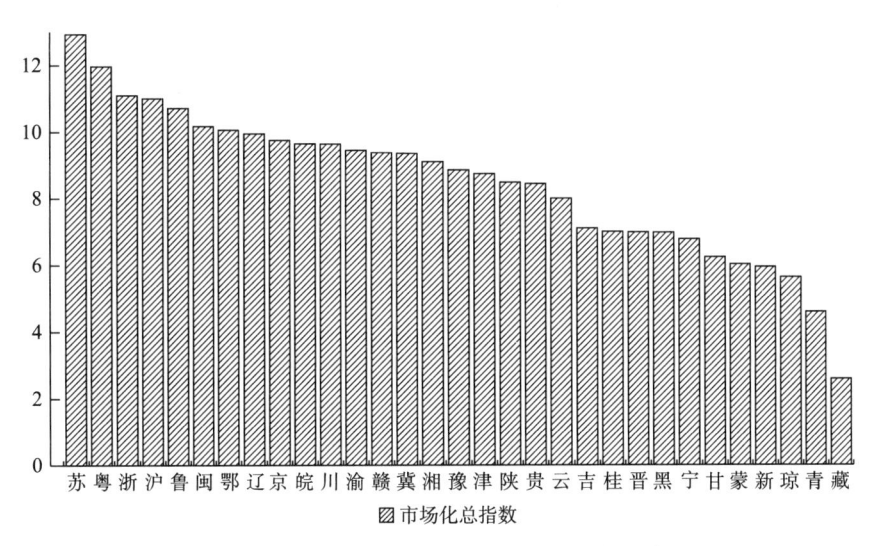

图5-6　2021年各省区市市场化总指数排序

注：数据来源同图5-5。

[①] 括号内数值为具体得分，下同。

地区3个，排名前四位的均为南方省区市。与此相对，2021年排名后十位的省区依次是西藏（2.59）、青海（4.60）、海南（5.64）、新疆（5.95）、内蒙古（6.03）、甘肃（6.24）、宁夏（6.78）、黑龙江（6.98）、山西（6.99）和广西（7.01），北方省区占据8席，南方省区仅为2席。从具体数值上看，排名最高的江苏市场化指数为12.92，排名最低的西藏仅为2.59，前者是后者的将近5倍，南北地区市场化差距可见一斑。

二 南北地区政府与市场的关系

为深入剖析南北市场化发展的差异，我们根据中国分省份市场化指数的构成，进一步从政府与市场的关系、非国有经济的发展、产品市场的发育程度、要素市场的发育程度以及市场中介组织的发育和法治环境五个分项来考察南北市场化程度的差异。其中，政府与市场的关系下辖三个指标，分别是市场分配经济资源的比重、减少政府对企业的干预和缩小政府规模。

如图5-7所示，南方地区政府与市场关系得分明显高于北方。数据显示，2009年南方地区政府与市场关系得分为5.26，北方地区为3.47，两者相差1.79。截至2021年年底，南方地区得分上升至4.79，

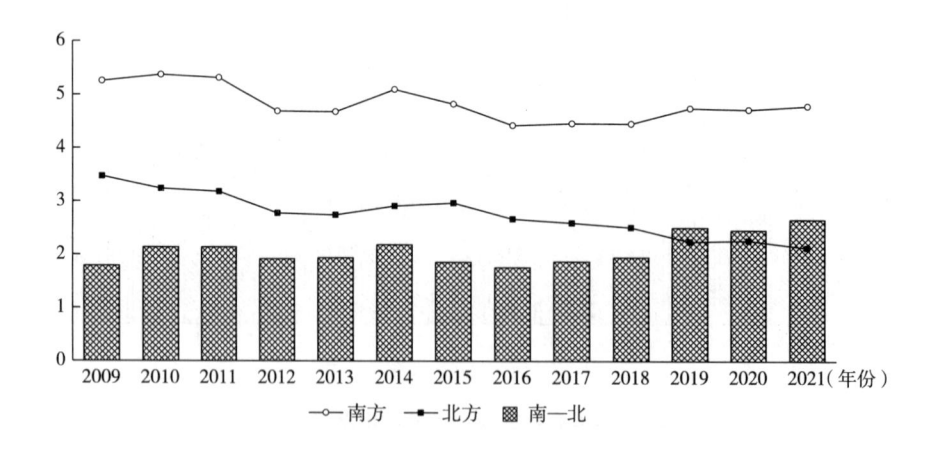

图 5-7 2009—2021 年南北地区政府与市场关系指数

注：数据来源同图 5-5。

北方地区却下降至 2.13，两者差距扩大至 2.66。从演进趋势上看，2009—2021 年，南方地区政府与市场关系的得分总体稳定，但北方地区呈明显下降趋势，特别是 2018 年之后，南北地区差距明显扩大。

从各省区市排名来看，2021 年各省区市政府与市场关系得分排名前十位的省区市依次为江苏（9.68）、上海（7.90）、四川（7.85）、广东（7.82）、湖北（7.61）、云南（7.25）、辽宁（7.14）、福建（7.11）、重庆（7.09）和北京（6.97），北方地区仅有 2 个，其中排名前六位均为南方省区市。与之相对，排名后十位的省区依次是西藏（-1.83）、甘肃（1.22）、青海（3.89）、吉林（4.08）、广西（4.22）、宁夏（4.34）、新疆（4.51）、海南（5.07）、陕西（5.10）、贵州（5.31），北方省区市占据 7 席。从具体数值看，排名最高的江苏省政府与市场关系得分为 9.68，而排名最低的西藏甚至为-1.83。

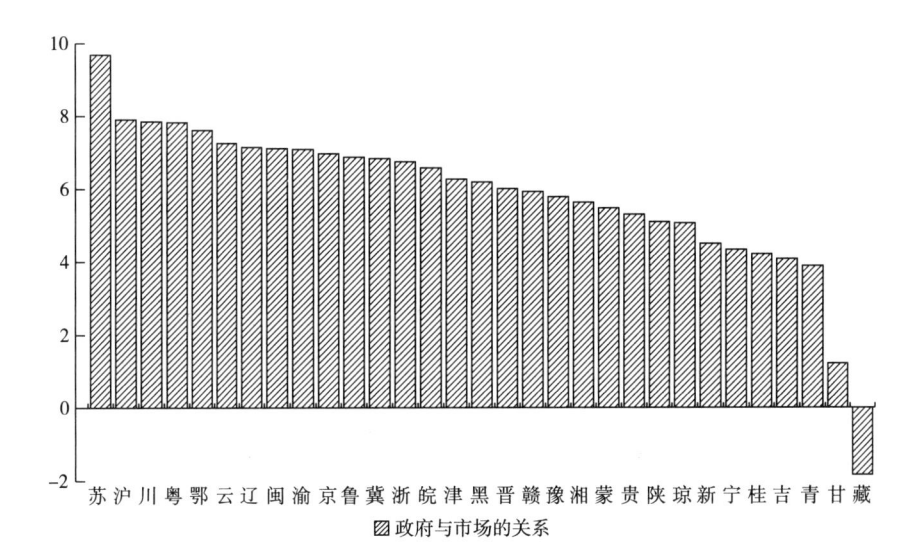

图 5-8　2021 年各省区市政府与市场关系得分排序

注：数据来源同图 5-5。

三　南北地区非国有经济的发展

改革开放以来，市场导向的非国有经济部门的迅速发展对我国的市场化转型和经济增长做出了主要贡献。因此，衡量各地区非国有经济的发展程度，对于各地市场化程度的测度有重要意义。这方面的衡量指标有三个，分别是非国有经济在工业销售收入中所占比重、非国有经济在全社会固定资产总投资中所占比例及非国有经济占城镇就业人数的比例。

如图5-9所示，南北地区非国有经济的发展差异显著。数据显示，2009年南方地区非国有经济的发展指数为5.68，北方地区为3.75，两者相差1.93。截至2021年年底，南方地区指数上升至7.48，而北方地区则下降至3.67，两者差距扩大至3.81。从演进趋势上看，南方地区非国有经济发展指数呈明显上升趋势，其数值从2009年的5.68逐步上升至2021年的7.48，年均增速为2.32%。北方地区则分为两个阶段：2009—2014年，其非国有经济发展指数由3.75逐步上升至4.24，但2015—2021年呈下降趋势，这一时期南北地区指数"剪刀差"呈扩大趋势。

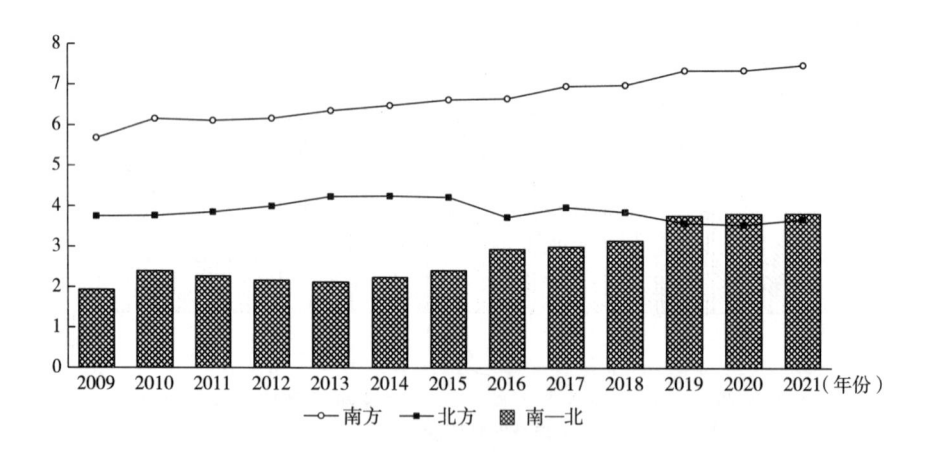

图5-9 2009—2021年南北地区非国有经济发展指数

注：数据来源同图5-5。

从各省区市排名看，2021年非国有经济的发展排名前十位的省区市依次是福建（12.51）、浙江（12.29）、广东（12.20）、江苏（12.17）、湖南（11.95）、重庆（11.76）、天津（11.66）、江西（11.62）、湖北（11.43）及河北（11.40），南北地区比例为 8∶2；其中排名前六位的省区市均为南方省区市。与此同时，排名后十位的省区市依次为青海（6.96）、西藏（7.14）、吉林（7.41）、甘肃（8.54）、新疆（8.66）、云南（8.70）、北京（9.25）、宁夏（9.48）、内蒙古（9.52）和广西（9.82），南北地区比例为 2∶8；其中倒数前五位省区均为北方省区。从各省区具体得分来看，排名最高的福建省为12.51，排名最低的青海仅为 6.96，两者相差近一倍。

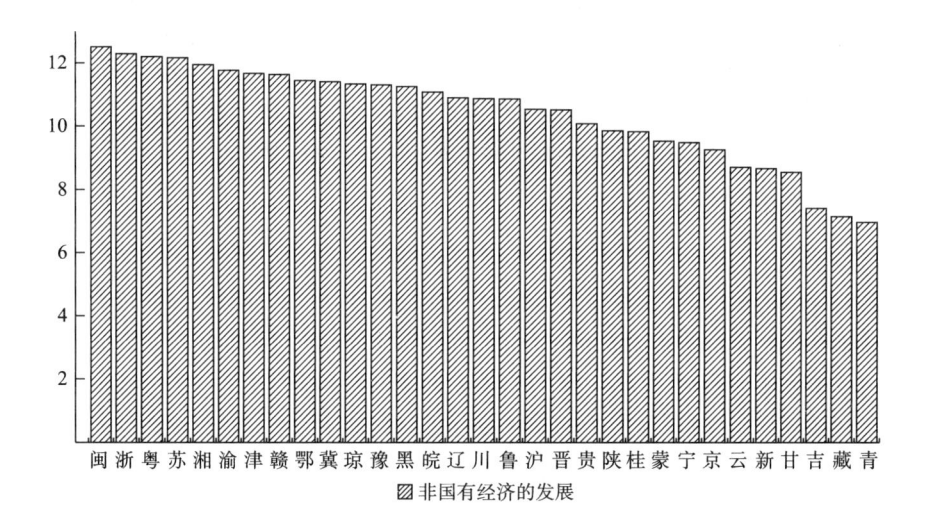

图 5-10　2021 年各省区市非国有经济发展得分排序

注：数据来源同图 5-5。

四　南北地区产品市场的发育程度

产品市场的发育程度，具体由三个分项指标决定，分别是价格由市场决定的程度、减少商品市场上的地方保护和公平的市场竞争条件。

如图 5-11 所示，在研究区间内，南北地区产品市场发育程度得分均呈下降趋势，北方地区下降速度更快。分阶段看，2009—2013 年间，南北地区产品市场发育程度变化较小，两者分差大致稳定在 1.4 左右。2016—2021 年间，南北地区差距明显扩大。截至 2021 年年底，北方地区指数下降为 0.86，南方地区为 3.41，两者差距扩大至 2.55。

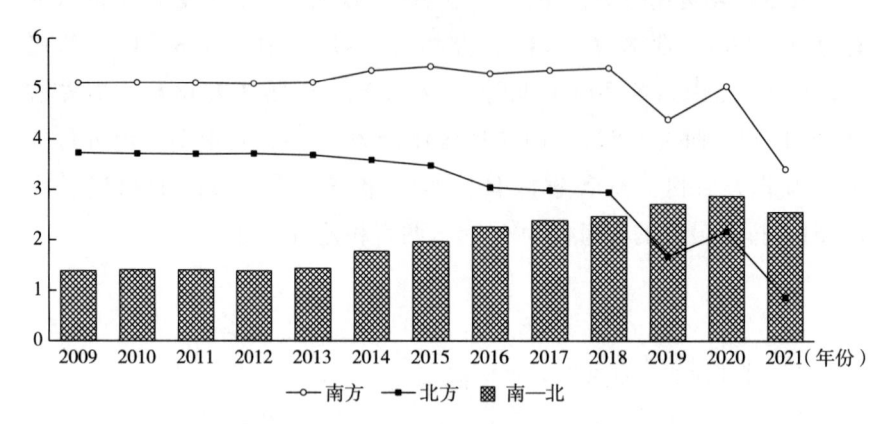

图 5-11　2009—2021 年南北地区产品市场发育程度

注：数据来源同图 5-5。

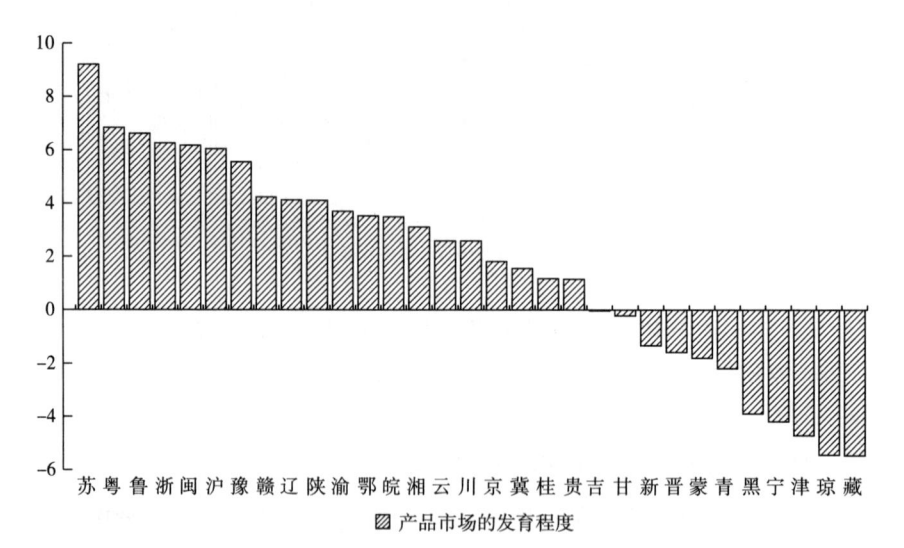

图 5-12　2021 年各省区市产品市场发育程度得分排序

注：数据来源同图 5-5。

从各省区市排名看，产品市场发育程度得分排名前十位的省区市分别是江苏（9.21）、广东（6.83）、山东（6.61）、浙江（6.25）、福建（6.17）、上海（6.04）、河南（5.55）、江西（4.24）、辽宁（4.13）

和陕西（4.11），南北地区分别占据6席和4席。而排名后十位的省区市分别为西藏（-5.46）、海南（-5.44）、天津（-4.71）、宁夏（-4.19）、黑龙江（-3.89）、青海（-2.19）、内蒙古（-1.80）、山西（-1.58）、新疆（-1.33）和甘肃（-0.21），南北地区比值为1∶9。更令人担忧的是，2021年产品市场发育指数为负值的省份共11个，除海南外均为北方省区。

五　南北地区要素市场发育程度

在要素市场发育方面，用三个指标进行衡量，即金融业的市场化、人力资源供应条件和技术成果市场化。其中，金融业的市场化又有两个分项指标，分别是金融业的竞争和信贷资金分配的市场化。人力资源供应条件也有两个分项指标，即技术人员、管理人员和熟练工人供应条件，以及常住人口与户籍人口的比值。

如图5-13所示，2009—2021年南北地区要素市场发育程度得分均呈升高趋势。其中，北方地区市场发育程度得分由2009年的2.93提升至2021年的4.53，年均增速约为3.69%；南方地区得分由2009年的4.04提升至2021年的9.19，年均增速为7.09%。不难看出，南方地区市场发育程度提升速度更快，由此导致两者差距呈扩大趋势。数据显示，2009年南北地区市场发育程度得分之差仅为1.1，截至2021年年底已上升至4.66，年均增速高达12.27%。

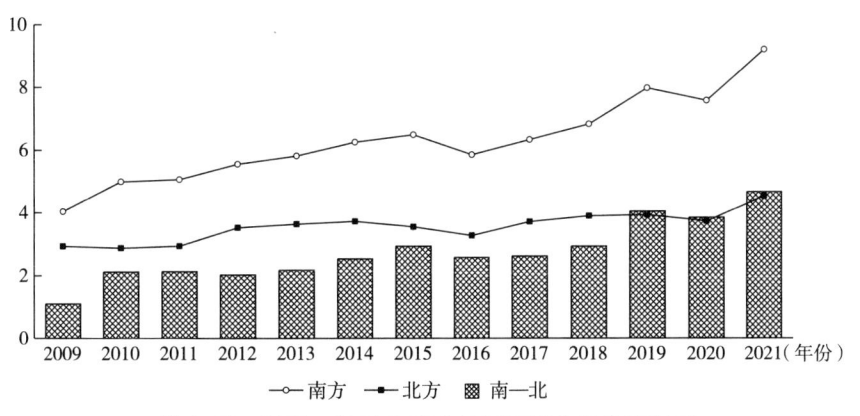

图5-13　2009—2021年南北地区要素市场发育程度

注：数据来源同图5-5。

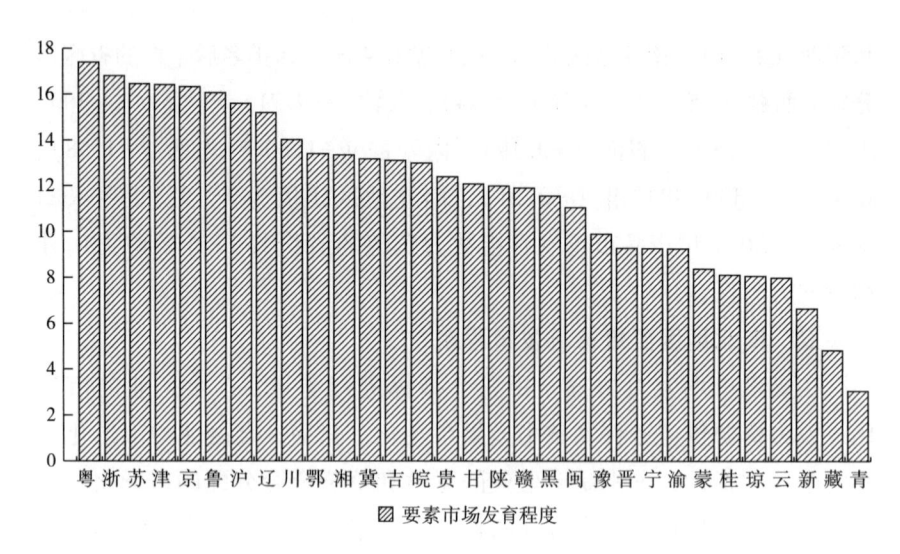

图 5-14　2021 年各省区市产品要素发育程度得分排序

注：数据来源同图 5-5。

分省区看，2021 年南北地区要素市场发育得分排名前十位的省区市分别为广东（17.39）、浙江（16.80）、江苏（16.45）、天津（16.41）、北京（16.32）、山东（16.06）、上海（15.60）、辽宁（15.19）、四川（14.02）和湖北（13.4），南北地区之比为 6∶4。而排名后十位的省区市依次是青海（3.07）、西藏（4.83）、新疆（6.66）、云南（8.00）、海南（8.07）、广西（8.12）、内蒙古（8.39）、重庆（9.26）、宁夏（9.28）、山西（9.29），南北之比为 4∶6。而得分最高的广东和得分最低的青海几乎相差六倍。

六　南北地区市场中介组织的发育和法律制度环境

市场中介组织的发育和法律制度环境由三个指标构成，分别是市场中介组织的发育、维护市场的法治环境和知识产权保护。其中，市场中介组织的发育又分为两个细分指标，分别为律师、会计师、技术服务等中介组织服务条件，行业协会对企业的帮助程度。

如图 5-15 所示，2009—2021 年，南北地区市场中介组织的发育和法律制度环境得分均呈上升趋势。其中，北方地区由 2009 年的 2.27 上升至 2021 年的 4.23，年均增速为 5.49%；南方地区由 3.91

升至9.32，年均增速达到7.51%。相比而言，南方地区提升速度更快。从两者差距来看，2009—2013年，两者差距维持在2上下；随后两者差距呈明显扩大趋势，至2021年已经扩大至5。

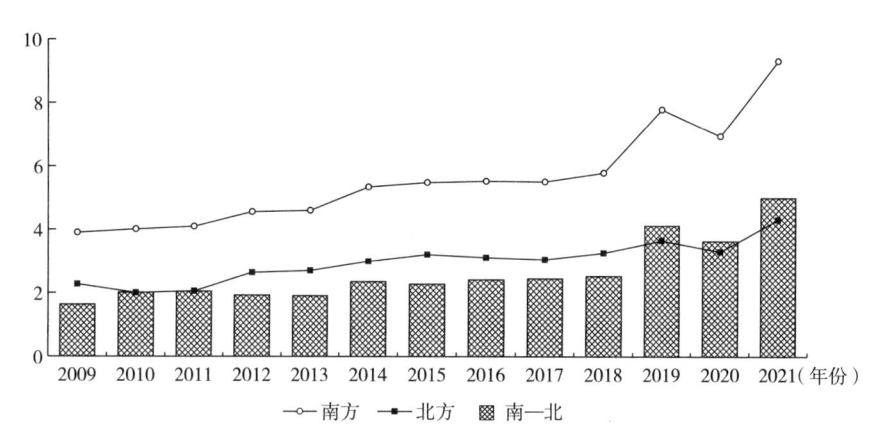

图5-15 2009—2021年南北地区中介组织的发育和法律制度环境

注：数据来源同图5-5。

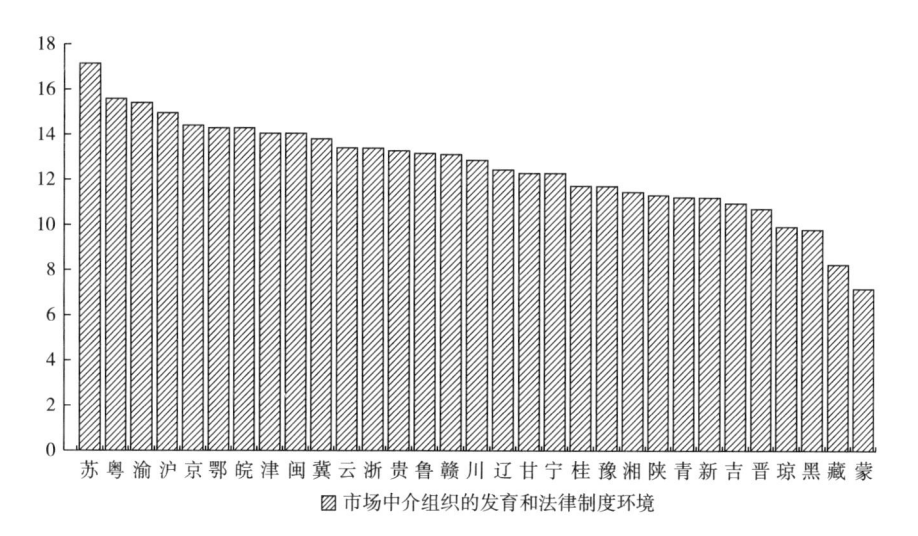

图5-16 2021年各省区市中介组织发育和法律制度环境得分排序

注：数据来源同图5-5。

分省区看，2021年市场中介组织发育和法律制度环境得分排名前十位的省区市分别是江苏（17.14）、广东（15.59）、重庆（15.41）、上海（14.97）、北京（14.42）、湖北（14.30）、安徽（14.30）、天津（14.05）、福建（14.05）和河北（13.08），南北之比为7∶3，其中排名前四位的省区市均为南方省区市。而排名后十位的省区市分别是内蒙古（7.17）、西藏（8.25）、黑龙江（9.80）、海南（9.92）、山西（10.72）、吉林（10.96）、新疆（11.21）、青海（11.23）、陕西（11.31）、湖南（11.46），南北之比为2∶8，且倒数前三名均为北方省区。

总体来看，南北地区在市场化指数及其分项指标上均存在显著差距。一方面，市场化总指数及其分项指数排名前三位甚至前五位的省区，几乎难觅北方省区踪影；另一方面，西北地区、东北地区常年落于市场化指数排名靠后省区，一定程度上拖累了北方市场化整体水平。在经济新常态和创新驱动发展的背景下，市场化差距成为南北经济差距持续扩大的根源性成因。南北地区高质量协调发展，特别是北方地区经济再次提升也需要从制度因素入手，遵循市场经济的客观规律，不断提升市场化水平。

第六章 南北经济差距中制度因素的实证分析

近年来,传统的"三大地带"和"四大板块"区域经济差距有所缩小,但南北经济差距却逐渐显现并呈扩大趋势,引发社会各界关注。事实上,中国南北地区在经济发展上的差异性源远流长。"自唐以来,江淮之田号为天下最,漕饷皆仰给东南矣",可见,中国南北经济差距实是一个持续千年的重大问题,其中也不乏制度因素的重要作用。而本章所讲的中国南北经济差距中的制度因素,也并非要追溯历史,而是探究中国经济进入创新驱动的高质量发展前后阶段,相比于传统"三大地带"或"四大板块",南北经济发展出现分化的制度成因。

第一节 研究设计

一 制度变量的选择

从某种程度上而言,市场化改革反映的是经济增长制度环境的变化。改革开放以来,中国经济体制改革的渐进性决定了市场化进程也具有渐进的特征。不同区域市场化改革程度的差异塑造了不同的制度环境,从而决定了不同区域资源配置的效率,表现为地区间的经济增长差异。然而,如何衡量市场化程度,却有多个选择指标。为了规避单一指标选取的不足,本处选择王小鲁、樊纲(2013)编制的中国分省市场化指数(简称"市场化指数")进行衡量。

通过数据标准化的方式,市场化指数构建包含5个二级指标,17个三级指标的评价指标体系,对全国31个省、自治区、直辖市市化的相对进程进行了量化测度。由于技术等方面的原因,目前该指数只更新至2019年。为了保证数据的延续性,借鉴解学梅、朱琪玮(2021)的方法,进一步得到了2020年和2021年各省份的市场化指数,由此构建全国31个省份市场化指数的面板数据集,为后续研究奠定了基础。

二 模型设定与变量说明

为了验证制度因素对区域经济的影响,本书采用市场化总指数(*Market*)和5个市场化分项指标衡量制度因素。同时为消除不同地区人口规模和经济规模的潜在影响,用人均产出(即Per_GDP)来衡量各地经济发展水平,构建如下计量模型:

$$Per\_GDP_{i,t} = \alpha_0 + \alpha Market_{i,t} + \varepsilon_{i,t} \qquad (6-1)$$

$$Per\_GDP_{i,t} = \alpha_0 + \alpha_1 Market_{i,t}/Gov\_Market_{i,t}/Non\_Market_{i,t}/Pro\_Market_{i,t}/Fac\_Market_{i,t}/Inter\_Market_{i,t} + \alpha_2 Control\_variable_{i,t} + \varepsilon_{i,t} \qquad (6-2)$$

$$Per\_GDP_{i,t} = \alpha_0 + \alpha_1 N_{i,t} + \alpha_2 Market_{i,t}/Gov\_Market_{i,t}/Non\_Market_{i,t}/Pro\_Market_{i,t}/Fac\_Market_{i,t}/Inter\_Market_{i,t} + \alpha_3 (Market_{i,t}/Non\_Market_{i,t}/Pro\_Market_{i,t}/Fac\_Market_{i,t}/Inter\_Market_{i,t}) \times N_{i,t} + \varepsilon_{i,t} \qquad (6-3)$$

其中,模型(6-1)用来检验市场化进程对人均产出的影响是否存在;模型(6-2)则在模型(6-1)的基础上,加入其他控制变量,进一步考察市场化进程的净影响。同时,为深入探究市场化进程对南北经济的影响差异,基于模型(6-2),模型(6-3)引入了中国南方和北方不同板块的省份哑变量,采用南北哑变量与市场化指数交乘的方式验证南北经济差距的制度因素。

为了全面分析市场化进程对南北区域经济发展的影响,本节进一步引入5个市场化指数的分项指标,即政府与市场的关系(*Gov_Market*)、非国有经济的发展(*Non_Market*)、产品市场的发育程度(*Pro_Market*)、要素市场发育程度(*Fac_Market*)、市场中介组织的发育和法律制度环境(*Inter_Market*),从不同侧面考察市场化进程对区域经济发展的影响。

南北经济差距的一个直接体现，就是两者产业结构的不同。总体来看，南北地区产业结构呈现"南轻北重"特征，即北方地区产业呈明显的重化工化和资源型特征，而南方产业呈"轻型化"特征。对此，采用第三产业增加值占 GDP 的比重作为产业结构的衡量指标。同时，鉴于一个地区产业结构与市场化进程存在较大关联，即市场经济越发达的地方，第三产业活跃度相对越高，进一步构建产业结构与市场化指数的交乘项（Indus×Market），以显示产业结构的调节作用。

区域经济发展是多因素共同作用的结果。为了全面刻画区域经济的发展过程，借鉴经济学、地理学等学科理论，进一步加入了其他控制变量。其中，就业状况反映了一个地区劳动力资源的供给状态，用当年全部就业人员数占总人口的比重来表示；城市建设用来反映城市化对地区经济发展的影响，有两项分项指标：一是建成区面积占城区面积的比重，即土地城市化的影响，二是城市人口密度，即人口城市化和空间聚集因素的影响。其中，能源表示投入产出比，用单位 GDP 能耗等价值（吨标准煤/万元）表示；水资源、森林资源两项指标用来表示资源禀赋对区域经济的影响，分别用人均用水量（立方米/人）、森林覆盖率（%）两项指标表示；教育用来表征人力资本因素的影响，以普通高校生师比（教师人数=1）表示；科技用来表征技术进步的影响，用研究与试验 R&D 经费支出占地区生产总值的比重表示。具体变量含义及衡量方式见表 6-1。

表 6-1　　　　　　　　　　变量定义表

变量类型	变量名称	表征因素	变量符号	定义或衡量方式
被解释变量	人均 GDP	区域经济发展水平	Per_GDP	地区生产总值与总人口的比值
解释变量	市场化总指数	市场化进程	Market	樊纲和王小鲁（2011）市场化指数计算方法
	分指数—政府与市场的关系	政府与市场的关系	Gov_Market	樊纲和王小鲁（2011）市场化指数计算方法

续表

变量类型	变量名称	表征因素	变量符号	定义或衡量方式
解释变量	分指数—非国有经济的发展	非国有经济的发展状况	Non_Market	樊纲和王小鲁（2011）市场化指数计算方法
	分指数—产品市场的发育程度	产品市场的发展状况	Pro_Market	樊纲和王小鲁（2011）市场化指数计算方法
	分指数—要素市场的发育程度	要素市场的发展状况	Fac_Market	樊纲和王小鲁（2011）市场化指数计算方法
	分指数—市场中介组织的发育和法律制度环境	中介组织和法律制度环境的发展状况	Inter_Market	樊纲和王小鲁（2011）市场化指数计算方法
调节变量	产业结构	产业发展	Indus	第三产业增加值占GDP的比重
控制变量	就业	就业状况	Employ	当年全部就业人员数取对数
	城市建设	城区建设	Construct	建成区面积占城区面积的比重
		人口密度	Population	城市人口密度
	能源	能源投入产出	Energy	单位GDP能耗（等价值）（吨标准煤/万元）
	水资源	用水情况	Water	人均用水量（立方米/人）
	森林资源	城市绿化	Forest	森林覆盖率（%）
	教育	高等教育	Education	普通高校生师比（教师人数=1）
	科技	科技投入	R&D	研究与试验R&D经费支出占地区生产总值的比重

三 数据来源与处理说明

本书中使用的中国省级层面相关数据，来自国家统计局分省年度数据和各省份历年的统计年鉴；中国各省份地区的市场化进程指数，来自樊纲等编制的《中国市场化指数——各地区市场化相对进程报告》和王小鲁等编制的《中国分省份市场化指数报告》。此外，为增强样本之间的可比性，避免异常值给研究结果带来影响，本书对参与回归的连续型变量进行了上下1%的缩尾处理，最终获得2004—2021年532个省级年度观测值的平衡面板数据。

第二节 计量检验与基准结果

一 描述性统计

表6-2报告了变量的描述性统计结果。

表6-2　　　　　变量的描述性统计结果

变量	观测数	平均值	中位数	标准差	最小值	最大值
Per_GDP	532	4.196	3.645	2.798	0.718	14.58
Market	532	7.528	7.460	1.869	3.560	11.38
Employ	532	7.585	7.655	0.802	5.684	8.820
Construct	532	0.263	0.249	0.167	0.0130	0.687
Population	532	2709	2515	1285	255	5902
Water	532	2177	1628	2597	89.10	15687
Forest	532	33.46	35.80	17.94	4.200	66.80
Education	532	17.43	17.48	1.236	13.84	20.48
R&D	532	0.0150	0.0130	0.0100	0.00300	0.0550
Energy	532	1.092	0.910	0.694	0.257	3.650

结果显示，各省人均GDP的平均值为4.196，但中位数只有3.645，表明超过一半省份的人均GDP低于全国平均水平，且人均GDP最大值高达14.58，而最小值仅为0.718，表明我国各省份间的经济发展水平参差不齐，区域经济发展不平衡问题进一步凸显。反观各省份市场化指数（Market）的平均值和中位数都接近于7.5，表明近乎一半省份的市场化进程已达到或高于全国平均水平，但部分省份的市场化进程并未带来经济的发展。城市人口密度（Population）最小值为255，最大值5902，平均值2709，标准差1285，说明我国各省份和城市间的人口资源分布较不平衡。城市建成区面积占城区面积的比重（Construct）和R&D经费支出占地区GDP的比重（R&D）变量，平均值仅有26.3%和1.5%，说明平均而言，我国的城市建设和

科技投入仍需大力强化。普通高校生师比（Education）均值为17.43，表明普通高校平均一个老师指导17.43个学生，普通高校教育水平仍有待提升，为经济发展赋能。单位 GDP 能耗（Energy）变量的最大值高达3.65，说明部分省份的能源投入并未带来高效的经济产出，仍需着力强化地区的能源投入产出效率。

二　相关性分析

表6-3报告了各个变量间的皮尔逊（Pearson）相关系数。

表6-3相关性分析结果显示，地区人均GDP（Per_GDP）和市场化指数（Market）间的相关系数为0.703，且在1%的统计水平下显著，说明制度因素即市场化进程与经济增长即人均GDP间存在显著正相关关系，市场化程度的推进有助于促进地区经济增长。城市建设（Construct）和研发投入强度（R&D）与经济增长（Per_GDP）间的相关系数分别为0.212和0.737，两者均在1%的统计水平下显著，说明城市建设和R&D经费投入与经济增长显著正相关，地区的经济发展需要城市建设和科技投入不断赋能和强化。单位GDP能耗（Energy）与地区经济（Per_GDP）变量间的相关系数为-0.604，能源投入产出率与地区经济发展在1%的统计水平下显著负相关，说明我国仍需加快推进能源结构的转型升级，进一步着力于能源投入产出效率的提升。此外，部分变量间的相关系数大于0.5，为排除共线性对回归结果的影响，在回归分析基础上对有关变量进行了VIF检验，其结果均小于5，表明变量间存在共线性的可能性较小。

三　基准回归结果

（一）市场化进程赋能地区经济发展

本书使用2004—2021年全国省级面板数据，根据豪斯曼（Hausman）检验，结果p值为0.0002，选择面板回归固定效应模型（6-1）和（6-2）进行回归分析。

表6-4报告了基于全样本的市场化指数对地区人均GDP的影响，同时为避免异方差对估计结果的影响，在回归模型中加入稳健标准误。表6-1第（1）列是基于模型（6-1）的回归结果，在不考虑控制变量的前提下，解释变量Market的回归系数为1.789，在1%的统计

表 6-3 主要变量的相关性分析结果

变量	(1)	(2)	(3)	(4)	(5)	(6)	(7)	(8)	(9)	(10)
(1) Per_GDP	1									
(2) Market	0.703***	1								
(3) Employ	0.0540	0.466***	1							
(4) Construct	0.212***	0.0450	0.102**	1						
(5) Population	0.0640	-0.0300	0.103**	0.684***	1					
(6) Water	-0.200***	-0.405***	-0.373***	0.0510	-0.0160	1				
(7) Forest	0.0220	0.248***	0.317***	0.0430	0.00200	0.0590	1			
(8) Education	0.0510	0.162***	0.292***	0.287***	0.193***	-0.214***	0.232***	1		
(9) R&D	0.737***	0.665***	0.090**	-0.00200	-0.00700	-0.388***	-0.0600	-0.078*	1	
(10) Energy	-0.604***	-0.715***	-0.445***	-0.309***	-0.179***	0.182***	-0.480***	-0.383***	-0.480***	1

注：***、**、* 分别表示在 1%、5%、10% 统计水平下显著。

表 6-4　基于全样本的市场化指数与地区人均 GDP 基准回归结果

变量	(1) Per_GDP	(2) Per_GDP	(3) Per_GDP	(4) Per_GDP	(5) Per_GDP	(6) Per_GDP	(7) Per_GDP
Market	1.789*** (0.161)	0.430*** (0.127)					
Gov_Market			-0.283*** (0.095)				
Non_Market				0.296*** (0.047)			
Pro_Market					-0.237*** (0.045)		
Fac_Market						0.304*** (0.032)	
Inter_Market							0.257*** (0.033)
Employ		1.915 (1.279)	1.019 (1.053)	2.721** (1.102)	2.475** (0.969)	3.021*** (0.878)	3.404*** (1.129)
Construct		0.611 (0.654)	-0.274 (0.639)	1.437* (0.777)	0.368 (0.684)	0.990 (0.607)	1.480** (0.623)
Population		0.000 (0.000)	0.000 (0.000)	0.000 (0.000)	0.000 (0.000)	0.000 (0.000)	0.000 (0.000)
Water		-0.000 (0.000)	-0.000 (0.000)	-0.000 (0.000)	-0.000 (0.000)	-0.000 (0.000)	-0.000 (0.000)
Forest		0.173* (0.089)	0.180** (0.075)	0.190** (0.092)	0.200*** (0.067)	0.176*** (0.054)	0.123** (0.047)
Education		-0.035 (0.078)	0.029 (0.081)	-0.092 (0.080)	-0.039 (0.077)	-0.137* (0.071)	-0.055 (0.058)
R&D		221.231*** (46.980)	261.403*** (48.287)	239.508*** (50.125)	236.777*** (53.171)	190.689*** (42.046)	175.111*** (44.835)
Energy		-0.952** (0.430)	-0.950** (0.410)	-0.637 (0.413)	-1.081*** (0.370)	-0.765** (0.315)	-1.011*** (0.295)
个体效应	Yes	Yes	Yes	Yes	Yes	Yes	Yes

续表

变量	(1) Per_GDP	(2) Per_GDP	(3) Per_GDP	(4) Per_GDP	(5) Per_GDP	(6) Per_GDP	(7) Per_GDP
截距项	-9.274*** (1.213)	-21.420* (10.649)	-11.454 (8.915)	-26.958*** (9.706)	-21.545** (8.128)	-26.405*** (7.289)	-28.475*** (8.684)
观测数	532	532	532	532	532	532	532
R2	0.548	0.808	0.804	0.826	0.818	0.870	0.864

注：***、**、*分别表示1%、5%和10%的显著性水平。下同。

水平下显著；基于模型（6-3）加入控制变量后，第（2）列的回归结果显示，受控制变量影响市场化指数（Market）的回归系数降低至0.43，但仍在1%的统计水平下显著，表明市场化的总体进程对地区经济发展具有显著促进作用。为进一步探究市场化进程赋能地区经济发展的具体机制，本书使用市场化指数的分解指标政府与市场的关系（Gov_Market）、非国有经济的发展程度（Non_Market）、产品市场的发展程度（Pro_Market）、要素市场的发展程度（Fac_Market）以及中介组织的发育和法律制度环境（Inter_Market）作为解释变量，采用模型（6-3）分别进行回归分析，回归系数分别为-0.283、0.296、-0.237、0.304、0.257，均在1%的统计水平下显著。由此表明，市场化进程中政府与市场关系和产品市场的发育程度会显著抑制地区经济发展，而非国有经济的发展程度、要素市场的发展程度以及市场中介组织发育和法律制度环境对地区经济发展具有显著促进作用。

（二）南北经济发展的制度因素差异检验

由于表6-4的初步回归结果仅表明了市场化进程能显著促进中国地区经济发展，而并未体现中国南北经济发展不平衡问题长期存在的具体制度差异，为深入分析南北经济差距中不同地区市场化程度的具体影响差异，本书在模型（6-2）基础上加入南北哑变量（N）与市场化指数（Market）的交乘项，采用模型（6-3）进一步分析中国南北方地区市场化进程对经济发展的影响差异。表6-5报告了基于固定效应模型所得到的差异性检验结果。同时，为避免异方差对回归结果的影响，在回归模型中加入稳健标准误。结果显示，南北哑变量和市场化指数分项指标的交乘项 $N\times Market$、$N\times Gov\_Market$、$N\times Non\_Market$、$N\times Pro\_Market$、$N\times Fac\_Market$ 和 $N\times Inter\_Market$ 的回归系数分别为-0.379、-0.304、-0.191、-0.125、-0.157 和-0.105，均在1%的统计水平下显著为负。由此表明，与中国南方板块的各个省份相比，中国北方板块各省份的政府和市场关系、产品和要素市场化发展程度以及中介组织的发育程度和法律制度环境对地区经济增长的抑制效应更为显著。为此，应着力优化市场化改革的各项进程，总体把控市场化改革的推进程度，充分发挥市场化改革的正向效应。

表6-5　市场化进程对中国南北板块经济发展的差异性检验

变量	(1) Per_GDP	(2) Per_GDP	(3) Per_GDP	(4) Per_GDP	(5) Per_GDP	(6) Per_GDP
N	2.092*** (0.402)	1.063*** (0.384)	0.496 (0.304)	-0.074 (0.390)	0.037 (0.211)	-0.070 (0.184)
$Market$	0.438*** (0.046)					
$N\times Market$	-0.379*** (0.049)					
Gov_Market		0.285*** (0.058)				
$N\times Gov\_Market$		-0.304*** (0.052)				
Non_Market			0.269*** (0.034)			
$N\times Non\_Market$			-0.191*** (0.035)			
Pro_Market				0.292*** (0.048)		
$N\times Pro\_Market$				-0.125*** (0.047)		
Fac_Market					0.296*** (0.029)	

续表

变量	(1) Per_GDP	(2) Per_GDP	(3) Per_GDP	(4) Per_GDP	(5) Per_GDP	(6) Per_GDP
N×Fac_Market					-0.157*** (0.027)	
Inter_Market						0.203*** (0.019)
N×Inter_Market						-0.105*** (0.022)
控制变量	Yes	Yes	Yes	Yes	Yes	Yes
截距项	7.448*** (1.080)	9.271*** (1.196)	8.336*** (1.139)	10.398*** (1.094)	8.995*** (1.039)	8.411*** (1.034)
时间效应	Yes	Yes	Yes	Yes	Yes	Yes
观测数	532	532	532	532	532	532
R2	0.907	0.894	0.898	0.893	0.906	0.908

第三节 制度因素对南北区域经济的影响

一 基于南北区域的分组回归结果

根据上文的理论分析和表 6-5 的差异性检验可知，位于中国南方和北方不同板块的地区制度因素对经济发展的影响存在差异，但其具体差异的大小和机制却并未完全体现。为进一步探究南北地区制度因素赋能经济发展的具体差异，本书根据中国南方和北方地区的划分标准将样本省份分为北方和南方两组，同样采用模型（6-2）分别进行回归分析。表 6-6 和表 6-7 分别报告了北方和南方地区各项市场化指数对经济发展的具体影响。

表 6-6 结果显示，北方地区的市场化总指数（$Market$）与地区经济（Per_GDP）之间的回归系数为 0.293，且在 5% 的统计水平下显著，

表 6-6　基于北方地区的市场化指数与地区人均 GDP 的回归结果

变量	北方地区					
	(1)	(2)	(3)	(4)	(5)	(6)
	Per_GDP	Per_GDP	Per_GDP	Per_GDP	Per_GDP	Per_GDP
Market	0.293** (0.131)					
Gov_Market		-0.217** (0.100)				
Non_Market			0.227*** (0.061)			
Pro_Market				-0.228*** (0.043)		
Fac_Market					0.282*** (0.044)	
Inter_Market						0.243*** (0.041)
控制变量	Yes	Yes	Yes	Yes	Yes	Yes
截距项	-17.067* (8.706)	-10.492 (8.054)	-21.386** (8.339)	-20.437** (7.755)	-18.705*** (6.213)	-23.786*** (7.721)
个体效应	Yes	Yes	Yes	Yes	Yes	Yes
观测数	263	263	263	263	263	263
R^2	0.813	0.811	0.831	0.835	0.872	0.874

由此说明市场化进程对于地区经济发展的促进效应在北方地区也显著存在。同样地，采用市场化指数分项指标得出的回归结果与基于全样本的回归结果基本相符。其中，政府和市场关系指数（Gov_Market）以及地区产品市场化指数（Pro_Market）对于经济增长具有显著抑制作用，其回归系数分别为-0.217和-0.228，5%和1%的统计水平下显著为负。而非国有经济的发展（Non_Market）、要素市场的发育程度（Fac_Market）以及市场中介组织发育和法律制度环境（Inter_Market）对于地区经济发展具有显著促进作用，其回归系数均在1%的统计水平下显著为正。

表 6-7 的结果显示，南方地区的市场化总指数（Market）与地区经济（Per_GDP）间的回归系数为 0.389，在 1% 的统计水平下显著，表明市场化进程对地区经济发展促进效应显著。而南方地区的市场化分项指标却与全样本的回归结果略有差异。其中，Non_Market、Fac_Market 和 Inter_Market 的回归系数分别为 0.281、0.213 和 0.156，且均在 1% 的统计水平下显著，表明南方地区的非国有经济、要素市场以及中介组织和法律制度环境的发育程度对于地区经济发展也存在显著的促进作用。而政府市场关系和产品市场发育程度的回归系数为负，且均不显著，说明两者对于南方地区经济并无显著影响。

表 6-7　基于南方地区的市场化指数与地区人均 GDP 的回归结果

变量	\(1\) Per_GDP	\(2\) Per_GDP	\(3\) Per_GDP	\(4\) Per_GDP	\(5\) Per_GDP	\(6\) Per_GDP
	南方地区					
Market	0.389*** （0.121）					
Gov_Market		-0.134 （0.102）				
Non_Market			0.281*** （0.047）			
Pro_Market				-0.083 （0.063）		
Fac_Market					0.213*** （0.027）	
Inter_Market						0.156*** （0.041）
控制变量	Yes	Yes	Yes	Yes	Yes	Yes
截距项	-15.824 （10.872）	-8.765 （11.462）	-21.374** （9.937）	-13.207 （11.390）	-26.398*** （7.704）	-22.943** （10.664）
个体效应	Yes	Yes	Yes	Yes	Yes	Yes
观测数	269	269	269	269	269	269
R2	0.900	0.896	0.911	0.896	0.921	0.912

北方组和南方组是基于同一数据统计标准和模型进行的回归分析，因此两者的回归结果相互可比。表6-6和表6-7的分组回归分析结果表明，市场化总进程能显著促进南北方经济发展，但在促进效果上存在南北差异。根据北方和南方地区的市场化总指数（Market）回归系数 0.293<0.389，两者均在1%统计水平下显著，由此表明，与北方相比，南方地区的市场化进程对经济具有更强的提升作用。此外，北方和南方地区的政府市场关系指数（Gov_Market）和产品市场发育程度（Pro_Market）的回归系数在北方组显著为负，在南方组却并不显著，表明与南方相比，北方地区政府和市场关系以及产品市场化改革的推进会显著抑制地区经济的发展。

二　稳健性检验

（一）基于市场化指数一阶滞后项的内生性回应

一方面，市场化进程的推进无法立即作用于地区经济发展，对于地区经济增长的促进作用存在一定的滞后性；另一方面，市场化改革的不断推进会提升要素的投入产出效率，调动地区全要素生产率的提升，以此带来经济的快速发展，但随着地区经济水平的提升，也可能反过来助推市场化改革的进程，由此产生内生性问题。为进一步检验市场化程度的滞后效应和内生性问题，采用市场化指数的一阶滞后项（Market_1）代入模型（6-4）和模型（6-5）进行稳健性检验，以此回应本研究可能存在的内生性问题。回归结果如表6-8所示。

$$Per\_GDP_{i,t}=\beta_0+\beta_1 Market\_1_{i,t}+\varepsilon_{i,t} \qquad (6-4)$$

$$Per\_GDP_{i,t}=\beta_0+\beta_1 Market\_1_{i,t}+\beta_2 Control\_variable_{i,t}+\varepsilon_{i,t} \qquad (6-5)$$

表6-8　　　　　基于市场化指数的一阶滞后项检验

变量	北方		南方	
	(1)	(2)	(3)	(4)
	Per_GDP	Per_GDP	Per_GDP	Per_GDP
Market_1	1.419***	0.349**	2.169***	0.415***
	(0.163)	(0.122)	(0.244)	(0.131)
控制变量	No	Yes	No	Yes

续表

	北方		南方	
变量	(1)	(2)	(3)	(4)
	Per_GDP	*Per_GDP*	*Per_GDP*	*Per_GDP*
截距项	-5.648*** (1.115)	-16.818* (8.135)	-12.908*** (1.978)	-14.758 (11.857)
个体效应	Yes	Yes	Yes	Yes
观测数	246	246	252	252
R^2	0.464	0.813	0.640	0.896

由表6-8的一阶滞后项回归结果可以看出，与表6-6和表6-7的初步分组回归结果相比，北方地区和南方地区的市场化总指数一阶滞后项（Market_1）和经济发展（Per_GDP）变量间的回归系数并未产生较大变动，仍在1%和5%的统计水平下显著为正，且南方与北方地区的Market_1变量的回归系数相比2.169>1.419。由此说明，市场化程度对地区经济发展的促进作用的确存在，且与北方地区相比，市场化改革进程的总体推进对南方省份的经济促进作用更强。初步和分组回归研究结果再次得到证实，进一步表明本研究的实证结果稳健可靠。

（二）替换被解释变量的稳健性检验

地方财政税收收入来源于地方各行业和部门，是衡量地区经济水平的重要指标。为进一步检验市场化指数（Market）促进地区经济发展这一结论的稳健性，将衡量地区经济发展的原指标（Per_GDP）以地区财政税收收入（Revenue）为替代，同样采用固定效应模型（6-6）和模型（6-7）进行分组回归。检验结果如表6-9所示。

表6-9　以地方财政税收收入为替代变量的稳健性检验结果

	北方		南方	
变量	(1)	(2)	(3)	(4)
	Revenue	*Revenue*	*Revenue*	*Revenue*
Market	0.523*** (0.050)	0.088** (0.037)	0.655*** (0.044)	0.136*** (0.041)

续表

变量	北方		南方	
	(1)	(2)	(3)	(4)
	Revenue	Revenue	Revenue	Revenue
控制变量	No	Yes	No	Yes
截距项	2.959***	-1.760	1.731***	-7.249
	(0.343)	(1.968)	(0.362)	(4.965)
个体效应	Yes	Yes	Yes	Yes
观测数	263	263	269	269
R^2	0.481	0.920	0.666	0.929

$$Revenue_{i,t} = \gamma_0 + \gamma_1 Market\_1_{i,t} + \varepsilon_{i,t} \tag{6-6}$$

$$Revenue_{i,t} = \gamma_0 + \gamma_1 Market\_1_{i,t} + \gamma_2 Control\_variable_{i,t} + \varepsilon_{i,t} \tag{6-7}$$

表6-9列示了以地方财政税收收入（Revenue）为替代被解释变量的稳健性检验结果，与表6-6和表6-7的初步分组回归相比，结果基本一致。列（1）和列（3）在不考虑控制变量的前提下，南北地区市场化指数（Market）的回归系数均在1%统计水平下显著为正；列（2）和列（4）加入控制变量后，北方地区Market变量的回归系数为0.088，在5%统计水平下显著，而南方地区的回归系数为0.136，在1%的统计水平下显著。由此表明，南方地区的市场化程度对经济发展的提升效应更显著，分组回归结果再次得到证实，本研究的实证分析结果稳健可靠。

三　基于产业结构的调节效应

除市场化程度以外，南北经济差距仍受诸多外在因素影响，但其中一个直接体现就是两者的产业结构差异。对此，以产业结构（Indus）和市场化指数（Market）的交乘项（Indus×Market）为依据，采用固定效应模型（6-8）和模型（6-9）来检验南北方地区产业结构差异对市场化程度促进地区经济发展的外在调节。调节效应检验结果如表6-10所示。

$$Per\_GDP_{i,t} = \delta_0 + \delta_1 Market\_1_{i,t} + \delta_2 Indus_{i,t} + \delta_3 Indus \times Market_{i,t} + \varepsilon_{i,t}$$

$$\tag{6-8}$$

$$Per\_GDP_{i,t} = \delta_0 + \delta_1 Market\_1_{i,t} + \delta_2 Indus_{i,t} + \delta_3 Indus \times Market_{i,t} +$$
$$\delta_4 Control\_variable_{i,t} + \varepsilon_{i,t} \qquad (6-9)$$

表 6-10　　　　　　　基于产业结构的调节效应检验

变量	北方		南方	
	(1) Per_GDP	(2) Per_GDP	(3) Per_GDP	(4) Per_GDP
$Market$	0.748** (0.294)	0.180 (0.184)	0.959*** (0.211)	0.303** (0.119)
$Indus$	17.881*** (4.018)	9.513*** (1.926)	24.714*** (3.478)	13.181*** (2.653)
$Indus \times Market$	3.753* (1.945)	3.846*** (1.173)	3.457*** (0.818)	1.680* (0.925)
控制变量	No	Yes	No	Yes
截距项	-9.791*** (1.281)	-22.614** (7.858)	-15.003*** (1.350)	-10.349 (9.159)
个体效应	Yes	Yes	Yes	Yes
观测数	263	263	269	269
R2	0.649	0.878	0.858	0.927

表 6-10 报告了南北产业结构差异对市场化进程促进经济增加的调节效应检验结果。结果显示，在不考虑控制变量时，北方组产业结构与市场化指数的交乘项（$Indus \times Market$）的回归系数为 3.753，在 10% 的统计水平下显著；而南方组 $Indus \times Market$ 变量的回归系数为 3.475，在 1% 的统计水平下显著。列（2）和列（4）加入控制变量后，北方和南方地区的 $Indus \times Market$ 变量的回归系数仍在 1% 和 10% 的统计水平下显著为正。由此表明，南北地区的产业结构在市场化进程促进地区经济发展的过程中都存在显著的正向调节作用。

第四节 本章小结

近年来中国南方区域和北方区域经济差距的逐步显现，引发社会广泛关注。本章用市场化指数作为制度因素的测度指标，实证检验了制度因素对南北经济差距的影响。结果表明：(1) 南北地区经济发展水平和市场化程度存在显著差异，且近年来呈扩大趋势；(2) 市场化进程对经济发展具有显著促进作用，但分项指标作用效果具有明显差异，其中，非国有经济和要素市场的发展、中介组织的发育程度和法律制度环境的提升能显著促进地区经济发展，而政府和市场关系以及产品市场的发育程度对地区经济发展具有抑制作用；(3) 与南方地区相比，北方地区市场化指数对于经济增长的提升作用更强；(4) 产业结构在制度因素影响南北经济差距的过程中具有正向调节作用；(5) 稳健性检验进一步表明，市场化程度是影响南北经济差距的重要制度因素，本书的实证研究结论稳健可靠。

第七章 "中国模式"的世界价值与南北经济高质量协调发展的制度路径

进入21世纪以来,全球经济在经历了初期的较快增长后,先后遭遇2007年美国次贷危机和新冠疫情的冲击,复苏前景扑朔迷离。近年来全球主流思想界纷纷反思近代以来西方主导的经济发展模式,寻求新的价值理念和制度路径。在世界经济复苏乏力之际,中国凭借强大的经济韧性赢得世界瞩目,以改革创新和包容并蓄为特征的中国模式当代价值逐渐被世界各国接受。

然而,改革永远在路上,创新永不停止。在中国经济取得快速发展和长足进步的同时,中国南北经济差距逐渐拉大,甚至呈现出"强者越强、弱者恒弱"的"固化"特征,成为阻碍中国经济高质量发展的突出问题。南北地区在体制机制、营商环境、产业结构、发展动能方面存在的差异,很大程度上是两者制度变革与创新差异引致的。因此,必须以高质量发展为目标,通过制度变革与创新,统筹推进南北经济高质量协调发展。

第一节 全球危机与中国模式的价值确认

"当今世界正经历百年未有之大变局",这是习近平总书记对当今世界特征作出的重大战略判断。百年未有之大变局,突出表现为国际力量对比发生显著变化:一方面,以中国为代表的新兴市场国家和发展中国家群体性崛起,国际影响力不断增强;另一方面,单边主义、保护主义抬头,经济全球化遭遇逆流,全球产业链供应链遭受严重冲击，世界经济发展面临严峻挑战。原有的以西方为主导的全球治理体系遭遇信任危机，人类社会走到新的十字路口，迫切需要一种全新的、能够代表全人类发展方向的新理念、新模式，带领全球摆脱新冠疫情和经济危机的阴影，重回和平、发展和繁荣的轨道。在这种背景下，以习近平同志为核心的中国共产党人站在人类历史发展进程的高度，以大党大国的全球视野和使命担当，提出一系列富有中国特色、体现时代精神、引领人类发展进步潮流的新理念、新主张、新倡议，努力推动构建人类命运共同体。这是继改革开放后，中国再一次用系统性制度变革为全球和平、发展和繁荣贡献中国智慧和力量。

一 穿透"次贷危机"：一场系统性的制度危机

进入21世纪以来，全球经济经历了两次重大的危机。2007年美国次贷危机向全球蔓延，演变成一场百年不遇的经济危机，全球经济承受严重的下行压力。经过十余年的努力，全球经济逐步摆脱危机影响，但复苏动力依旧不足，2008—2018年全球经济平均增速仅为2.69%，明显低于2000—2008年危机爆发前3.48%的增长速度。2019年，全球遭遇新冠疫情袭扰，经济增长再次陷入低谷，2020年全球经济增速继2009年后再次跌入负值区间（-3.11%），世界经济复苏前景再次蒙上阴影。①当前世界面临"新增长陷阱"，各种风险因素交织叠加：资本市场泡沫严重、金融企业风险高企、主权国家债务危机、部分国家通胀迅猛、技术进步陷入停滞，贫富差距不断扩大、全球经济增长乏力。

经济危机之下，国际地缘政治格局也迎来百年未有之大变局。进入21世纪以来，日本核危机、英国脱欧运动、美国占领华尔街运动、俄乌冲突等使全球政治经济陷入错综复杂的"诡异迷局"。在全球层面，第二次世界大战结束后形成的"全球化"趋势遭遇波折，全球治理体系和治理能力遭受巨大的信任危机，全球治理、国家治理在结构性、制度性、政策性三个层次上均遭受治理挑战甚至治理失败。而局部散发的文化价值失信、结构性失衡、体制性失败、合法性危机又导

---

① 参见世界银行数据库（https://data.worldbank.org.cn/indicator）。

致民族国家认同危机（杨雪冬，2002）。简而言之，2007年美国次贷危机表面看似一场经济危机，但却反映了当前全球治理体系的整体性、深层次、结构性的制度危机。

北欧国家冰岛经济失败的教训值得警醒：一个国家没有坚实的制度基础，所谓经济发展的成果也不过是建立在流沙上的城堡。冰岛位于欧洲西北部，面积约为10.27平方千米，人口约35万。凭借丰富的渔业、森林、地热等自然资源及良好的工业基础，冰岛人均收入长期位居世界前列。然而自20世纪90年代以来，冰岛选择了新自由主义道路，"将整个国家变成一个庞大的对冲基金"。2007年美国次贷危机爆发后，冰岛三大银行相继宣布破产，短短数日股市暴跌90%，本币贬值幅度超过100%，政府外债超过1383亿美元，而冰岛2007年国内生产总值仅为193.7亿美元，截至2007年年底，冰岛金融业资产竟是其国内生产总值的10倍。万般无奈之下，时任冰岛总理对外宣布冰岛因资不抵债破产。

尽管在欧盟、国际货币基金组织等国际组织的帮助下，冰岛逐渐摆脱了危机的影响，然而2008年国际金融危机及其深层次的制度危机正在逐步消解西方曾经的发展成果。自2008年以来，美国占领华尔街运动、欧洲骚乱频发、日本首相遇刺等极端事件时有发生，资本主义引以为傲的美欧日等国家和地区集体陷入经济增长和政治信任危机，如此迫切的现实引发了全球开始从制度层面反思现代发展问题，世界各国都在急切寻求公共政策、治理结构、制度路径乃至发展模式上的突围。

二 聚焦中国经济："中国奇迹"的价值确认

改革开放以来，中国经济保持了人类历史上少有的长期增长态势，中国也从一个落后的农业国逐步成长为现代产业体系健全的全球第二大经济体。世界银行的数据显示，1980—2021年，世界经济年均增长率为5.25%，美国为5.36%，但中国年均增长率高达11.68%。1980年，中国经济占世界的比重仅为1.69%，相当于美国的6.69%；截至2021年年底，中国经济占世界的比重已经提升至18.37%，相当于美国的76.06%。相比之下，美国占全球经济的比重始终稳定在

25%左右，近年来甚至呈下降趋势（见图7-1）。两相比较，中美两国经济规模的差距迅速缩小。不少专家预测，2035年前后中国或在经济总量上实现对美国的超越，成为经济总量排名第一的国家。

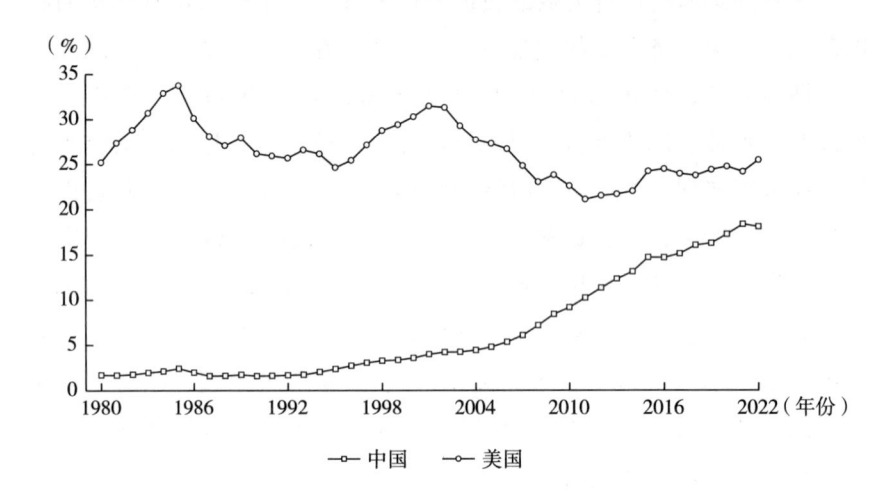

图7-1 1980年以来中美两国占全球经济比重

注：数据来源于世界银行数据库（https：//data.worldbank.org.cn/indicator），2022年数据参见国际货币基金组织2023年《世界经济展望报告》。

从中美两国占全球经济比重的演变趋势看，美国在波动中呈现降低趋势，最终稳定在25%左右。而中国自1980年以来呈明显上升趋势。特别是2000年以来，一方面美国占全球经济的比重从35%的高位快速下降至20%左右，另一方面中国占全球经济的比重从不足5%迅速抬升至15%，中美"剪刀差"迅速收窄。受世界经济周期性因素影响，近年来中国经济增长有所波动，但其占全球经济比重不断上升的趋势并未改变。后疫情时代，随着全球规模最大的单一经济体逐步开启国内大循环，改革创新不断推进，其经济增长态势大概率会继续延续，占全球经济的比重也有望进一步提升。

从经济增速上看，1980年以来中国经济增速明显高于世界平均水平和美国（见图7-2）。数据显示，1991—2012年，中国经济增速始终高于世界平均水平6个百分点左右。2012年步入经济新常态以来，

第七章 "中国模式"的世界价值与南北经济高质量协调发展的制度路径 | 231

中国经济增速略有下降，但依然比世界平均水平高出 4 个百分点左右。特别是在 2009 年和 2020 年，世界经济受美国次贷危机和新冠疫情影响出现负增长，中国经济依然保持了正增长，显示了强劲的发展动力和韧性。

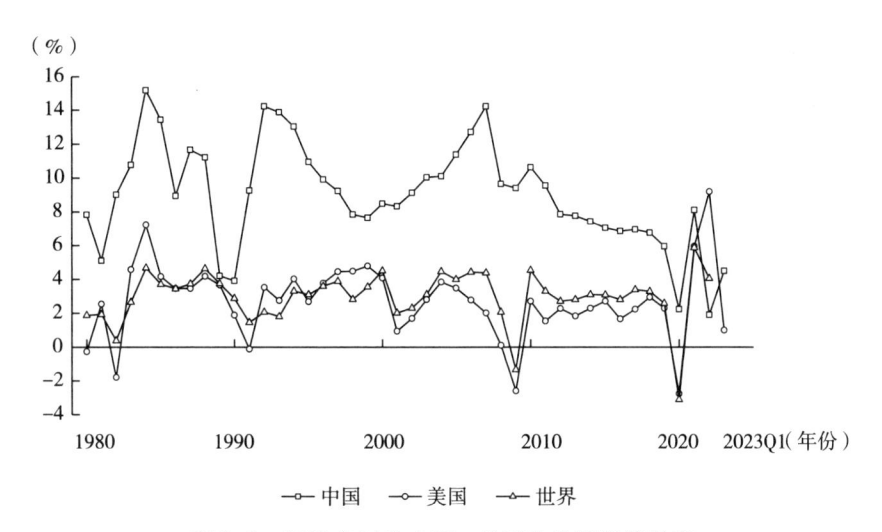

图 7-2　1980 年以来中国、美国和世界经济增速

注：数据来源于世界银行数据库（https://data.worldbank.org.cn/indicator），2022 年数据参见国际货币基金组织 2023 年《世界经济展望报告》，2023 年第一季度数据参见国家统计局网站。

从经济增量对全球的贡献来看（见图 7-3），2006 年之前，美国对全球经济增量贡献率大约在 40%，中国因基数相对较小，贡献率为 20% 左右。但 2006 年之后，全球经济不确定性因素增加，特别是 2007 年美国次贷危机的爆发，不仅重创了西方发达国家的经济，也给世界经济发展带来深远影响。这一时期中国经济不仅在数量上实现跃升，而且在增长方面展现强大韧性，对全球经济增量的平均贡献率达到 155.86%，美国下降为 24.97%，其他国家为 -80.83%。

由图 7-3 不难看出，进入 21 世纪以来，中国经济对全球经济增量的贡献度不断提升，成为全球经济复苏的主导力量。特别是 2007 年美国次贷危机后，美国对全球经济增量的贡献度不断萎缩，世界其他国家和地区经济增速不断下滑甚至陷入负增长,对全球经济的贡献度随之陷入负值区间。这一时期中国成为带动全球经济增量的主要动力。受新冠疫情的影响,2020年中国对全球经济增量的贡献度出现下滑,但在较短时间内就走出低谷,重新成为世界经济复苏的关键力量。2023年第一季度中国经济增速恢复至4.5%,同期美国经济增速仅为1%,全球经济增长态势不明朗。可以预见,在未来一段较长时间内,中国依然是全球经济增量最主要的贡献者之一。

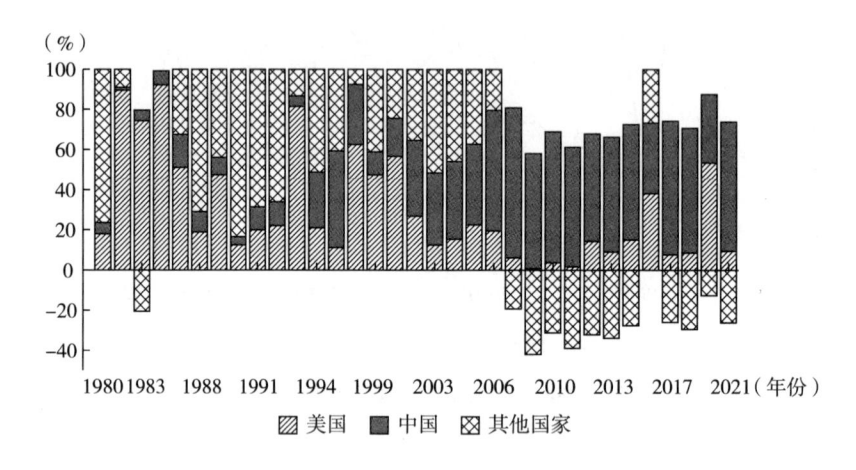

图7-3 1980年以来中美对全球经济增量的贡献

注:数据来源于世界银行数据库(https://data.worldbank.org.cn/indicator),2022年数据参见国际货币基金组织2023年《世界经济展望报告》。

中国的快速崛起也吸引了全球学者的关注目光,大批专家学者将中国改革开放40多年来经济高速发展史称为"中国奇迹""中国故事",并把中国经济高速增长的政治经济体制机制冠以"中国模式""中国道路"之名。一些西方学者如意大利的洛丽塔·纳波利奥尼(Loretta Napoleoni, 2013)甚至提出西方"过时论"的观点,她认为"中国模式"应该成为西方世界的一面镜子,从而反思现代资本主义的衰落和西方社会的危机。著名学者罗纳德·科斯(Ronald H. Coase, 2013)也提出,"随着开放思想市场的形成,中国的发展将会变得更为强健与可持续。……中国经济还有巨大的快速增长空间"。

基于高速发展的客观事实和对全球经济的重大贡献,"中国模式"的世界价值也开始得到确认。2016年,在杭州召开的二十国集团领导人峰会上,构建"创新、活力、联动、包容的世界经济"成为关键词。2019年,总部设在泰国曼谷的联合国亚洲及太平洋经济社会委员会(亚太经社会)发表文章称,过去40年,中国经济发展的速度和规模都取得了举世瞩目的成就。在此基础上,中国积极推动自身经济转型升级,更加重视经济增长质量,更加重视技术创新,开辟了一条可持续发展之路。中国的经济转型将在贸易、投资等领域给亚太地区其他经济体带来重要积极影响。中国的可持续发展政策值得其他发展中国家借鉴。在迈向现代化的道路上,中国也同世界各国分享发展机遇。正如党的二十大报告中所指出的,"中国式现代化是走和平发展道路的现代化"。全球观察家认为,中国式现代化道路激励着其他国家寻求自己的发展之路,也激励着世界共同寻求一个更美好的未来。

第二节 南北分化的深层问题

近年来我国经济出现了南北分化现象,南北经济差距不断扩大。从表面上看,南北经济分化表现为北方地区经济占比不断下降、经济增长速度低于南方,但这些现实表征的背后,反映出南北地区在增长模式、发展动力、区域合作等方面的深层次问题,事实上最终指向高质量发展背景下北方地区现有体制机制的不适应性问题。具体来看,南北经济分化背后的深层问题如下。

一 市场化差异是南北经济分化主因

受区位条件、生态条件、基础设施乃至历史文化等因素综合影响,南北地区在发展机会上就已经形成了事实上的不均等。换言之,在现代经济发展模式下,南北地区在起跑阶段就未处于同一起跑线。从传统拉动经济增长的"三驾马车"看,北方地区历史上形成的重化工业就属于资金密集型行业,产业发展严重依赖投资特别是公共投资拉动,在一定程度上对私人资本形成了"挤出效应",进而导致人均收入落后于南方地区，社会消费总量低于南方地区。从区位条件上看，北方地区普遍缺乏出海口，黄河在大多数航段又不具备通航条件，因此在现代贸易中不具备航运成本优势，净出口与南方地区相比存在较大差距。

基于各自要素禀赋，南北地区在历史上就形成了不同的经济发展模式。总体来看，南方地区在政府与市场的关系、非国有经济的发展、产品市场的发育程度、要素市场发育程度乃至市场中介组织的发育和法律制度环境等方面均优于北方，经济发展受体制束缚较小，能够迅速适应市场经济发展，构建起相对完善的市场体系。由于在企业利润、员工薪酬等方面存在优势，劳动和资本等要素从北方地区析出，加速向南方地区单向流动，进一步活化了南方经济。

北方地区经济发展呈现明显的"路径依赖"特征，产业发展以资源型和重化工为主，企业所有制结构中国有经济占比大，经济规划尚保留有较为明显的计划经济色彩，市场化改革不足，体制机制未能完全适应市场经济环境。这种局面折射到社会资本层面，则体现为熟人社会特征明显，契约精神不强，最后导致投资环境和营商环境不佳，就业机会减少，人力资本溢出压力大。特别是东北、华北和西北等历史上较早建成重工业基地的区域"资源耗竭、生态破坏、污染严重"三重压力叠加，不仅面临巨大的生态环境修复压力，由于产业结构畸形，更面临发展资金、人力资本等要素流失态势，在一定程度上陷入"累积循环因果"的恶性循环，极大地制约了自我发展能力的培育。

二 新旧动能转换差异强化南北差距

近年来，随着全球资源环境约束不断强化，世界主要国家和地区纷纷推动经济发展动能转换。尤其是对我国而言，改革开放以来，我们用40余年的时间走完了西方发达国家几百年走完的工业化和城市化历程，取得了举世瞩目的发展成就。但不可避免地带来环境污染、生态破坏等问题。另外，随着我国经济体量的不断增大，客观上也难以维系过去经济高速增长的模式。为此，我国经济由高速增长阶段向高质量发展阶段转变，是遵循经济发展客观规律，推进经济持续健康发展的内在要求与必然选择。在经济高质量发展阶段，传统依靠环境、要素驱动的外延扩张型增长方式，开始转变为依靠创新驱动、人力资源驱动的新技术、新生态、新经济为代表的质量效益型增长模式。

党的十八大以来，我国经济正式迈入创新驱动发展的新常态，南北经济因新旧动能转换速度和效能的差异而加速分化。近年来南方广东、福建等省区提前布局，纷纷提出"腾笼换鸟"的转变策略，开始由过去注重规模、产值等外延式经济发展模式，逐步转向注重质量、效益，争做"隐形冠军"。经过短暂阵痛后，南方地区，成功摆脱了原有产业基础和经济基础的羁绊，重塑经济体系，成为增长势头强劲的新经济"领跑者"。以电子商务为例，阿里研究院发布的2022年中国"电商百佳城市"榜单排名前十位的城市依次为杭州、深圳、广州、金华、上海、北京、泉州、武汉、厦门和东莞，除了北京外其余都是南方城市。① 而《小康》杂志发布的"2022年度县市电商竞争力百佳样本"榜单中，排名前50位的区县无一例外全部隶属于南方省区，排名51—100位的区县仅有12个来自北方省区。② 与此形成鲜明对比的是北方特别是东北地区的一些省市，主导产业仍以传统重工业为主，产业形态未发生根本变化，产业结构"重型化"特征明显，体制机制改革步伐较慢，创新能力不足，经济增长乏力。

三 区域开放合作和一体化进程缓慢

近年来，随着改革开放的不断深入，以及移动通讯和人工智能的飞速发展，长三角地区、珠三角地区逐渐打破传统行政区划壁垒，开始从经济区块视角推动区域市场化一体化，各省份之间的经济联系日益增强。但受政绩考核、传统理念等因素影响，各地区特别是北方省区依然停留在"竞争大于合作"的传统发展思路上，各地区域、产业战略规划趋同，资源和市场无序开发、无序竞争问题较为突出，各地产业同质同构化程度较高，比较优势体现不充分。从整体上看，除了

---

① 参见《2022年中国"电商百佳城市"排行榜》（http://www.meihu5.com/file/84062.html）。

② 参见《2022年电商竞争力百强区县》（https://m.gotohui.com/ndata/list/174445.html）。

南方长三角、珠三角地区，其他省区的所谓"区域一体化"战略大多还处于设想、论证和研讨阶段，区域一体化发展所需要的全局意识、统筹决策仍未真正树立。主要表现为以下几点。

一是要素自由流动的壁垒尚未完全破除，市场交换及贸易规则尚未一体化。市场经济的首要要求，就是各种要素能够畅通无阻地自由流动。然而，尽管当前我国相对统一的市场交换和贸易规则已经初步建立，但在具体执行中尚未形成统一标准的执行体系。特别是在市场准入、市场监管、要素流动等方面，还存在不同程度的地方保护主义和部门保护主义，要素自由流动的壁垒没有完全打破。二是受传统发展思维和部门利益束缚，资源要素特别是人力资源难以实现便捷流动。无论是资本和技术的流转，还是劳动力及人才的自由流动，抑或是土地的流转，各种资源都有待于形成比较统一的政策和时效标准。三是区域分工问题。在"GDP 锦标赛"机制下，地方官员升迁与经济发展绩效特别是经济增速密切相关，一定程度上导致区域与区域之间、区域内部缺乏有效的协调机制，在区域和产业分工上易出现不匹配、不协调的问题，无序开发、重复建设依然存在。四是区域合作问题。区域之间特别是跨行政区划的合作交流依然存在不同程度的阻隔和分割，跨行政区乃至跨区域板块的一体化经济合作体制机制尚未完全建立。

第三节 推动南北经济高质量协调发展的制度路径

由前述分析可知，制度差异是近年来南北经济分化的根源性成因。在中国特色社会主义步入新时代，特别是在中国共产党第二十次全国代表大会胜利召开，全党全国各族人民迈上全面建设社会主义现代化国家新征程、向第二个百年奋斗目标进军的关键时刻，坚持制度自信，深化包容理念，统筹推进南北高质量协调发展，针对北方短板加快市场化改革，实现南北经济高质量协调发展，对于我国国民经济高质量发展和"双循环"格局的构建具有重要意义。

第七章 "中国模式"的世界价值与南北经济高质量协调发展的制度路径 | 237

一 坚持制度自信，深化包容理念

世界各国学者在总结中国经济成就时，均不约而同地提出以下两点原因：一是不断推进市场化改革，从而使中国经济的自由度比绝大多数发展中国家有优势；二是精心设计、充满智慧的国家干预和国家实验。麻省理工学院教师达龙·阿西莫格鲁与他的合作者（Acemoglu & Robinson，2012）在《国家为什么会失败》一书中提出，经济制度分为汲取性、包容性两个极端理想型，现实的经济制度往往是介于二者之间的。其中，汲取性经济制度是指维护少数精英阶层的制度设计，其基本特征是产权保护不足，行业壁垒高和不公平的竞争。与汲取性经济制度相反，包容性经济制度对全体社会成员具有开放属性，整个社会资源在健全的产权保障，零或者极低的行业进入壁垒，以及良好的市场环境与契约精神下自由灵活地流动。

阿西莫格鲁在评价中国改革开放的成就时，认为中国在包容性经济制度建设上已经取得重大进步，指出"只要中国经济制度一直还在更加包容的趋势道路上发展，增长就会一直持续"。与此同时，他提出当前中国经济增长主要是依赖现有的技术及投资驱动的，经济发展的创新驱动能力仍需进一步提升。此外，中国的产权保护还不完善，劳动力流动仍然受到制约。对于阿西莫格鲁的善意批评，我们应当辩证分析，取长补短。既不可因西方学者的批评而失去道路自信、理论自信、制度自信、文化自信，也不能对其中善意的提示置若罔闻。事实上，包容性增长概念并非由西方学者首创，而是由亚洲开发银行2007年首次提出，其基本含义是公平合理地分享经济发展成果。在中国，包容发展理念不仅是历任政府矢志不渝的目标，更是由社会主义共同富裕的本质决定的。党的十八大以来，习近平总书记更是在多个重要场合强调包容性增长。特别是在以习近平同志为核心的党中央坚强领导下，中国历史性地解决了绝对贫困问题，提前十年实现联合国2030年可持续发展议程减贫目标，显著缩小了世界贫困人口版图，为全球减贫事业做出了重大贡献，这是包容性增长的具体写照。

党的二十大报告明确概括了中国式现代化是人口规模巨大的现代化、是全体人民共同富裕的现代化、是物质文明和精神文明相协调的现代化、是人与自然和谐共生的现代化、是走和平发展道路的现代化这5个方面的中国特色，不仅深刻揭示了中国式现代化的科学内涵，更是对包容性理论和实践的最新注解。因此，中国提出的包容发展理念和实践远比阿西莫格鲁的观点更为丰富、更具实践性和全球价值。在党的二十大和习近平新时代中国特色社会主义理论指引下，我们正在进行一场转变经济发展动能的深度变革，也必将进一步推动更加包容的制度体系和制度环境建设。

二 充分利用"五个战略性有利条件"，加快制度变革

一个国家的发展面临许多重要转折，其中重大的战略机遇期关系全局、事关长远。新中国成立以来，我们抓住三次战略机遇期，使中华民族迎来了从站起来、富起来到强起来的伟大飞跃。当前，中国已进入中华民族伟大复兴的关键阶段，发展处于大有作为的重要战略机遇期。2022年全国两会期间，习近平总书记看望参加全国政协十三届五次会议的农业界、社会福利和社会保障界委员时，提出并阐明我国发展仍具有的"五个战略性有利条件"：有中国共产党的坚强领导、有中国特色社会主义制度的显著优势、有持续快速发展积累的坚实基础、有长期稳定的社会环境、有自信自强的精神力量。[①]"五个战略性有利条件"的重大论断，对新时代新征程上我国面临的战略机遇和显著优势进行了精辟概括和深刻阐释。

站在新的历史方位上，应充分利用"五个战略性有利条件"，把中国特色社会主义制度优势转化为治理效能和发展优势，加快制度变革，为新时代南北经济高质量协调发展提供强大的制度动力。一方面，必须在坚持和完善中国特色社会主义制度、推进国家治理体系和治理能力现代化上下更大功夫，着力固根基、扬优势、补短板、强弱项，构建系统完备、科学规范、运行有效的制度体系，把我国制度优势更好地转化为国家治理效能，以总体优势和系统思维赋能南北经济高质量协调发展。另一方面，坚持稳中求进的工作总基调，把握新发

---

① 张旭东，赵超，韩洁等：《用好有利条件　走好"必由之路"——习近平总书记作出的"五个战略性有利条件"重大论断引领中国号巨轮行稳致远》，《人民日报》2022年3月21日第001版。

展阶段，贯彻新发展理念，构建新发展格局，以国内超大规模市场为空间载体，构建更高水平和更高质量的南北经济协调发展新格局。

三 遵循经济发展规律，合理定位政府与市场的职能分工

区域经济发展失衡是经济系统的某个或某些部分出现"病变"导致经济系统运行不畅。在合理范围内，经济系统的自动调节机制会对其进行"修复"，只要区域经济差异保持在合理、可控的范围内，经济系统的运转依旧是有效的。而当地区差距超出经济社会的承受底线时，经济系统运转可能失灵，此时外部的介入和政策的扶持便正当其时。这里涉及的一个关键问题是，外部政策的疏导和支持如何与经济系统内在的"调理"相得益彰，或者说短期内"外科手术"式的"速成疗法"与"细条慢理"式的"扶正固本"如何实现政策效果的最大化，这将涉及思想导向、政策走向以及政策预期等许多重大问题。党的十八大以来，国家有关方面已经关注到南北区域分化问题。然而如何避免重回以往的依靠资源开发、国土开拓为主的外延式经济发展模式，防止行政力量"越位""缺位""失位"，提高南北经济发展的效率和协调性，关键还在于政府职能的深入转变。

首先，地方政府职能转变的总体方向应该是逐步简政放权，在一些非关系国计民生等经济命脉的领域适当降低市场准入标准，在一些传统地认为只有政府参与的诸如城市供水、供热、轨道交通等领域，探索实施公用事业民营化改革，充分调动社会资本参与地方经济发展的积极性和热情，并切实制定有效措施保障社会资本的合法权益与合理收益，引导社会资本进入北方省区参与当地经济发展，有效缓解北方省区资本原始积累不足、财政收入有限的困境，同时逐步形成以市场经济为主导的南北经济协调发展的模式。

其次，明确南北经济协调发展的总体思路与目标，通过制定倾斜性政策，重塑北方地区经济发展的有利环境条件，力争实现北方地区经济发展重回正轨。为防止地方盲目追求 GDP 增长的冲动，有关方面还应淡化 GDP 总量、增长率等"数量型"指标在地方官员考核中的比重，转而提升经济结构、质量、效益等"质量型"指标的权重。

最后，各级地方政府是南北经济协调发展政策的具体执行者和实

施者，应认真执行好国家关于南北区域协调发展的各项政策，尤其是落实好国家支持北方地区建设的政策措施。积极推进"放管服"改革，推动政府职能由传统的"管理型"职能向"服务型"职能转变，将主要精力放在市场环境构建、服务体系完善等方面，而对于具体的经济事务交由市场和企业去承担完成。地方政府要履行好"市场经济看得见的手"的职能，通过适当减少甚至去除各种行政审批程序，鼓励有利于地方经济发展的信息服务平台、人才流动机制、融资服务体系、物流仓储体系等服务平台的建立与发展，切实执行好疏导和通畅经济系统运行机制的职能。

四　依据主体功能区划，优化南北国土空间开发格局

区域经济协调发展不是经济总量在所有区域的分布，而是各地区立足于自身优势，通过集聚式发展，实现区域经济密度的趋同，进而引导区域人口的合理分布。在传统的"条块化"管理职能下，各级地方政府对发展基础和条件各异的异质性区域进行同质化管理，由此造成各地区经济发展模式、产业结构等趋同，既浪费了有限的资源，也在客观上拉大了南北经济发展差距。主体功能区以经济互补和分工为基础、跨越行政区的区域经济合作形式，从关注单个行政区经济发展向注重经济区域整体经济系统发展转变，为南北经济发展提供了有利的平台与可行的路径。

首先，依托京津冀协同发展、长江经济带发展、粤港澳大湾区建设、长三角区域一体化发展、黄河流域生态保护和高质量发展、海南全面深化改革开放六大区域重大战略，以长三角、珠三角、京津冀、长江中游、成渝、山东半岛、粤闽浙沿海、中原城市群等为引领，构建多极化区域经济发展模式，使南北经济发展的空间格局更为优化。其次，根据不同的功能定位，实施分类管理的支撑政策。对于长三角、珠三角等经济增长极，在资源环境可承受的范围内，优先保障其工业用水、用电、用地等条件，保障其经济持续发展；对于南北疆铁路、公路沿线的支撑片区，在采取各种措施促进其经济发展的同时，要特别注重经济发展同环境资源的相适与协调发展，保障农业生产用水、用地等基本要求，构建以东北地区、华北地区和黄河中游地区基

本农田为基础、以林牧草地为支撑的农业开发格局，保证经济发展所必需的粮食、棉花等物资供应；对于资源环境生态特殊的西北地区，适当限制国土资源的开发力度与强度，打造以重点风景区、森林公园、地质公园、重要水源地等为支点的立体式生态保护格局，打造经济发展的良好基础。

五 依据比较优势原则，优化南北产业分工体系

产业是实现区域经济发展的重要载体，合理有序的产业分工体系则是南北疆区域协调发展的有效手段。依据南北疆各地区现有的开发密度、发展潜力和资源环境承载力，按照重点开发、限制开发和禁止开发的不同要求，明确各区域的产业定位与准入标准，有利于进一步优化南北地区产业分工体系，形成产业衔接紧密、比较优势突出、整体效益最优的产业布局。

首先，根据各地区不同的功能定位，实施差别化的产业准入标准。对于将主体功能定位于重点开发的区域，在达到国家有关排污和污染物处理标准后，可根据实际需要给予用地、用水、供电、财税等优惠，以支持这些地区产业发展；而对于将主体功能定位于限制开发的区域，则要严格产业准入制度，对产业项目开发与建设的占地、耗能、耗水、资源回收率、资源综合利用率、工艺装备、"三废"排放和生态保护等制定强制性标准，在产业承接上要重点引进与当地资源环境相适宜、能够扩大地区就业的部分重大战略性新兴产业，特别是发展科技含量高、科技附加值高的产业，并通过产业集聚等方式提高中间投入品（如零部件）的本地化配套能力，以规避北方特别是西北地区运输成本的劣势；对于禁止开发的各类环境保护区、林地和水源地则要严格执行国家规定，防止生态破坏与环境污染，从而为产业发展提供良好的自然生态环境。

其次，探索建立产业退出与转移机制，逐步优化南北区域产业分工布局。对限制开发区域不符合主体功能定位的现有产业，要通过设备折旧补贴、设备贷款担保、迁移补贴、土地置换等手段，促进产业跨区域转移或关闭；参照一些学者（陆铭，2011）提出的建设用地指标跨区域转移等，适时在南北部分产业转移上进行试点。对于产业转出地空置出的建设用地，在符合当地主体功能定位的前提下，优先考虑产业转入地企业和产业的用地需求，并给予财税、融资等方面的便利，条件成熟时甚至可以考虑建立建设用地多方交易与流转机制，以激励南方地区产业向北方地区尤其是边远省区转移。同时根据主体功能区的定位，逐步优化南北产业分工体系。

最后，出台针对北方地区特别是老工业区的倾斜性政策，逐步夯实北方地区新型工业化的软硬件基础：一是加大对北方老工业区新型工业化发展的财税金融支持，如企业所得税的减免、重点项目的财税支持、产业发展专项转移支付等，弥补其新型工业化发展中的资金不足；二是重大平台建设支持，如各种类型的工业园区和改革实验区的建设、信息发布与交流平台建设、投融资平台建设、配套服务体系与平台的建设等；三是重大项目布局支持，如针对国家公布的战略性新兴产业进行认真比对，重点引进一些高效节能、增加就业的项目；四是重点要素与资源保障的支持，对于新型工业化项目建设过程中的土地、能源、人才等重点资源，给予特惠条件，适当降低准入标准。

六 尊重客观规律，引导产业和人口的空间集聚

习近平总书记2019年12月在《求是》发表文章《推动形成优势互补高质量发展的区域经济布局》指出，要尊重人口和产业向优势地区集聚的客观规律，增强中心城市和城市群等经济发展优势区域的经济和人口承载能力，增强其他地区在保障粮食安全、生态安全、边疆安全等方面的功能，形成优势互补、高质量发展的区域经济布局。近年中国城镇发展战略逐渐调整为"以中心城市为引领，以城市群为主体形态，以都市圈建设为突破口，对中小城市分类施策"，但任重道远，共识还未形成。为此，需要重点做好以下两方面工作。

一是分区分类推进南北城市群发展。推动京津冀、山东各半岛、中原城市圈及关中城市群等北方省区城市群因地制宜选择各具特色的城镇化路径，制定差别化发展目标和城镇化政策。京津冀地区应率先发展，打造一批引领北方省区发展的中心城市和城镇组群，力争使其城镇化建设整体水平达到我国东部地区平均发展水平，逐步成长为我国北方地区重要的经济发展核心区域；其他城市群应着眼于当地实

际，重点引领北方地区次级板块的发展。对于南方地区而言，长三角、珠三角是我国产业体系最完备、城镇化基础最好的区域之一，是中国经济最具活力的城市群，未来将引领南方甚至全国经济发展。西南地区，区位方面，重庆和成都是中国西部国家级特大中心城市，区位优势突出，战略地位重要，位于"一带一路"和长江经济带交汇处，是西部陆海新通道的起点，是西部大开发大开放的战略支点，具有连接西南西北，沟通东亚与东南亚、南亚的独特优势。要唱好成渝合作"双城记"，逐渐推进成渝城市群一体化发展，打造我国高质量发展的重要"第四增长极"。

二是积极促进城镇产业多元化，促进"产、城"结合。依据各地区城镇所在地的区位优势和自然特点，在西北地区积极发展绿色农牧业、农产品加工业、旅游业、少数民族用品制造业等特色优势产业；对于经济发展较为成熟的北部沿海地区，通过扶持服务业和中小企业的发展解决就业问题，同时统筹产业园区与城镇布局，促进各类产业园区与城镇一体化发展；在东北、西北等边境高寒地区，扶持社区经济、特色手工业发展，加快冬季产业尤其是滑雪、民族风情旅游业的发展。

七 北方加大市场化改革，统筹推进南北区域协调发展

近年来，南北经济分化的根源在于北方地区市场化发育不足。解决南北差距要针对北方短板加快市场化改革，同时从全国层面基于市场规律统筹推进区域协调发展。

一方面，北方要大力向南方学习，加快深化产权、要素等市场化改革，大力转变政府职能并加快打造"亲""清"新型政商关系以优化营商环境。北方地区应大力向东南沿海地区学习，进一步解放思想、破除体制机制障碍，加快深化产权改革、要素改革、国企改革等市场化改革。理顺政府和市场关系，大幅减少政府对资源的直接配置，强化事中事后监管，给市场发育创造条件。进一步推动简政放权、放管结合、优化服务，建立健全权力清单、责任清单制度。培育有利于民营经济发展、有利于新经济发展的市场环境，消解民企发展面临的歧视性限制和隐性障碍。

另一方面，进一步打破地区行政分割，全面破除要素流动障碍，

加快形成全国统一开放、竞争有序的商品和要素市场。经过40多年改革开放，中国商品市场发育较为充分，商品和服务价格97%以上由市场定价，但仍存在地区分割问题；土地、劳动力、资本、技术、数据等要素市场发育相对滞后，市场决定要素配置范围有限、要素流动存在体制机制障碍、新型要素市场规则建设滞后等，影响了市场对资源配置决定性作用的发挥。各地区要树立全国经济"一盘棋"的思想，按照《中共中央国务院关于加快建设全国统一大市场的意见》要求，系统梳理并清理废除妨碍要素自由流动的政策措施，增强企业跨地区兼并的主动性和积极性，加强各区域间的联系，发挥各地区的比较优势，鼓励合作互补实现共同发展；建立多部门联合监管的体制机制，利用人工智能等数字化工具赋能政府数字化监管，突破时间和空间约束，实现跨区域跨部门业务协同；全面推进乡村振兴，畅通城乡区域间经济循环，推动各种市场要素在城乡区域间自由流动，促进城乡一体化和区域一体化发展，缩小地区间收入差距，全面推进全国统一大市场建设。

八　推进服务型政府建设

2023年3月以来，在微博、抖音等短视频和社交媒体的助推下，山东淄博凭借烧烤跻身顶级网红城市，"淄博烧烤"一时成为全国美食顶级IP。2023年4月29日"五一"假期首日，淄博市八大局便民服务市因物美价廉，以单日19万人次的游客数量力压国内一众5A级景区，成为"五一"假期首日最受欢迎的景点。

一是在淄博烧烤走红网路的两个月的时间里，各地纷纷组团学习当地政府的治理理念。一时间，淄博市政府的政策措施成为服务型政府的典范，而这正是北方地区特别是老工业城市经济持续发展的关键所在，也值得总结推广。

淄博市政府以顾客需求和体验为出发点，于细微处提升公共服务。面对突然的爆红，淄博市相关部门保持清醒头脑，持续推出各类措施争取将"流量"变"留量"。针对往返交通，淄博市政府积极协调相关部门，加开济南西至淄博间的"烧烤旅游专列"，同时还在淄博高铁站配置了大量志愿者，第一时间为游客提供交通、住宿、旅游等咨询服务。淄博市公交公司推出了21条定制专线。当地还加强了出租车运营监管,坚决打击拒载、宰客等行为。针对住宿难题,淄博市38处青年驿站向青年学生平价开放。"五一"假期前后,淄博市对全市范围内的宾馆酒店房价实施涨价幅度管控措施,坚决打击哄抬物价行为。针对城市配套和管理细节。有计划、有规划的改造道路、停车场、公厕等基础设施,并要求以"90%的服务+10%的管理"提升精细化管理水平。"五一"假期期间,淄博在迎来史无前例的游客高峰同时,也获得众多赞誉和好评,极大提升了城市品牌形象。

二是积极回应社会关切。3月初山东大学生组团去淄博吃烧烤的新闻爆红以后,淄博市积极回应社会关切,3月10日即召开新闻发布会,向社会公开"淄博烧烤"美食品牌有关情况,推出一批"淄博烧烤+"特色文旅主题产品,制定发布"烧烤地图""公交专线",第一时间针对群众关心问题作出回应。针对游客反映的各类问题,迅速反应、积极应对,切实保障游客合法权益,确保每一个"吐槽"都有政府的关切回应,都能得到妥善解决。4月19日,淄博市精神文明建设委员会办公室发布《致全市人民的一封信》,喊话"最美淄博人",表示"最是一城好风景,半缘烟火半缘君",倡议让利于客、让路于客、让景于客。面对"五一"的流量高峰,淄博向游客发出提示和预警及时"降温"。4月25日,淄博发布"五一"期间淄博酒店住宿预订温馨提示,表示"五一"期间,淄博市除高青县、沂源县以外,其他区县平台入住酒店已提前预订满房,住宿预订量较2019年上涨865%,增幅位居山东第一。4月26日,淄博市文化和旅游局发布《致广大游客朋友的一封信》,表示"五一"期间淄博客流量已超出接待能力,预计部分重点路段、网红打卡点将会出现交通阻塞、停车难、排队时间长等问题,建议游客错峰出游,打出时间差。信中还推介了山东的兄弟城市,"美景美食不止淄博,好客山东应有尽有"。[1]

城市治理现代化是中国式现代化的题中应有之义、服务型政府建

---

[1] 张雪等:《"淄博烧烤"爆火的三个启示》,中国长安网(https://www.chinapeace.gov.cn)。

设是国家治理体系的重点抓手。建设服务型政府，推进城市治理现代化，早已不是单维度的行政管理，而是满足多元需求、调动多元主体、吸引多元参与的治理体系建设。这既是"人民城市为人民"的深意体现，也是城市治理现代化的必经之路。

从这个意义上来说，淄博出圈，为各地政府提出了一个共同命题：如何实现治理思维现代化，又如何以现代化治理思维提升现代化治理能力。当下调查研究正蔚然成风，各地不妨以淄博出圈为调研题材，真正将现代化治理这个大命题"调实""研透"，让淄博的热，点燃现代化治理的火，把出圈之"术"变成中国式现代化之"道"。

参考文献

一 中文文献

图书

安虎森：《新经济地理学原理》（第二版），经济科学出版社2009年版。

陈世清：《超越中国主流经济学家》，中国国际广播出版社2013年版。

［英］大卫·李嘉图：《政治经济学及赋税原理》，郭大力、王亚南译，商务印书馆1962年版。

［美］道格拉斯·C.诺斯：《经济史上的结构和变革》，厉以平译，商务印书馆1992年版。

［美］道格拉斯·C.诺斯：《制度、制度变迁与经济绩效》，杭行译，格致出版社2008年版。

董志凯、武力：《中华人民共和国经济史：1953—1957》（上），社会科学文献出版社2011年版。

［美］赫希曼：《经济发展战略》，曹征海、潘照东译，经济科学出版社1991年版。

［美］杰弗里·弗里登：《20世纪全球资本主义的兴衰》，杨宇光译，上海人民出版社2017年版。

冷溶、汪作玲：《邓小平年谱》（1975—1997）（下），中央文献出版社2004年版。

刘再兴：《中国生产力总体布局研究》，中国物价出版社1995年版。

陆大道：《中国区域发展的理论与实践》，科学出版社2003年版。

陆大道等：《中国工业布局的理论与实践》，科学出版社 1990 年版。

［英］罗纳德·科斯、王宁：《变革中国——市场经济的中国之路》，徐尧、李哲民译，中信出版社 2013 年版。

［英］罗纳德·肖恩：《动态经济学导论》，国汉芬译，对外经贸大学出版社 2005 年版。

［意］洛丽塔·纳波利奥尼：《中国道路：一位西方学者眼中的中国模式》，孙豫宁译，中信出版社 2013 年版。

［德］马克斯·韦伯：《新教伦理与资本主义精神》，黄晓京、彭强译，生活·读书·新知三联书店 1987 年版。

［美］欧文·拉兹洛：《世界系统面临的分叉和对策》，李朝增、闵家胤译，社会科学文献出版社 1989 年版。

［日］森岛通夫：《日本为什么"成功"：西方的技术和日本的民族精神》，胡国成译，四川人民出版社 1986 年版。

王绍光、胡鞍钢：《中国：不平衡发展的政治经济学》，中国计划出版社 1999 年版。

王小鲁、胡李鹏、樊纲：《中国分省份市场化指数报告（2021）》，社会科学文献出版社 2021 年版。

［美］威廉·阿朗索：《区位和土地利用——地租的一般理论》，梁进社译，商务印书馆 2010 年版。

［美］沃尔特·艾萨德：《区位和空间经济：关于产业区位、市场区、土地利用、贸易和城市结构的一般理论》，杨开忠、沈体雁、方森译，北京大学出版社 2011 年版。

吴承明、董志凯：《中华人民共和国经济史（1949—1952）》，社会科学文献出版社 2010 年版。

［英］亚当·斯密：《国民财富的性质和原因的研究》，严辰松、朱利注译，上海译文出版社 2022 年版。

杨明洪、王易谦：《"西部热土"：基于自然、社会、经济及相关问题的深层考察》，四川大学出版社 2001 年版。

杨雪冬：《全球化：西方理论前沿》，社会科学文献出版社 2002

年版。

［德］约翰·冯·杜能：《孤立国同农业和国民经济的关系》，吴衡康译，商务印书馆 1986 年版。

张慕律、程建国：《中国地带差距与中西部开发》，清华大学出版社 2000 年版。

中共中央文献编辑委员会：《邓小平文选》（第 3 卷），人民出版社 1993 年版。

中共中央文献研究室：《十三大以来重要文献选编》（下），人民出版社 1993 年版。

中共中央文献研究室：《十四大以来重要文献选编》（中），人民出版社 2011 年版。

竺可桢：《竺可桢文集》，科学出版社 1979 年版。

期刊

陈栋生：《东西互动、产业转移是实现区域协调发展的重要途径》，《中国金融》2008 年第 4 期。

陈栋生：《协调发展区域经济是重大战略问题》，《当代经济》2006 年第 6 期。

陈耀：《加快结构调整，促进西北工业振兴》，《中国工业经济》2000 年第 10 期。

陈雨柯：《中国创新能力对经济增长影响的实证研究》，《经济问题》2012 年第 2 期。

邓翔：《内生技术进步的生产率测算研究》，《南开经济研究》2002 年第 1 期。

董琨、原毅军：《中国产业结构演变与经济波动关系研究》，《大连理工大学学报》（社会科学版）2007 年第 2 期。

杜宇、吴传清：《中国南北经济差距扩大：现象、成因与对策》，《安徽大学学报》（哲学社会科学版）2020 年第 1 期。

樊纲、王小鲁、马光荣：《中国市场化进程对经济增长的贡献》，《经济研究》2011 年第 9 期。

冯亮、刘强、徐生霞:《贫困治理、产业结构与区域经济发展不平衡》,《经济与管理研究》2021年第10期。

付金存:《文化资本对于经济增长的作用机理——基于VIP框架的中国考察》,《社会科学研究》2014年第5期。

胡阿祥:《晋永嘉丧乱后之民族迁徙申论》,《安徽大学学报》(哲学社会科学版)2010年第5期。

胡鞍钢:《中国地区发展不平衡问题研究》,《中国软科学》1995年第8期。

胡乃武、董藩:《轻重工业并举发展加快西部开发步伐——关于调整西部地区经济发展战略的建议》,《市场经济研究》2000年第4期。

胡树林、罗彩文:《畜牧业循环经济效率的三大地带差距及影响因素研究》,《西南科技大学学报》(哲学社会科学版)2022年第1期。

简泽:《从国家垄断到竞争:中国工业的生产率增长与转轨特征》,《中国工业经济》2011年第7期。

江海旭、李悦铮、李鑫:《对中国"新三大地带"旅游业发展方向分析——基于灰色局势决策理论》,《资源开发与市场》2010年第2期。

蒋清海:《区域经济协调发展的若干理论问题》,《财经问题研究》1995年第6期。

解学梅、朱琪玮:《企业绿色创新实践如何破解"和谐共生"难题?》,《管理世界》2021年第1期。

李国璋、肖锋:《文化对经济增长的作用机理分析——基于软投入理论》,《甘肃社会科学》2013年第5期。

李红、韦永贵:《文化多样性与区域经济发展差异——基于民族和方言视角的考察》,《经济学动态》2020年第7期。

李娟伟、任保平:《中国经济增长新动力:是传统文化还是商业精神?》,《经济科学》2013年第4期。

李猛、沈坤荣:《地方政府行为对中国经济波动的影响》,《经济研究》2010 年第 12 期。

李清彬、金相郁、张松林：《要素适宜度与中国区域经济协调：内涵与机制》，《中国人口·资源与环境》2010 年第 7 期。

李沙沙、邹涛：《政府干预、资本市场扭曲与全要素生产率》，《东北财经大学学报》2017 年第 2 期。

厉无畏：《创意产业与经济发展方式转变》，《社会科学研究》2012 年第 6 期。

林毅夫：《经济发展与中国文化的复兴》，《北京大学学报》（哲学社会科学版）2009 年第 3 期。

林毅夫、蔡昉、李周：《中国经济转型时期的地区差距分析》，《经济研究》1998 年第 6 期。

刘明：《文化产业创新发展与现代价值理念传达》，《社会科学家》2014 年第 3 期。

刘清平：《西口文化与区域经济发展》，《山西大学学报》（哲学社会科学版）2012 年第 2 期。

刘毓芸、戴天仕、徐现祥：《汉语方言、市场分割与资源错配》，《经济学（季刊）》2017 年第 4 期。

芦惠、欧向军、李想等：《中国区域经济差异与极化的时空分析》，《经济地理》2013 年第 6 期。

陆大道：《地区合作与地区经济协调发展》，《地域研究与开发》1997 年第 1 期。

毛其淋、许家云：《市场化转型、就业动态与中国地区生产率增长》，《管理世界》2015 年第 10 期。

牛树海、杨梦瑶：《中国区域经济差距的变迁及政策调整建议》，《区域经济评论》2020 年第 2 期。

邵晖：《我国区域协调发展的制度障碍》，《经济体制改革》2011 年第 6 期。

沈壮海、王芸婷：《抗疫大考下的中西之比》，《求实》2021 年第 15 期。

盛来运、郑鑫、周平、李拓：《我国经济发展南北差距扩大的原因分析》,《管理世界》2018年第9期。

孙红玲:《"两个大局"战略与经济区的纵横划分》,《求索》2006年第5期。

孙久文:《论新时代区域协调发展战略的发展与创新》,《国家行政学院学报》2018年第4期。

孙久文:《新时期中国区域发展与区域合作》,《开放导报》2017年第2期。

田钊平:《制度变迁与民族地区的经济发展研究——基于恩施州的实证分析》,《西南民族大学学报》(人文社会科学版)2011年第11期。

王小鲁、樊纲:《中国地区差距的变动趋势和影响因素》,《经济研究》2004年第1期。

韦森:《文化精神、制度变迁与经济增长》,《国际经济评论》2004年第7期。

魏后凯:《中国地区经济增长及其收敛性》,《中国工业经济》1997年第3期。

魏后凯、高春亮:《新时期区域协调发展的内涵和机制》,《福建论坛》(人文社会科学版)2011年第10期。

吴福象、朱蕾:《中国三大地带间的产业关联及其溢出和反馈效应——基于多区域投入—产出分析技术的实证研究》,《南开经济研究》2010年第5期。

谢伟民:《制度、国家能力与经济繁荣——评〈国家为什么会失败〉,兼论福山〈国家构建〉、本瑟利与皮尔森〈繁荣的支柱〉》,《公共管理评论》2015年第1期。

徐现祥、李郇:《市场一体化与区域协调发展》,《经济研究》2005年第12期。

徐晓望、徐思远:《论明清闽粤海洋文化与台湾海洋经济的形成》,《福州大学学报》(哲学社会科学版)2013年第1期。

杨多贵、刘开迪、周志田:《我国南北地区经济发展差距及演变分析》,《中国科学院院刊》2018年第10期。

杨洪泽、张森林：《文化软实力对地域经济发展的影响——以辽宁区域为例》，《社会科学家》2013年第3期。

杨渊浩：《试论当代中国政治整合机制》，《社会科学研究》2014年第1期。

张杰、李克、刘志彪：《市场化转型与企业生产效率》，《经济学季刊》2011年第2期。

张可云、胡乃武：《中国重要的区域问题与统筹区域发展研究》，《首都经济贸易大学学报》2004年第2期。

张新星、汪丽萍：《文化分割、要素错配与区域经济增长》，《南京审计大学学报》2020年第5期。

张优智、党兴华：《专利产出与经济增长的协整关系研究》，《科技管理研究》2013年第11期。

张战仁、张润强、余智慧：《跨国公司在中国研发投资的区位因素重构——决定目的城市以点带面能力的网络位置视角》，《地理科学》2022年第1期。

报纸或网络

黄静：《学习"淄博出圈"，最该"出圈"的是治理内核》，红星新闻，2023年4月28日。

杨守勇等：《领跑！首个农业总产值破万亿省份这样炼成》，新华每日电讯，2021年9月24日。

二　外文文献

图书

Friedmann, J., *Regional Development Policy: A Case Study of Venezuela*, Cambridge, Mass.: MIT Press, 1966.

Hirschman A. O., *The Strategy of Economic Development*, Yale University Press, 1958.

Krugman P. R., *Development, Geography, and Economic Theory*, Cambridge, Mass.: MIT Press, 1997.

Markusen J. R., Melvin J. R., *The Theory of International Trade*, Harper & Row, 1988.

Myrdal G., *Asian Drama: An Inquiry into the Poverty of Nations*, London: Alien Lane, The Penguin Press, 1968.

Myrdal G., *Economic Theory and Underdeveloped Countries*, London: Duckworth, 1957.

Myrdal G., Sitohang P., *Economic Theory and Under-Developed Regions*, London : Duckworth, 1957.

North D. C., *Understanding the Process of Economic Chang*, Academic Foundation, 2006.

Weber M., *The Protestant Ethic and the Spirit of Capitalism: The Revised 1920 Edition*, Oxford University Press, 2011.

期刊

Acemoglu, Daron, "Oligarchic Versus Democratic Societies", *Journal of the European Economic Association*, Vol. 6, No. 1, 2008.

Acemoglu, D., et al., "Why Nations Fail: The Origins of Power, Prosperity, and Poverty", *Crown Business*, 1993.

Acemoglu, D., S. H. Johnson, and J. A. Robinson., "The Rise of Europe: Atlantic Trade, Institutional Change, and Economic Growth", *American Economic Review*, Vol. 3, 2005.

Aghion P., Dewatripont M., Rey P., "Competition, Financial Discipline and Growth", *Review of Economic Studies*, Vol. 66, 1999.

Alesina A., Ferrara E. L., "Ethnic Diversity and Economic Performance", *Harvard Institute of Economic Research Working Papers*, Vol. 43, No. 3, 2005.

Barro R. J., Sala-I-Martin X., "Technological Diffusion, Convergence, and Growth", *Journal of Economic Growth*, Vol. 2, No. 1, 1997.

Daron Acemoglu, et al., "Reversal of Fortune: Geography and Institutions in the Making of the Modern World Income Distribution", *The Quarter-*

ly Journal of Economics, Vol. 117, No. 4, 2002.

Domar E. D., Musgrave R. A., "Proportional Income Taxation and Risk-Taking", *Quarterly Journal of Economics*, No. 3, 1944.

Fleisher B. M., Chen J., "The Coast-Noncoast Income Gap, Productivity, and Regional Economic Policy in China", *Journal of Comparative Economics*, Vol. 25, No. 2, 1997.

Fujita M., Krugman P., Venables A. J., "The Spatial Economy: Cities, Regions, and International Trade", *MIT Press Books*, Vol. 1, No. 1, 2001.

J. G. Williamson, "Regional Inequality and the Process of National Development: A Description of the Patterns", *Economic Development and Cultural Change*, Vol. 13, No. 4, 1965.

Lucas R. E., "On the Mechanics of Economic Development", *Quantitative Macroeconomics Working Papers*, Vol. 22, No. 1, 1999.

Melitz M. J., Ottaviano G., "Market Size, Trade, and Productivity", *Review of Economic Studies*, Vol. 75, No. 1, 2008.

Milner C., Cooper R. N., "The Economics of Interdependence", *The Economic Journal*, Vol. 91, No. 361, 1981.

Mokyr J., "Cultural Entrepreneurs and The Origins of Modern Economic Growth", *Scandinavian Economic History Review*, Vol. 1, 2013.

North D. C., "Institutions", *Journal of Economic Perspectives*, Vol. 5, No. 1, 1991.

Nurkse, R., "Problems of Capital Formation in Underdeveloped Countries", *The Economic Journal*, Vol. 63, 1953.

Ottaviano G. M., Peri G., "The Economic Value of Cultural Diversity: Evidence from US Cities", *Econometric Society*, No. 6, 2006.

Perroux, F., "Note sur la notion de pole de croissance", *Economic Applique*, No. 7, 1955.

Portes R., Rey H., "The Determinants of Cross – Border Equity Flows", *Journal of international Economics*, Vol. 65, No. 2, 2005.

Robinson M., "Why Nations Fail: The Origins of Power, Prosperity and Poverty", *Development Policy Review*, Vol. 32, No. 1, 2014.

Roca, J., and M. Serrano, "Income Growth and Atmospheric Pollution in Spain: An Input – output Approach", *Working Papers in Economics*, Vol. 63, No. 1, 2007.

Romer, Paul M., "Increasing Returns and Long-Run Growth", *Journal of Political Economy*, Vol. 94, No. 5, 1986.

Santos T., "The Structure of Dependence", *The American Economic Review*, Vol. 60, No. 2, 1970.

Solow S. R. M., "A Complete Capital Model Involving Heterogeneous Capital Goods", *Quarterly Journal of Economics*, No. 4, 1956.

Starrett D., "Market Allocation of Location Choice in a Model with Free Mobility", *Journal of Economic Theory*, No. 17, 1978.

Tobler W. R., "A Computer Movie Simulating Urban Growth in the Detroit Region", *Economic Geography*, Vol. 46, No. 2, 1970.

William E., Ross L., "Africa's Growth Tragedy: Policies and Ethnic Divisions", *Quarterly Journal of Economics*, No. 4, 1997.

Williamson J., "Regional Inequality and The Process of National Development", *Economic Development and Cultural Change*, Vol. 17, No. 4, 1965.

后　记

　　近乡情怯，书成笔坚。作为一名不算年轻的青年学人，知识储备有限、资历阅历尚浅，何德何能胆敢触碰"中国南北经济差距"这一历久弥新却又宏大深远的研究课题？这大概与我个人经历有关。

　　我的本、硕、博分别就读于东部、中部、西部"三大地带"的三所高校，在青涩稚嫩的学生时代就感受过不同地域的差别。我的老家在山东省德州市，但在高考填报志愿时，我7个志愿全部填写了省外高校。于是在2004年初秋，我第一次远离家乡，只身前往山西农业大学学习。当火车驶离石家庄后进入太行山区，从小在平原地带长大的我第一次感受到什么是地域差别。望着窗外层峦叠嶂、高低起伏的山峰，再看向那些我此前从未见过的梯田、窑洞，我不时在想，这里的人是如何生活的？在山西农业大学的求学生涯，或因专业实习，或因外出游玩，我走遍了三晋大地，在领略各地风土人情的同时，更感受到了山西厚重的历史文化。与此同时，一个谜题也产生了：直到明清时期依旧辉煌无比、在中国的经济版图占据重要地位的山西，缘何到了当代已经岌岌无名？

　　2012年，麻省理工学院教授阿西莫格鲁与他的合作者罗宾逊合著的《国家为什么会失败——权力、繁荣与贫困的根源》一书，提出"汲取性制度"与"包容性制度"假说，并用大量的史实进行了论证，让人耳目一新。我第一次畅想：或许可以从制度视角入手解答山西发展的谜题。2015年博士毕业后，我有幸进入山西财经大学工作，开始用更加成熟的眼光和视野看待山西发展问题。彼时山西经济发展正经历一段困难时期。国际大宗商品价格大幅回落，山西赖以发展的煤炭风光不再，山西经济随之进入艰难的调整与转型期。山西如何转型、山西经济如何破局不仅是各级政府焦虑的问题，也是推动我进行思考的原动力。

与此同时，经济失速也不仅仅是山西一地，整个北方省区似乎都陷入了经济增长的困境。从地图上看，从东北到华北再到西北，似乎有一条"铁锈地带"正在形成，十分不雅地挂在共和国版图的脖颈之上。与此相对应，南方省区特别是西南地区的重庆、贵州迎来经济增长的高光时刻。特别是贵州省，从原来人均收入倒数到经济增长明显，一切似乎来得那么不真实。2015年国庆假期，国务院发展研究中心高敏助理研究员根据假期在山西老家见闻和个人思考，撰写了一篇题为《焦虑的山西》的文章，在网络上迅速走红。文中以重庆作为对比，细数山西在对外开放、制度创新等方面的巨大差距。受此启发，我先后承担两项山西省哲学社会科学研究项目，指导1名硕士研究生学位论文，并开始真正地从制度视角入手，破解我学生时代的谜题。

但局限于一省一域，有些结论和观点未免偏颇。于是在2020年入职北方民族大学后，我将新东家的科研启动项目定为"制度演化视角下北方经济困境形成的内在机制与破解路径研究"（项目编号：2020KYQD51），并申报了2021年校级一般科研项目（项目编号：2021XYSSY01），同时得到了北方民族大学商学院重点建设经费和国家民委"西部地区特色农产品营销创新团队"支持，从制度创新角度破解资源型地区经济发展谜题。在最初的研究设想中，我试图提出资源型地区"制度创新惰性"这一假说，其基本的逻辑是，由于北方地区产业发展具有鲜明的重工业化和资源型特征，产业结构转型升级缓慢，传统制度惯性大，因此难以培育出鼓励创新的社会环境，故与南方地区相比，北方地区在制度创新上具有"惰性"。客观来说，这一假说有一定价值，但是论证一个假说的思维高度、知识储备和研究手段要求颇高，尽管在本书中也尝试做了探讨，总感觉浅尝辄止，有待进一步深化。有遗憾就会有进步的动力，期待后续研究能够弥补这一遗憾。

本书的完成离不开我两位导师长期以来的关心和支持。我的硕士导师、石河子大学李豫新教授是我学术生涯的启蒙导师，跟随李老师学习的三年，我不仅有幸参与了国家社科基金重点项目"新疆南北疆区域协调发展政策研究"（批准号：10AJL010）课题的研究工作，而且得以借助课题便利，跟随导师前往天山南北实地调研。尤其是在写作这项课题书稿时，查阅了大量有关制度经济学的文献和相关史料，使我进一步坚定了沿着制度演化视角研究区域经济问题的信心。更为重要的是，在李老师的教导和影响下，我对区域经济的认识开始从感性上升为理性，并以此作为个人研究兴趣和长远的研究方向之一。

我博士就读于东北财经大学，但是我的博士生导师王俊豪教授却长期在浙江工商大学、浙江财经大学工作。2014年，在我博士论文最为关键的选题、破题阶段，我有幸在浙江财经大学小住月余，第一次体会到了南北之间巨大的差异。特别是王老师身为校长，却经常换上便服去学生宿舍跟学生谈心，浙财学子打心眼里爱戴王校长，亲昵地给王老师起绰号"王大咖"，走在路上也不少学生过来合影，感动之余也让我切实体会到王老师乃至浙江的务实之风。加之在2014年前后，i-zhejiang无线网络几乎已经遍及浙江全省，出入地铁已完全实现无纸化，我不禁思考，浙江是怎么做到的？为何诸多制度创新是从南方省区开始的？制度差异究竟对南北差距背后有何影响？

时间兜兜转转。如果从2015年入职山西财经大学开始算起，至今已经接近8个年头。这8年中我虽不时保持对"制度差异与南北差距"这一话题的思考，但工作转换、孩子年幼、契机不佳……总有太多的借口拖延。直至2022年年底，全国上下掀起学习贯彻党的二十大精神的高潮，仔细品读党的二十大报告，"中国式现代化是全体人民共同富裕的现代化"，"我们坚持把实现人民对美好生活的向往作为现代化建设的出发点和落脚点，着力维护和促进社会公平正义，着力促进全体人民共同富裕，坚决防止两极分化"；"深入实施区域协调发展战略、区域重大战略、主体功能区战略、新型城镇化战略，优化重大生产力布局，构建优势互补、高质量发展的区域经济布局和国土空间体系"……这些重要论述既为我国区域经济协调发展指明了方向，又激励我以实际行动——尽快完成书稿写作——学习贯彻党的二十大精神。在书稿中，我们在多处引用并阐释了党的二十大报告对区域经济发展的要求、指导，力图以党的二十大精神为指引谋篇布局，将书稿写作做实做细。从这个角度而言，本书也算是学习党的二十大精神的心得体会。

尤其令人欣喜的是，本书写作过程中大胆启用了两名新人，事实证明年轻一代学子有能力、有担当、能干事。曹凯乐偲同学是我指导的一年级硕士研究生，在书稿提纲拟定之初，她就积极参与讨论、建言献策，提供了不少有价值的观点。在书稿写作过程中，她又自告奋勇，主动承担统筹数据收集与整理、书稿校对与数据核实等具体工作。在这一过程中，她从一名"科研小白"成长为一名合格的科研助手，令我颇为欣慰。任昕齐是我硕士二年级的研究生，这个阶段正是紧张撰写学位论文的关键时刻。但是在有书稿任务时，他还是毫无怨言地投入工作，高质量地完成了书稿分配任务。特别是本书第八章实证研究章节，他几乎参与了全部实证环节的数据整理、软件操作和数据解读工作。其他研究生如李毓、袁润泽、李皓月、赵明炜、张博志、刘玉君等在数据收集和书稿校对等方面也做了大量工作。在书稿写作过程中锻造一个团结的研究集体，这是比书稿本身更重要的收获。

本书汲取和引用了国内外许多专家学者的研究成果，并尽可能在本书中做出了说明和注释，再次对有关专家学者一并表示感谢。本书能在较短时间内高质量地出版，还要感谢中国社会科学出版社的领导，特别是责任编辑对本书所做的大量细致的编辑工作。当然，书中若有不当甚至错误之处，文责自负。

付金存

2023 年 5 月 20 日于北方民族大学